地方自治研究の30年

日本地方自治学会編

敬文堂

〈目次〉

Ⅰ　地方自治と学会の三〇年

1　地方自治研究史私論
――日本地方自治学会創立の意義と課題――

宮本憲一
（大阪市立大学名誉教授）

はじめに

日本地方自治学会は一九八六年一〇月に創設され三三年を迎える。戦後憲法で初めて「地方自治の本旨」が宣言され、画期的な制度改革が行われた。ところが学会の設立は四〇年以上遅れている。それは学界で地方自治の研究、広く言えば地域関連の科学の研究が遅れていたためである。地方自治は学際的な領域であるために、専門分化する近代科学の潮流の下では研究の方法論が成熟しなかったこともある。それだけでなく長い間革新派やリベラルな研究者を含めて、民主的中央集権が統治形態の理想とされていたからである。杉村泰男は田中二郎の憲法論が典型で、多くの憲法学者がこれに従い、地方自治は中央政府が認める範囲での行財政の効率化のための分権と理解していたのである。地方自治が住民自治を基礎にした分権であり、民主主義は住民の自治権の確立がなければ実現しないということが、学界の中で認められるには時間がかかったのである。

経済学の分野でも、地域経済は国民経済の部分に過ぎないと理解されていた。地域が多様な自立した政治経済を形成し、歴史的な共同体を形成し、それが相互に影響を与えながら国民経済、さらには世界経済が動いていることが経済学界の中で理解されるには時間がかかったのである。後に述べるように自治体の基盤である地方財政が国家財政と違い、独自性があり、それが地域経済、地域問題、地方自治によって規定されていることを研究者が理解するためには長い苦闘の歴史があったのである。柳田国男や宮本常一の民俗学や地誌学を除けば他の社会科学の地域分野についても同じような戦後研究史の遅れがあったであろう。地域研究の独自性、地方自治の本旨の研究が今日のように開花し、独自の学会が設立されたのは、研究者の努力もあるが、戦後の政治・経済・社会・環境の変化と、その中で生まれた社会運動の成果によることがおおきい。

ここではまず戦後の地域研究の黎明期について簡単に紹介し、次いで地方自治研究に画期をもたらした自治労の地方自治研究活動の意義を述べたい。この運動は地方自治研究の学際的集団を生んだだけでなく、市民運動を生む手掛かりを生んだ。その市民運動が革新自治体を生み、政治史上地方自治の独自性とその課題を明らかにした。革新自治体の衰退と新自由主義グローバリズムの到来は民主主義＝地方自治の危機を告げ、地方自治関連の学会の設立を生んだ。一九九〇年代は先進資本主義国に共通してグロバリゼーションによる国民国家の統治形態の改革として、分権化が進んだ。さらに二〇一〇年代にこの分権化政策の修正として広域行政と集権的ナショナリズムの動きによる政治の迷走が始まっている。特に日本は社会資本の老朽化、人口減少の始まり、東京一極集中と地方の衰退、相次ぐ災害、それに対応できない財政危機・政財界の腐敗・官僚組織の劣化によって未曽有の民主主義の危機に落ちいっている。沖縄問題がその象徴である。このような戦後の地方自治研究の変化について、本格的な著作が必要だが、その予備としての私論的なデッサンをしたい。

一　黎明期の地方自治研究

戦後憲法による地方自治制は挫折した大正デモクラシーの改革を継承し、国民主権と基本的人権と民主主義を実現する制度改革を示した。地方自治の本旨に従って、地方自治法、地方財政法などが制定され、普通選挙制度に基づく地方議会・都道府県知事公選制、公務員制度、行財政自治権、住民投票制度などが実現した。地方自治の顔といってもよい地方財政制度については改革が遅れたが、世界的な財政学者であったシャウプ博士によって、市町村を基礎とする財政制度が勧告された。この骨子は地方公共団体の財政は独立税としての地方税を主財源とし、国庫補助金を原則として廃止し、不足する財源として国税の一部を地方財政平衡交付金として交付する制度であった。これを受けた日本財政学を代表する神戸正雄博士の委員会は、国政選挙や国家的統計などのごく一部の国政委任事務を存続するが機関委任事務の全廃を提言した。これは画期的な提言であった。しかし政府はこの二つの提言の実現によって集権的な行政が不可能になることを恐れて、全く反対の改革をした。

明治地方自治制以来の機関委任事務は継続し、むしろ高度成長期の環境・福祉・教育などは機関委任事務の急増を進めた。国庫補助金はシャウプ勧告の直後から義務教育国庫補助金が創設され、その後「土建国家」といわれるような公共事業補助金を中心に急激に増大した。地方財政平衡交付金は地方交付税交付金に改革され、地方団体の自主的な査定による補給金でなく、国税の一定割合を国が決めたモデルによって作成された地方財政計画に従って交付する制度となった。地方税は地方税法によって、独立税とはいえ課税対象と税率が定められた。地方債は国の財政投融資計画の中で、許可制にされた。こうして、憲法の地方自治権は財政制度の中で、中央政府の統制の下に置かれることになった。

国と地方の総合的財政支出の役割分担では国4対地方6となり、地方の役割が国際的にみても最も大きく、分権=地方自治の国家のように見える。しかし税収入では国6対地方4となり、地方の自主性は小さくなる。特に国庫補助金が地方財政収入の四分の一を占めた。公共事業補助金は地方公共団体の事業の中では道路・橋梁など目に見える物的施設であり、人件費と違って住民には目に見える成果とされるので、政権党の地方支配の手段となった。私は補助金とその獲得のための陳情政治が日本の草の根保守主義の根源であると規定した。機関委任事務は府県の場合、事務の六〇%以上を占め、市町村ですら二〇~三〇%を占めた。この機関委任事務と補助金事業は霞が関の事業官庁の権限と結びついているので、官僚の天下りを生み、事実上知事は官選のごとく中央政府に従属する状況を生み出し、また地方議会は政権党が多数を占める根拠となった。こうして憲法上の地方自治が実体的には自治権のない分権となり、中央政府の下部機構にされてしまった。その中でも戦後早い時期から京都の蜷川府政のように中央政府に反対し、憲法の地方自治を高く掲げていたことは、後の革新自治体の先駆として重要な意義がある。

一九九六年日本地方自治学会の席上「私と地方自治」のテーマで報告したように一九五〇年代地域研究の重要性に気づいていたグループは多くなかった。東京では辻晴明グループ、藤田武夫グループ、関西の島恭彦グループだけだったのではないかと思う。一九五三年に最初の米軍基地反対闘争で内灘問題が起こった。これは今の沖縄辺野古問題の前身である。最初は、オール石川で基地問題の担当大臣を落選させるような全国的な反政府運動であった。しかし政府は基地承認の補償として公共事業を認め、国有地払い下げ、河北型干拓事業などを約束して、地元の網元などの名望家層を切りくずし、地元の反対運動をおしつぶした。私はこの問題に日本の地域経済・行財政・政治の本質があると考え、他の金沢大学の同僚とおともに「内灘村」(『思想』一九五四年四月)を発表した。これは地域経済・行財政の最初の報告書として学会で注目され、阿利莫二さん、石田雄さんや柴田徳衛さんが私を訪ねられ、内灘に案内した思い出がある。

この時期に有名な藤田・島論争があった。この詳細は先述の「私と地方自治」に譲るが、島恭彦は「現代地方財政論」(一九五三年、有斐閣)の中で現代資本主義の下で地域経済の不均等発展は必然的に進行し、この場合には地方財政平衡交付金のような財政調整制度では大都市以外の地方団体の財政の危機は解決できないとシャウプ＝藤田武夫の古典的地方自治論を批判した。しかし島恭彦は後に地方自治擁護の論理を書いて、現代資本主義の下でも地方自治運動の必要を認めた。シャウプは新古典派経済学派の経済学者なので、地域経済の不均等発展法則は認めず、不均等があれば競争原理の下で、必ず均衡すると考え、交付金のような財政調整制度は一時的なものだと考えていた。しかし現代資本主義の下では経済成長をすればするほど資本は東京に集中し、地域経済の不均衡が大きくなり、財政調整制度には限界がある。その点では島の指摘の方が正しかったといってよい。

神戸勧告による一九五三年の市町村合併は戦後の地方自治体の体系を作った。

勧告は必ずしも上からの強制で行う計画ではなく、市町村の自主性を尊重していた。しかし実際には政府は憲法に反して、上から合併交付金・合併債などによる振興計画のアメを示し、他方期限を決めた強制合併のムチが施行された。このため人口八〇〇〇人を目途とする合併が進み、一九六〇年九八九五市町村は三九七五市町村に三分の一となり、政府の目標を達成した。この統治構造の再編の意義を明らかにしようとして、島グループでは資料の収集と実態調査を重ね、『町村合併と農村の変貌』(有斐閣、一九五八年)を出版した。自ら評価するのは烏滸がましいが、これは今日まで繰り返された市町村合併政策の意義を明らかにし、明治地方自治制の本質とその後の大正デモクラシーの地方自治の意義を述べている。統治機構の改革のために強制的にこれまで三回の大合併政策を日本は行った。これは政府が近代化（工業化・都市化）を強制的に進める手段であり、このために生産・生活の共同組織であった村落共同体を法制上の自治体として認めなかった。このため自生的な住民自治の近代的発展が阻まれた。このことによって成立した明治地方自治制の市制町村制は自治体というよりは政府の下部組織としての性格が強いものであった。このため村落共同体は「区」のような名称で残り、入会権のある部落有林野や水利権のある水利組合は今なお残っている。昭和の市町村合併は、義務教育の中学までの延長や戦後の民生事業、公共事業費の増大に見合う広域合併をしたが、住民自治の発展には寄与しなかった。

二　地方自治研究活動から市民運動へ

一九五〇年代前半災害が頻発した。これは戦争中の治水事業の遅れなどが原因だが、戦後の地方行政の発展に財政収入が追い付けず、自治体財政は危機におちいった。生活保護費が支給されず、公共事業の支払いや職員の給与も遅配となり、職員の人員整理も始まった。政府は地方財政再建措置法を施行して、地方団体の財政権の一時停止という緊急対策をおこなった。当時分裂を解消し、統一した自治労はこの危機を乗り切るために地方自治防衛大会を各地で繰り広げた。自治労は財政危機と政府の自治権は く奪によって、住民と自治体職員は同じように被害を受けたので、共同行動ができると考えていた。

しかし大会を開いてみるとＰＴＡや町内会などの住民組織の代表は教員の首を切っては困るが、行政職員の仕事は無駄が多く、人員整理をしてもよいのでないかという意見を述べた。これは当時の自治労の若い幹部に大きな衝撃と現状批判を生んだ。そこで事態の打開を図るために一九五七年「地方自治を住民の手に」というスローガンで、地方自治研究活動を始めることにした。これは自治体労働者が住民とともに、行財政を点検し評価する学習をし、行財政改革の道を開こうとしたのである。

この自治研は地方公務員が憲法に制定されている地方自治の本旨を実行し、特定の個人ではなく、全体への奉仕者であることを自覚させ、進んで地域住民の要求に応える労働者像を作り上げる始まりとなった。この集会はその後二〇年ぐらいはマスコミも報道するぐらい注目された。第一回の甲府集会の内容を一面使って報道した朝日新聞の見出しは「お役人の反省」であった。この自治研は自治体労働者が地方行政の実務者であるだけでなく、地方自治のコーディネーターとしての役割を果たす力量をつける学習会であった。同時にこの集会は助言者として参加した研究者に地方自治の実態と展望を学習する重要な役割を果たした。

一九五六年秋、私は武蔵大学の小沢辰男助教授とともに、自治労本部に招かれて、自治研活動を始める意義があるか、研究者がこれに協力するかどうかを尋ねられた。自治労事務局としては当時の地域研究者の意向を知るために、小沢は藤田武夫、私は島恭彦の代理としての了解を取りたいと考えたからであった。私たちはこの活動が当時の日教組の教研活動以上に政治的社会的に意義が大きく、研究者はまだ少数だが協力できるだろうと述べた。自治研はその後、島恭彦、藤田武夫、木村喜八郎や庄司光などの学会の会長クラスを入れ、柴田徳衛、吉岡健次、松下圭一など第一線の若手研究者を助言者団として組織する大きな集会になった。その後の自治研活動の展開と意義については『月刊自治研』六〇〇号などに譲るが、この集会に結集した助言者集団が学際的な地方自治学を作る主体になったといってよい。

自治研が政治や社会に大きな影響を与えたのは、一九六一年の「地域開発の夢と現実」というテーマで開いた静岡集会であった。当時政府の高度成長政策の重点は重化学工業を全国に配置する地域開発であった。全国の自治体がこの政府の政策の指定を受けようとして競争を始めた。自治体は企業の誘致のために道路・港湾・工場用地・用水などの公共事業を進め、減税政策を行った。これは福祉や教育などを遅滞させた。この状況に対して、自治研はこれまで、職場自治研として生活保護をどのように改革するかなど職場の個別的なテーマを研究していたのだが、地域開発が果たして地域経済を発展させ、住民の福祉を向上するかどうかを問うために政策を検討する政策自治研を行うことを決めたのである。この集会で出席者に最も衝撃を与えたのは、政府の地域開発のモデルとされた四日市コンビナートで深刻な公害が発生していることが報告されたことであった。これまで石油コンビナートの排水で漁場が汚染されていることなどが伝えられてはいたが、この集会で大気汚染によって八〇〇人を超える喘息患者が出るな深刻な公害が発生していることが明らかにされた。当局は専門家に依頼して、公害の調査報告書を作っていたが、今後の開発の妨げになるとして、これを秘密にしていた。その報告書を四日市市職労や三重県職労が勇気をもって公開したのである。地域開発に日本の未来をかけている政府と自治体にこれは決定的な批判となった。出席していたマスメディアが「四日市に公害が発生」と全国に報道し、雑誌『世界』は「地域開発の夢と現実」という特集を組んだ。私はすぐに四日市に調査に入り、これが公害研究のスタートになったのである。

自治研が開いた地域開発批判特に公害問題は研究者の力もあり全国に広がった。特に一九六三〜四年の静岡県三島・沼津・清水二市一町の公害反対住民運動が政府と企業によるコンビナートの誘致を阻止したことは画期的なことであった。この運動の独自性は従来のように中央政府へ陳情するのでなく、徹底して地元で大衆の世論を作り、地元自治体に集中的に反対運動をし、議会と首長の政策を変えたことである。つまり地方自治運動の成功であった。地元の研究者が環境アセスメントの調査をし、政府の調査団と公開論争をして、「公害のおそれがある」こと明らかにした。さらに住民は主なコンビナートの現地調査をし、環境調査報告書や内外の研究を資料に三〇〇回の学習会をもった。この科学運動であったことが反対運動の成功の原因であった。

政府と企業が総力を挙げた地域開発が初めて住民運動によって敗北したのである。このため政府は公害防止の法制化を図り、経済開発だけでなく、社会開発をせざるを得なくなった。

この三島沼津型の住民運動は全国に広がった。当時工業化とともに急速な都市化によって、公害・災害、住宅難、交通マヒ、学校・保育所不足などの都市問題が爆発的に発生していた。これらの問題を解決するために大都市圏を中心に市民運動が広がった。それは従来のように労働条件を改善するための労働運動とは異なり、生活環境などの地域の条件を改善する新しい社会運動であった。この急速に社会運動として発展した市民運動を背景にして、社会党・共産党などの革新政党と総評などの労働運動が自治体改革を始めた。

三　革新自治体の成果と課題

一九六〇年代の後半から一九八〇年代の前半にかけて、社共両党を中心として労働運動や市民運動に支持された自治体の首長が誕生した。この革新自治体は東京、大阪、京都、神奈川、福岡、沖縄などの府県、名古屋市、神戸市などの政令指定都市の大都市圏を中心に人口の四〇％を占めるほどに広がった。中央政府が自民党単独政権の時代に、文字通り地方自治の力を示す歴史的な時代となった。革新自治体は地域の性格、支持母体や首長の性格によって多様なので、一概に規定できない。しかし共通して革命ではないが、「憲法を暮らしの中に」というスローガンに象徴されるように公害・環境問題・全面福祉・地方自治の面で中央政府のできなかった行政効果をあげた。特に公害問題では、政府が世論に押されて一九六七年にようやく制定した「公害対策基本法」は財界の圧力でその目的が「経済発展と生活環境の調和をはかる」という妥協的な目的とされた。このため環境基準などの規制値が財界の希望通りに東京都や北九州市戸畑区の汚染された現状であった。東京都はこれを真っ向から批判して、調和論を捨て企業に最大限の公害防止を義務付け、環境基準を健康の保持のできる正当な基準にした東京都公害防止条例を作った。政府はこのため条例を法律違反としたが、都は世論と多くの研究者の支持を得て施行した。一九七〇年暮れに政府は公害の深刻化と国内外の世論に屈服して「公害国会」を開いて、調和論を捨て生活環境優先の公害一四法を制定し、翌年環境庁を発足させた。これは革新自治体＝地方自治の勝利といってよい。それ以後も総量規制、自動車公害規制など公害行政は自治体が先導した。また福祉の面ではこれまでの貧困対策だけでなく、すべての子育て所帯や高齢者所帯が安心して暮らせる、全面福祉を進めた。いわば政府に代わって福祉国家の政策を行った。松下圭一はシビル・ミニマムとして、都市化社会の政策公準を提言し、革新自治体だけでなく一部の保守自治体にまで普及した。

また大阪府黒田了一知事は日本で初めて文化行政を始めた。これまで教育委員会の中で処理されていた文化行政を独自の領域とし、国の経済主義に対して、文化こそ住民生活の基盤にあるべきだとしたのである。これは後に長洲一二神奈川県知事に継承され、行政の文化化とされた。当時革新自治体は国よりも進んだ行政を進めているとして、「先取り行政」といわれた。この時代ほど自治体職員が国の規制を意識せずに自信をもって、自由に発想し、新しい行政を考えた時期はなかったのでないか。しかし一九七三年の石油ショックとそれに続く不況は財政危機を招いた。同和問題をめぐる革新自治体を支えた政党間の分裂もあって、革新自治体は衰退していった。

このユニークな革新自治体の成果と敗北についての本格的な検討はなされていない。今後の日本の地方自治の再生のために研究者による歴史の検証が必要であろう。今後の課題について当時の革新自治体と関係した経験から簡単に評論したい。

第一に革新自治体は国と地方の行財政制度を変えることができなかったことである。一九七三年東京都は「東京都税財源構想」を発表して、国と地方を総合した税制改革の構想を示した。そこでは国税の所得税、法人税、消費税などの主要財源が高額所得者や大企業に有利になり、不平等であるとともに税収の減少を招いていることを明らかにし、公害防止税のような企業の社会的費用の課税化を図り、その改革を通じて、地方財源の確立を図ろうとしたのである。地方自治の基盤はそれにふさわしい地方財政でなければならぬが、それは地方税だけの改革でなく、税制全体の改革、さらに機関委任事務のような歳出面での国と地方の財政関係を変えねばならぬことを明らかにしたのである。この提言は基本的に正しかったのだが、遅きに失した。六〇年代後半に提示されたならばよかったのだが、すでに不況が始まった段階では十分な議論にならなかった。このため法人の集積利益に課税する事業所税の採用と法人事業税の超過課税が認められるにとどまり、この課題は後世に託された。

第二は革新自治体は産業政策がなかった。大都市は地方工業都市とは違い、中小企業の集合地である。当時の革新首長はマルクス経済学あるいは社会政策論者が多く、この都市産業は大企業の下請け、あるいは二重構造の底辺にあるので、社会保障の対象であって、産業政策の対象ではないと考えていた。産業政策は国の事業であって、自治体はその能力はないとしていたのである。しかし大都市の中小企業は大企業の下請けになっている分野もあるが、新産業を生むインキュベーターであり、精度の高い職人的な技量の継承をしている。その意味では大都市あるいは中都市では独自の産業政策がなければならない。この経済政策のないことが、当時の革新自治体の大きな欠陥であった。自治体の経済政策は今後の課題であろう。

第三は住民の参加について情報公開や具体的な行政制度が十分に作れなかった。一九七〇年代後半に重大な財政危機に陥ったニューヨーク市が、市議会よりも小規模の五九の地区コミュニティ・ボードを作り、またイタリーで地区住民評議会という小議会がつくられ、これがそれぞれの都市の市民の活力を生んでいる。しかし日本の革新自治体はこのような住民参加の制度を作れなかった。かっての保守系の有力者と同じように市民は陳情して要求を実現していることが多く、地域協議会のような無給の住民議会は実現できなかった。この住民参加の制度化の課題は今なお残っている。

四　日本地方自治学会の成立

一九八〇年代に入り、世界的な不況の中で多国籍企業によるグローバリゼーションが始まり、イギリスのサッチャアー政権とアメリカのレーガン政権は福祉国家的政策をやめ、民営化・規制緩和・小さな政府による新自由主義路線が始まった。当時日本は自動車、電気機器産業を中心に成長し、他国に比べ不況を克服していたが、この国際的傾向を受け、東京都、大阪府、京都府、沖縄県などの革新自治体が消滅した。新自由主義は新保守主義でもあり、公共部門の労働組合を中心に労働組合を分裂させた。自治労も自治研活動も分裂した。市民運動を含めて社会運動が弱体化した。政治特に政党・労働運動の対立が研究活動の対立にまで及び始めた。戦後憲法の地方自治の理念が革新自治体によって具象化し、理論的な体系が進み始めた時に、研究者組織の対立や研究者を政治的に分断するようなことがあってはならない。危機感を持った私は関西の研究者と会合を重ねて、この機会に政治・労働運動から相対的に独自の地方自治研究の学会を作ったらどうかと相談をした。その支持を受けて阿利莫二法政大学長と会って、この際政治・労働運動から相対的に独自の研究者のみの学会を作るのはどうかと相談をした。相当長い間話し合いをした結果、阿利莫二も偏らずに広く研究者を結集することに意義があることを認め。学際的な学会を発足することになった。阿利と私は、陰に回ることにして、この学会の設立に積極的に動いていただいた佐藤竺が中心になって、役員構成や規約などが作られ、一九八六年一〇月に発足した。行政学、財政学、政治学、法学、を中心に都市計画、地域福祉、公衆衛生、教育などの研究者による学際的な陣容で出発し、一九八八年から地方自治叢書（敬文堂）という学会誌を出している。

同じ頃に自治体職員の中から研究者と共同の研究組織を作りたいという希望があり、田村明などが中心になって、自治体学会ができた。これは自治研のように研究活動だけでなく、提言する組織である。発足の当初にあたって、相互に協力し、会員が重複することなどを了解した。また京都大学に事務所を置いた地方財政研究所を母体にして、一九九二年日本地方財政学会が設立した。これも地方自治の危機を背景に地方財政の独自の研究発展を目的にし、日本地方財政研究叢書を機関誌として発行している。このように戦後半世紀を経て地方自治関連の学会が設立した。

五　新自由主義グローバリゼーションと統治機構の改革

日本地方自治学会が直面した課題は政府の分権推進政策による新地方自治法の制定と三位一体改革、市町村合併などの統治機構の改革をどう評価するかである。このような統治機構の改革は新自由主義グローバリゼーションによって国民国家の行政機能に変化が生まれ、内政の在り方を変えねばならなくなったためである。ヨーロッパの場合はＥＣの成立に合わせて一九八五年ヨーロッパ評議会閣僚委員会は『ヨーロッパ地方自治憲章』を採択し、加盟国四四か国中四一か国が承認し、一九八八年から発効した。この憲章は基礎的自治体を内政の基幹とし、補完性の原理で上級団体は補完的役割を果たすことになっている。分権は団体自治だけでなく、参加という住民自治を進め、分権を保障する財政の確立がうたわれている。これに伴って、北欧諸国では市町村合併が進み、仏伊ではコンミュンを残して広域連携を図る改革が進んだ。また財政改革が進み、特に中央集権国家である仏伊では地方税の新税の設立と強化が行われた。これに対し、米英では市場原理主義で、中央政府を「小さな政府」にするために分権化を進め、分権化した自治体は民営化し、あるいは市場原理で効率的に管理運用をしている。補完性原理によるヨーロッパの民主主義的分権と英米の競争的分権は相違があるが、市場原理が導入され始めた点では共通している。日本の分権推進委員会は当初「ヨーロッパ地方自治憲章」を参考にしていたが、霞が関官僚機構の圧力のために英米型競争分権に加えて、中央集権政府の下部行政機関としての分権に代わり始めた。理念のあいまいな分権改革であった。

今回の改革では国と地方の事務配分は大きな変化はなく、地方への権限移譲は都市計画、農地転用など土地利用規制に関するものにとどめ、勧告の九〇％以上は関与の縮小や廃止に関するものであった。分権改革の法制上のもっとも大きな成果は機関委任事務の廃止である。事務配分は自治事務と法定受託事務になり、法定受託事務についての政府の関与は限定的なものになったはずである。これは沖縄の辺野古基地問題で法定受託事務の『公有水面埋立法』における国の関与で大きな疑問を残している。しかし安全保障に関するものは国の事務にした。問題の財政改革は小泉内閣の「三位一体改革」に任された。

二〇〇二年度から二〇〇六年度の「三位一体」改革の結果、補助金は四兆七〇〇〇億円削減、税源の移譲は三兆円であった。他方地方交付税は五兆一〇〇〇億円削減され、地方財政は六兆円の財源不足に陥った。このため地方六団体の反対の中で政府は地方再生対策費四〇〇〇億円、法人事業税の半分二兆六〇〇〇億円を国税の地方法人特別税に組み替えて補給をした。三位一体改革はシャウプ勧告の趣旨に沿って、国庫補助金を削減して国税所得税の一部を住民税として還元するという措置をとったのだが、地方財政の極端な不均等の状況では地方税の強化では解決にならぬことが明らかであった。財政調整制度を地方自治の本旨に合うように地方団体の関与を認めるのかが課題となった。最近政府は国庫補助金に変えて地方団体の自主的な運用を認める地方交付金を出すようになった。しかし完全な地方の自由でなく、交付金事業は中央政府の行政に関係し、内閣や総務省の方針で交付金の目的が決まっている。このため地方交付金は国庫補助金化といってよいのでないか。

分権政策では基礎自治体の行財政能力を高めるために市町村合併が計画されていた。合併政策は一九九九年の分権一括法の上程から始まって、二〇一一年東日本大震災で終わった。これは統治機構の改革であり、都道府県の行政のうち公共事業や福祉などの内政の根幹を分権化して規模の大きな包括的基礎自治体を作り、道州制の道を開く計画であった。そこで、二〇〇〇年合併特例法を改正して三二三二市町村を一〇〇〇市町村に合併する予定で、政令指定都市、中核市などの人口基準を改革して広域都市化を進め、小規模自治体には合併特例債や交付税の優遇措置で合併を促進しようとした。ここでは詳しい説明は省略したが、バブル崩壊以後政府は日米交渉で約束した内需拡大のための公共事業六四〇兆円を景気回復対策とし、これを地方財政に押し付けた。このためこれまで公共事業の中心は国庫補助金事業であったが、それを地方単独事業に変え、最高時には地方単独事業が国庫補助金事業の二倍になった。

こうして戦後財政史上最大の財政構造の激変が起こり、地方団体はこの事業財源を地方債と交付税の元利償還率の引き上げによって行った。この結果、公債が増え、財政危機に陥っていた時に、三位一体による補助金と交付税の減額をうけたのである。このため地方団体の中には合併によってこの財政危機を乗り切りたいとした。しかし全国町村会など小規模自治体はこれまでの国の政策が地方自治を無視していることに強い懸念を持っていた。そこで「小さくても輝く自治体」の運動を起こすなど合併政策に反対の動きをした。これは戦後の地方自治が根付いた行動といってよい。

市町村合併の最終的評価はこれからであろうが、すでに発行されている研究論文では、失敗に終わったという評価が多い。政府の目標は大きく下回り合併後一七三〇市町村にとどまった。特に一万人未満の市町村一五三七が合併後四五九も合併せずに残った。合併のデメリットとしては①周辺部の旧市町村の活力の喪失②住民の声が届きにくくなった。③住民サービスの低下④旧市町村地域の伝統・文化・歴史的地名の喪失などが挙げられている。何よりも具体的な批判としては市町村合併によって、役場が亡くなり、職員が激減したために東日本大震災や原発災害では防災、災害時の救急活動、復興に大きな障害がでているという研究結果が出ている。市町村合併による基礎自治体の弱体化は今後の災害の頻発の中で、重要な問題である。今回の合併は集積の利益に期待したのであろうが、結果は新市町村の行政区域が広がりすぎ、周辺の旧市町村は分散の不利益を受け、生活困難になっている、地域経済の不均等はさらに深まり、改めて自治体の再建が問題になったのではないか。

六　地方自治と公共性の危機

辺野古基地をめぐる沖縄県と政府の対立は、憲法における地方自治の危機を明らかにした。それは憲法の柱である平和、国民主権、基本的人権すべてにかかわる問題である。繰り返した沖縄の国・地方の選挙の結果と県民投票の結果を見れば、県民の辺野古基地建設反対は明らかである。にもかかわらず、辺野古の土砂投入をやめない政府の方針は無法無謀であり、これでは日本は独立国といえるのか、日本を分断国家にしてよいのかという国家の存亡をかけた問題となっている。多くの国民がこれを沖縄問題として矮小化し、この国民国家の危機を理解しないのは市民社会の危機といってよい。この問題をめぐって、政府は国民の権利である『行政不服審査法』をあたかも政府の権利であるかのごとく繰り返し違法といえるように使用して、明らかに『公有水面埋立法』の環境規制や国土の利用について仲井真弘多元知事の無法な埋め立て承認を認めた。沖縄県は国地方係争処理委員会に審査を申し出でたが、委員会は実質的な審議をせず、却下した。最高裁も辺野古基地建設問題では、翁長知事が提出した環境問題に関する第三者委員会の報告など県の主張を検討せず、仲井真元知事の埋め立て承認は違法でないとして、政府の埋め立てを承認した。今後も県と政府は法的な係争をするであろうが、行政的な対立を客観的に裁くべき司法や係争処理委員会が実質的な検討をせずに、辺野古基地建設が唯一の解決策だという安倍内閣の決定に従うのは、民主主義の危機であるといってよい。

新地方自治法が制定された時に、安全保障問題について、十分な議論がなかった。日米安保条約の下では基地の立地は、アメリカの世界戦略の下で、日米政府が協議して決めている。戦時と違い、平和時には基地が地元住民の生命・健康を犯し、環境を破壊するなどの重大な損害を生む場合、あるいは地域経済の維持・発展に重大な支障が生ずる場合に、政府は住民の基本的人権と福祉を守る義務を持つ県知事の意見を聞き、その同意が必要であろう。とりわけ日米地位協定は欧州の地位協定に比べて基地内の事件について国内法の遵守がなく、完全な治外法権である。したがって基地が立地すれば自治体は経済計画や環境計画、治安など内政の権限が一切なくなる。この意味では知事会が提言したように地位協定の根本的な改革が必要であり、改革のない限り、これ以上の新基地の建設は認められないのは当然であろう。日本政府は辺野古基地建設についてアメリカ政府と交渉すべきであろう。最近明確になったように、埋め立て予定地に軟弱な地盤が見つかり、これまでの工法では難しく、工事に巨大な費用と年月がかかるのでないかといわれている。安倍政権は末期に来ているので、この事実を検討せず工事を続け、次の政権に解決を譲ろうとするのであろう。しかしこれは許しがたい暴挙であって。即刻工事中止をすべきであろう。

先述のように市町村合併後の統治機構の在り方が問われるが、今の日本の地域政策は危機的状況にある。二〇〇二年土木学会は人口減少社会の社会資本の提言を出した。エネルギー、上下水道、交通手段、医療、福祉、教育などの社会資本はライフラインといわれるように地域社会の生産・生活の基盤であるが、人口減少社会では、その整備はこれまでのようには進められない。我が国の社会資本は高度成長時代に建設されたので、五〇年を経て老朽化が始まっている。二〇一〇年代には地方消滅という言葉が生まれたが、東京一極集中と地方の衰退の条件の下で、社会資本や公共サービスをどのように公平に進めていくのか全く新しい課題である。しかも大震災が繰り返され、また南海トラフや東京直下地震が三〇年以内にかなりの確率で予測されている。温暖化による異常気象の災害も頻繁している。この条件を打開するための財政はアベノ・ミックスという異常な財政金融緩和策によって、これ以上の拡大は難しくなっている。かつて「土建国家」といわれた時期には行政投資は一九九五年度五〇兆円に上ったが、二〇一四年度には今や二〇兆円台に落ち込んでいる。新自由主義の考え方で公共事業の一部をPPP／PFIのように民営化を進めているが、公共性に問題があり、進んでいない。むしろ公営化に戻る

傾向も出ている

政府は社会資本重点整備法によって四次にわたり重点整備を進めているが、問題の基本的解決ではない。決め手の地域政策として「コンパクト・シティ＋ネットワーク」を掲げ、「立地規制法」によって地方都市に計画を作らせている。しかしこの上からの外生的開発はこれまで同様に失敗に終わる可能性が強い。市町村合併後の地方行政の劣化に対して、「自治体戦略２０４０構想研究会」では。分権改革以来の基礎自治体中心の政策をやめ、圏域という広域行政体を作る案が浮上してきている。社会資本特に福祉・医療では広域行政が必要だが、それは基礎自治体の連携と府県の補完行政によって行うべきであろう、議会のない圏域の広域行政はいよいよ住民自治から遠くなる。この危機の時代に改めて狭域の住民自治の協議体を作り、自主的な学習で地域の内発的発展に取り組む道が示されなければならないだろう。

この創立時以来の地方自治と公共性の危機の時代にに日本地方自治学会に対する期待は大きく、課せられる任務は大きいといわねばならない。

（みやもと　けんいち・財政学、環境経済学、地域経済学）

2　日本国憲法施行七〇年のもとでの自治と分権
――地方分権が永遠の微調整ならば、地方自治は永遠の微抵抗か――

白藤博行
（専修大学）

はじめに――人間の尊厳・基本的人権の破砕に抗う地方自治の闘いは続く

二〇一七年度日本地方自治学会の学術総会において、「日本地方自治学会創立三〇周年記念『憲法・地方自治法七〇年と地方自治研究』」が企画された。この記念学会には、日本自治学会会長の新藤宗幸氏から「第一次地方分権改革と日本自治学会の一七年」および自治体学会副理事長の金井利之氏から「自治体学会三〇余年と地方自治研究」のご報告を頂戴した。心から感謝申し上げたい。日本地方自治学会からは、「日本国憲法施行七〇年のもとでの自治と分権～地方分権が永遠の微調整ならば、地方自治は永遠の微抵抗か」の報告をさせていただき、当学会の顧問である宮本憲一氏からは、学会の設立経緯も含めた全体コメントをいただいた。この内容の一部は、本来、二〇一八年度の学術総会までに出版予定であった地方自治叢書第三〇号において紹介される予定であったが、諸般の事情で出版が大幅に遅れ、会員をはじめ読者の皆様には、多大なるご迷惑とご心配をおかけすることになってしまった。まずは、心よりお詫び申し上げたい。このため、本稿も、そのままでは時機を逸した内容になることから、当日の報告を踏まえ、大幅に加筆修正したかたちで寄稿させていただくことになった。また、日本地方自治学会の来し方については、宮本会員の「日本地方自治学会創立の意義と課題」についての論文が掲載されており、そちらに委ねさせていただきたい。そこで、本稿は、今も続く辺野古米軍新基地建設をめぐる沖縄の地方自治への闘いを念頭におき、この間の「地方分権改革」の意義と限界を検討し、日本国憲法が保障する地方自治とは何かについて、断片的ながら検討を試みたい。このような事情から、本稿の題名は、あえて報告当時の「日本国憲法施行七〇周年のもとでの自治と分権」とした。ただ、内容は報告時のレジュメを参考にしながらも、二〇一九年の現在までの動向を射程に入れたものになっている。(1) 人間の尊厳・基本的人権の破砕に抗い続ける沖縄の地方自治の今から、日本の地方自治の未来を考えたいと思っている。

一　二〇一七年、日本国憲法施行七〇周年というけれど、沖縄では

二〇一七年、日本本土では、日本国憲法施行七〇周年が祝われた。しかし日本国内には、やっと憲法施行四五周年を迎えた地域があった。沖縄である。その沖縄では、一九九五年、米兵による少女暴行に対する「満腔の怒り」で満ちた県民総決起集会が開かれた。そこでは、「基地が沖縄に来てから、ずっと加害は繰り返されてきた。基地があるゆえの苦悩から、わたしたちを解放してほしい。今の沖縄はだれのものでもなく、沖縄の人々のものだから。私たちに静かな沖縄を返してください。軍隊のない、悲劇のない、平和な島を返してください。」と訴える一人の女子高生がいた。沖縄の平和への祈りが一つになったときである。それにもかかわらず、沖縄では、いまだに現役・元海兵隊員など軍属と呼ばれる米軍がらみの日常の事件・事故が後を絶たない（復帰後の米軍用機の墜落・不時着は七〇九件、米軍関

係者の事件は五九一九件、事故は三六一三件。二〇一七年末現在の数字である）。沖縄の本土復帰を前に行われた「祖国復帰運動」は、基本的人権や平和憲法を明記した日本国憲法のもとへの復帰を希望するものであったはずだが、実際には、憲法第九条は、沖縄を守ることができないまま、今日に至っている。そればかりか、二〇一七年五月三日、安倍晋三総理の「九条改憲宣言」によって、沖縄だけではなく日本国民すべてが、さらなる苦悩を抱え込まされる事態が深刻化している。(2)

この県民集会と時を同じくして、通称「象の檻」と呼ばれた米軍楚辺通信所内の私有地の賃貸借契約期限が切れることから、これを継続するためには、その強制使用手続において、土地所有者本人が土地・物件調書への署名押印を行うしかない事態が生じた。当時沖縄県知事であった故大田昌秀氏は、土地の強制使用を行うしかない事態が生じた。当時の署名押印を拒み、市長もその署名押印を拒んだことから知事の署名押印が問題となったが、知事はこの代理署名を拒否した。そこで国は、当時機関委任事務と解されていた知事の代理署名を自身が行うため、いわゆる「砂川事件」以来の職務執行命令訴訟が提起される歴史的大事件となった。(3)日本国には、日米安全保障条約に基づく日米地位協定や各種の特別措置法が存在し、日本国にありながら日本国憲法が完全には適用されない法的空間が存在する。本件では、いわゆる駐留軍用地特措法（正式には「日本国とアメリカ合衆国との間の相互協力及び安全保障条約第六条に基づく施設及び区域並びに日本国における合衆国軍隊の地位に関する協定の実施に伴う土地等の使用等に関する特別措置法」）が、沖縄県民の土地を強制収用したり強制使用したりする根拠とされた。日本国憲法のもとでは、土地収用法の対象事業として軍事施設に提供する土地の強制収用・使用は認められていないが、在日米軍基地に土地を提供する場合には、駐留軍用地特措法に基づき、同法で適用されることとなっている土地収用法に基づく手続で土地の強制収用・使用が可能となっている。日本国憲法を押しのけ、安保条約を優先してしまう

「安保法体系」が現実化する典型例である。本件は、最高裁大法廷まで争われることになったが、統治行為論など特異な議論が駆使され、大事なことは正しく判断されないまま沖縄県は「敗訴」した。

同様のことが直近でも起きている。それが辺野古争訟である。最近でも沖縄への基地の一極集中は改善されるどころか、普天間基地の危険除去を口実にした辺野古米軍新基地建設が、選挙や県民投票で繰り返し示される沖縄県民の民意に反して強行され、辺野古の美ら海の埋立工事は加速化している。とうてい通常の工事では対処できないような超軟弱海底地盤の存在が明らかになり、サンゴ礁をはじめとする貴重な生物多様性の宝庫が潰され、専門家が活断層の存在を指摘する最も不適切な場所であっても、莫大な資金を投入して無理やりに危険な軍事基地を建設しようとしている。私には、憲法を敵視する者たちが、憲法改悪（とりわけ9条改悪）の明確な意思をもって、日本国の本土防衛を図るために、沖縄を「本土の捨て石」にする安全保障論が跋扈しているようにみえる。美ら海のサンゴ礁が埋立工事によって破砕されるように、沖縄県民の人間の尊厳や基本的人権は破砕され続けている。この「本土の捨て石」論を払拭できない現状に対する沖縄県民の苛立ちや怒りを思うと、本土国民として、そしてそれを阻止できない法律研究者として、責任を感じずにはいられない。日米安全保障条約、日米地位協定等に基づくアメリカ合衆国と日本の安全保障の実現のために、本来すべての日本国民に対して保障されるべき人間の尊厳や基本的人権が、沖縄県民に対してのみ差別的に取り扱われている。人間の尊厳や基本的人権の保障の差別化は、まさに本土と沖縄の絆を絶つ地方分断政策であり、沖縄県民を憲法の保護対象から除外するという意味において、一種の「棄民政策」でもある。このような立憲国家をあざ笑うかのごとき反憲法行為を許していいものか。

このような憲法施行七〇周年・沖縄本土復帰四五周年を超えても続く「改憲実態」を無視したまま

で、日本の地方自治や地方分権が語れるはずがない。憲法で沖縄の平和と自治の問題を考え、沖縄の平和と自治の問題で憲法を考える視点が不可欠である。沖縄問題の特殊性と普遍性の問題は意識しつつも、沖縄がなぜこれほどまでに差別され続けなければならず、そしてこれに対して異議を唱え続けなければならないのか、私たちは考えなければならない。

二　辺野古問題・辺野古争訟とは？

さて、まずは辺野古争訟を概観しておかないと地方自治・地方分権との関係がわからない。辺野古争訟の直接の契機は、二〇一五年一〇月一三日、故翁長雄志知事が、元沖縄県知事・仲井眞弘多氏が公有水面埋立法（以下、公水法）に基づいて行った辺野古米軍新基地建設のための大浦湾辺野古沖の埋立承認を違法であるとして取り消したことにある。埋立承認が取り消されれば、国は直ちに工事の中断を余儀なくされるため、知事の埋立承認取消処分が違法であることを理由に取り消しを求める行政不服審査法（以下、行審法）上の審査請求と、埋立承認取消処分の効果を止め工事を直ちに再開するために埋立承認取消処分の執行停止を申し立てた。本来、行審法の目的は国民の権利救済にあるところ、国は、国に対する「承認」は、私人（民間業者）に対する「免許」と同じ性質を持つ行政処分であると主張し、したがって沖縄防衛局は、埋立承認取消処分が違法である場合、私人（国民）の資格で、行審法上の審査請求と執行停止の申立てが可能であると言うのである。しかし、沖縄県は、そもそも本件国の埋立事業は新たな米軍基地建設のための埋立を行うところの公共目的で行うものであり、公水法は「免許」の名宛人である私人（民間事業者）と「承認」の名宛人である国について明らかに異なる規律を定めており、そこでの国の立場は私人がとうてい立つことができない「固有の資格」であるとして、国が私人

（国民）になりすまして行審法上の審査請求や執行停止の申立てをすることは違法であると主張した。これに対して、公水法の所管大臣である国土交通大臣は、行審法上の審査庁として立ち現れ、直ちに執行停止を決定したものの、審査請求については慎重審議を理由に裁決を先送りした。他方で、国は地方自治法（以下、自治法）の関与類型の一つである代執行訴訟も提起した。自治法は、この代執行訴訟を最も権力性の高い最強の関与であるとの考えから、その他の類型の関与を尽くしても関与目的が達成できない場合の ultima ratio の関与であると規定しているにもかかわらず（二四五条の八）、国はこれを唐突に提起したものである。

国が、一方で私人（国民）になりすまし審査請求・執行停止申立を行い、他方で権力的関与の主体として立ち振る舞うことについては、行政法研究者の批判も強いところであった。また、さすがに受審裁判所である福岡高等裁判所那覇支部の裁判官も、これは受け入れがたかったのか、当時、国と沖縄県の間に存在した辺野古訴訟案件すべてをいったん取り下げる和解を勧め、結局、両者の和解が成立するという前代未聞の出来事が生じた。自治法の要件を満たさないことが明らかだった代執行訴訟については、沖縄県の実質勝訴であったと評価してよいが、法的には問題の多い和解であった。その後は、国が和解案に従うという建前で、国土交通大臣が「是正の指示」関与からやり直し、これに対して沖縄県が国地方係争処理委員会（以下、係争委）に審査の申出を行った。ここでも国は、愚かにも理由を付記しないまま「是正の指示」を行うというお粗末な関与手続の履行ミスを行い、やり直しを余儀なくされている。しかも、おそらく国の予想に反してと言っていいと思われるが、係争委は国と沖縄の再度の協議を命ずる決定を出した。国は、この決定に従って直ちに行った沖縄県の協議の申出を無視して、「是正の指示」に対する沖縄県の不作為を理由に不作為の違法確認訴訟を提起した。この訴訟は最高裁まで行くところとなったが、違法とまでは言えない仲井眞知事の埋立承認を取り消した翁長知事の埋立承認取消処分は違法であるといった判断がなされた。最高裁は、翁長知事の行った埋立承認取消処分そのものにかかる裁量権行使の適法・違法については一切審査せず、仲井眞知事が行った埋立承認処分にかかる裁量権行使の適法・違法のみを審査するといった判断方法をとった結果である。一見すると論理的にみえるが、公水法上の免許や承認にかかる知事の裁量権の幅はそもそも極めて広いと解されてきており、この枠内で仲井眞知事の裁量権行使の適法・違法の判断だけを審査すれば、おのずと結果が推測されたところでもあり、裁判所の判断方法の当否が問われるところである。公水法上の免許や承認にかかる裁量権の範囲がそもそも広いのであれば、埋立承認取消にかかる裁量権の幅も当然に広いと解され、もし翁長知事の裁量権行使の適法・違法についての直接審査がなされたならば、そしてこれとの関係で「是正の指示」関与の適法・違法の直接審査がなされたとすれば、別の結論に至った可能性があったのではないかとの疑問が残るところである。この点、裁判所が、自治法で法定された国の関与の仕組みの意味を正しく理解していないのではないかとの疑念が生じるところである。

菅義偉官房長官は、この不作為の違法確認訴訟における「国勝利」の最高裁判決をことさらに取り上げ、あたかも国の埋立事業全体の適法性が認められたかのごとき歪んだ「法治国家」論を展開し、それを根拠に埋立工事を急速に進めることになる。しかしその後も、国にとって不都合なことは多々判明する。たとえば埋立工事のための護岸工事に伴う岩礁破砕に不可欠な沖縄県知事の岩礁破砕等許可の期限が切れることとなり、本来、再度許可を得る必要があるところ、埋立工事海域に漁業権を有する名護漁協に多額の補償金を支払うことで漁業権を放棄させ、岩礁破砕等許可を不必要とするといった解釈論を弄し、埋立工事を脱法的に進めることなども明らかとなった。ここで数多ある国の違法・脱法行為についてあれこれの経緯や法的論点を論ずる余裕はないが、これで「法治国家」と言えるのかと問いかけたい事件が連続している。そんな中で翁長知事は、まさに死の直前である二〇一八年七月二七日に、再度、埋立承認の法的効果を問題として、埋立承認の「撤回」の意思を表明した。実際には、所定の手続を踏む必要から、彼の死後となる二〇一八年八月三一日に、職務代理者である副知事によって埋立承認撤回がなされることになった。埋立承認撤回は、埋立承認以後に生じたさまざまな後発的事情によって、もはやこのまま埋立承認を維持し工事を続行させることが公水法違反や公益侵害を引き起こしたり、あるいはそのおそれがあったりする場合、埋立承認撤回の時点から将来に向かって、その効果を無いものとする必要があるときに行われる処分のことを意味する。撤回理由は、①埋立承認の際に付された条件（「留意事項」）を無視して沖縄県との実施設計に関する事前協議を行わずに工事を開始したり続行したりしていること、②これに対して行政指導を繰り返してもまったく従わないこと、③埋立承認時には示されなかった軟弱海底地盤や活断層の存在が明らかになったこと、④基地周辺建物の高さ制限を超える建物の存在や新基地建設後の普天間基地の返還条件の存在などの新事実が承認後に明らかになったこと、そして⑤埋立承認後に策定したサンゴやジュゴンなどの環境保全対策の不備から環境保全上の支障が生じることなどである。もっぱら埋立事業にかかる事前の「留意事項」に違反していることや国土の適切合理的な利用、環境保全・災害防止に関する十分な配慮といった公水法の埋立承認要件（四条一項各号）に違反していることが指摘されている。

この埋立承認撤回に対して、国は、またしても私人（国民）になりすまし、埋立承認撤回の取り消しを求める審査請求と、すぐにも工事再開を可能とするための執行停止申立を行った。行審法は二〇一四年に改正され（二〇一六年施行）、「国の機関又は地方公共団体その他の公共団体若しくはその機関に対する処分で、これらの機関又は団体がその固有の資格において当該処分の相手方となるもの及びその不作為については、この法律の規定は、適用しない。」(七条二項)といった適用除外が明文で定められ、「固有の資格」を有する場合の国の審査請求人適格が明確に否定されているにもかかわらず、性懲りもなくよく愚挙を繰り返すものだと言わねばならない。ただ、今回は、前回の失態を反省してか、行審法の審査請求・執行停止申立と並行して代執行訴訟を提起するという愚挙は、いまのところ回避しているようである。国土交通大臣は、今回も早々に沖縄防衛局の審査請求と執行停止申立を受理し、ただちに執行停止決定を行った。そればかりか、前回は先送りした審査請求についての裁決も早々に行い、埋立承認撤回処分を違法と判断している。これは、今後、超軟弱海底地盤問題への対処を余儀なくされる国が、知事への大規模な埋立工事変更許可をしなければならないところ、これを首尾よく果たすためには埋立承認そのものの適法性を確定しておく必要があるとの判断に基づくものであろう。沖縄県は、国土交通大臣の執行停止決定と審査請求に対する裁決に対して、係争委に審査の申出を行った。その後、係争委がこれを却下したため、沖縄県は、「関与取消訴訟」を提起した。また、国土交通大臣の裁決に対しては、行政事件訴訟法上の抗告訴訟の一つである裁決取消訴訟も提起した(二〇一九年一〇月現在)。

三　「地方分権改革」と辺野古争訟

故翁長健志知事の「辺野古に基地はつくらせない」という強い意思は、政治的には玉城デニー知事に引き継がれ、辺野古埋立を唯一の争点とする県民投票でも、圧倒的多数の「反対」の民意が明らかにされている。それでも、国は沖縄県・沖縄県民の意志を一顧だにせず、埋立反対の民意を示すプラカードを掲げて工事現場入口で闘う「おじい」や「おばあ」を尻目に、大量の土砂投入や新たな護岸建設工事を進めている。私たちは、この辺野古争訟から何を読み取るべきだろうか。ここでは、二〇数年にわたって政治的・行政的課題とされ続け、当学会でも何度もテーマとして取り上げてきた「地方分権改革」の論理から見える地方自治の論点を指摘しておきたい。

1 「地方分権改革」の意義

日本国憲法が、国民主権、基本的人権の保障および平和主義を基本三原則としているところはよく知られるところであるが、これに加えて地方自治保障は「第四の基本原則」と言ってもよい。日本国憲法は、第二次世界大戦における日本の戦争責任を踏まえ、日本が二度と戦争をしないために非軍事化を徹底し、戦争を始める原因となった中央集権的国家体制を民主化し、主権者である国民の基本的人権を保障することを目的として制定されたものである。つまり、国民の基本的人権保障を実現するための手続としての民主主義を重視し、究極の目的である平和主義を実現するという理念のもとでつくられたものである。この国家の民主的な意思決定の要に位置づけられたのが地方自治の憲法保障であったが、実際には、これを具体化するはずの憲法附属法の性格を持つ自治法には、国家行政組織法とあいまって、機関委任事務制度と呼ばれる中央集権の楔が撃ち込まれることになってしまった。機関委任事務制度は、戦後一貫して、地方自治の憲法保障を形骸化し、国と自治体との関係を上下・主従の関係にあるかのごとく錯覚させてしまった元凶である。この機関委任事務制度の廃止の必要性は、大半の行政法学者・行政学者によってつとに指摘されてきたところであったが、一九九〇年代半ばに始まった「地方分権改革」において、ようやく本格的・現実的・具体的な議論が展開されることになった。機関委任事務制度を廃止し、国と自治体の役割分担の原則を定立し、両者の関係を上下・主従の関係から対等・協力関係に転換する改革議論が現実政治の課題となったのである。

そして、一九九九年自治法改正(二〇〇〇年施行)では、まがりなりにもこの機関委任事務制度が廃止されることとなり、国の包括的な自治体関与の観念は葬られた。現行自治法では、国と自治体との基本的な関係(法的・制度的な対等・協力関係、補完性の原理)、自治体の新たな事務区分(法定受託事務+自治事務)、国の関与の仕組み(関与の法定主義・関与の基本原則、国の関与に対する争訟制度など)が新設され、ひとまずここに「地方分権改革」の意義が凝集していると言ってよい(4)。

2 「地方分権改革」と安全保障

辺野古争訟において、何よりも問われているのが、地方自治と安全保障の問題である。宮本憲一氏は、繰り返し辺野古米軍新基地問題を取り上げ、「安全保障と地方自治」について積極的な発言を続けている(5)。辺野古米軍新基地問題が日本の地方自治と安全保障のあり方を問う本質的問題であるとの問題提起を行い、最高裁判所がさしたる検討のないまま、国からの不作為の違法確認訴訟判決(二〇一六年一二月二〇日)において、故翁長知事の辺野古埋立承認取消処分を違法としたことを不当であると断罪している(6)。これに関連して、「地方分権改革」を理論的にも実践的にも牽引した西尾勝氏が、憲法で地方自治が保障されたことの意義について、あるインタビューに答えている(7)。そこでは、「地方自治の本旨」については、それが多義的な不確定概念ゆえの困難さを伴うとはいえ、あるべき地方自治の原理を表現する規範として、その具体化に向けての不断の努力が必要であることを正しく指摘している。そして、「地方分権改革」の成果の一つである一九九九年改正自治法に明記された国と自治体の適切な役割分担の原則、地方財政に関する基本原則などを憲法に挿入すべきであるなど、憲法の地方自治保障条項についてのさらなる補充の必要性についても積極的な提言を行っている。しかし、残念なことに、この「地方分権改革」後に生じた国と自治体との間の最大の法的紛争である辺野古争訟については、わずかにしかも消極的な言及があるだけである。すなわち、辺野古争訟にかかる係争委の問題にかかわって、「極めてデリケートな大政治問題であり」、「こういうものは典型的なケースとは考えていませんでした」と述べる。西尾氏の「地方分権改革」の想定は、国と自治体との間における日常的な事件で対立する解釈問題の解決にとどまり、辺野古問題のような「どうするのか深刻に悩ましい問題」は想定外だったようである。したがって、非典型のケースとされる辺野古争訟は、係争委や裁判所の対象とすること自体に無理があり、国と自治体と間の対立問題の解決を司法の判断に委ねた「地方分権改革」の制度改革の当否を、このようなケースで評価するのはまったく間違いであると断じている。

私の理解は、まったく逆である。日常の法令の解釈や条例制定をめぐる国と自治体との関係問題こそ、両者の対話でなんとか解決可能であり、むしろ辺野古問題のような憲法が保障する地方自治の侵害が正面から問われ、安全保障のような国と自治体との間の具体の役割分担のあり方が問われ、はたして「どうするのか深刻に悩ましい問題」だからこそ、係争委や裁判所の法的判断が求められるのではなかろうか。その点では、宮本氏のような「地方自治の本旨と安全保障」を根源的に問う視点が不可欠である。辺野古争訟は単なる安保の問題ではなく、沖縄のようにそもそも歴史的に不利な条件を背負わされた地域・自治体における、自治体・住民の経済的自立・自律をどのように可能にするかといった地方自治の核心問題であるからである。このような意味で、「地方分権改革」や一九九九年自治法改正の直接の当事者としてかかわった西尾氏には、辺野古米軍新基地問題に象徴される「沖縄と地方自治」や「安全保障と地方自治」の問題について、辺野古争訟にかかる国と自治体の言い分をつぶさに検討し、「地方分権改革」の意義を生かす方向での議論を展開していただきたいところである。これは、憲法の地方自治を「人類普遍の原理」として尊重し、さらに拡充する必要があると主張する西尾氏の責務ではないか。

3 「地方分権改革」論者と辺野古争訟

現在、「地方分権改革」が始まってから二〇年余を経過して、さまざまな総括がなされている[8]。神野直彦氏のように、引き続き「地方分権改革」の新たなステージを展望し実践する者もあるが、元自治省官僚・総務省官僚からさえ、この間の「地方分権改革」が「中央集権の岩盤」に踏み込むことができなかったという反省も聞こえてくるところである[9]。行政法学者の櫻井敬子氏にいたっては、「地方自治法には、その出自からしてそれが憲法を背負う改革志向型の立法であり、理念法としてのその基本的性格から、積極的な『立法事実』を持たないものである」。すなわち、現実には「自主的で自立的な地方公共団体」が存在しないがゆえにこの法律の存在意義が認められるという独特の特徴があることを指摘することが可能である」と述べ、理念法としての自治法と地方の実態との間のそもそもの乖離を指摘する厳しい批判もあったところである[10]。

「地方分権改革」の総括については、ここではとても整理し尽くすことができないところであるが、「中央集権の岩盤」といわれるものが何を意味するのかは重要な問題である。少なくとも沖縄県と国との間の辺野古争訟において、国は、現行自治法上の代執行訴訟をあたかも機関委任事務に対する旧職務執行命令訴訟のように理解しているようであり、自治法上の関与の適正手続規定を無視して違法な是正の指示を平気で行っている。同様に、裁判所でさえ、「国防・外交」が「国の専権事項」あるいは「国の本来的事務」であるといった誤った事務論を展開したり、係争委そのものの存在理由を軽視ないしは否定したりして、その挙句の果てに、国からの不作為の違法確認訴訟で「国勝訴」の判決を下したりしている（福岡高裁那覇支部二〇一六年九月一六日判決）。この間の「地方分権改革」の意義や自治法改正の経緯・趣旨・内容が、国の行政ばかりでなく、裁判所によってもまったく正しく理解されていないようにみえる[11]。おそらく「中央集権の岩盤」に踏み込めなかったと主張した論者の文脈とは違うだろうが、これらの現象こそ「中央集権の岩盤」を象徴しているものであると言わねばならない。

故翁長氏や後継者の玉城氏、そしてなにより沖縄県民は、このような「中央集権の岩盤」と果敢に戦ってきたのではないか。沖縄県民は、地域に住み、地域で暮らし、地域の未来を考えて、地方自治・地域自治のあり方を自らの行動で表現している。この沖縄県民の「戦う民意」に裏づけられた故翁長知事たちの地方自治への闘争は、「中央集権の岩盤」を突き崩す「自主的で自立的な地方公共団体」のひとつのあり方に違いない。しかし、残念ながら、この辺野古問題に関して、なぜか「地方分権改革」論者が沈黙し、国と地方六団体からなる「国と地方の協議の場」でも確たる議論がなされてない。このまま辺野古問題がスルーされ終わってしまうようなことになれば、「法治国家」も「地方分権改革」もあったものではない。「中央集権の岩盤」の存在を嘆くだけでは、日本の地方自治は変わらない。ドイツのフンボルト大学本館の入口正面の壁には、以下の刻印がある。すなわち、“Die Philosophen haben die Welt nur verschieden interpretiert, es kommt drauf an, sie zu verändern.”（「哲学者たちは、世界を様々に解釈してきただけである。大切なのは、それを変革することであるのに。」）。新たな時代の地方自治像を探究する私たちも、肝に銘じたい言葉である。

四　憲法が保障する地方自治の法理・学理・実理―「地方分権改革」が「永遠の微調整」ならば、「地方自治改革」は「永遠の微抵抗」か

中島岳志氏が、著名な政治思想家のエドモンド・バークの著書『フランス革命についての省察』を引き合いに出して、保守とは何かについて語っている。「歴史の中の様々な叡智に耳を傾けながら、徐々に変えていく。つまり『永遠の微調整』です。漸進的な改革を常にやり続けていくのが保守的な世界認識だ(12)」と述べている。このような「保守は永遠の微調整」論に従えば、「中央集権の岩盤」を完全に突き崩せなかった「地方分権改革」は、「地方分権革命」には至らなくとも、「永遠の微調整」の保守改革の役割を果たしたということになり、今後も「地方分権改革」が持続することが期待されることになりそうである。しかし、前叙のごとく、「地方分権改革」論者や行政法学者たちが、沖縄の地方自治・辺野古問題から目を背け沈黙を続けるならば、「地方分権改革」に「永遠の微調整」は期待できないことになる。そこであらためて、「地方分権改革」だけではなく、憲法が保障する地方自治とは何かが問われることになる。さしあたり、憲法の「地方自治の本旨」の実現のために永遠に努力する営みを「地方自治改革」と呼び、これを阻止する「中央集権の岩盤」があるとすれば、これに永遠に抗うことを余儀なくされる。この意味で「地方自治改革」は、「永遠の微抵抗」とでも言うべきものであろうか。以下では、辺野古問題が提起する問題、辺野古争訟から得た経験知をもとに、さしあたりの「地方自治改革」の課題を書きとめておきたい。

1　辺野古問題は「極めてデリケートな大政治問題」ではすまない

辺野古争訟では、国の行政が、憲法が保障する地方自治を無視し、また、本来地方自治を改善・改革する目的でなされた「地方分権改革」や自治法改正の理念や内容も理解しようとせず、ただただ沖縄の地方自治を潰し、裁判所がこれをアシストするといった悲劇が起こってしまっている。最高裁判決をもって官邸は、辺野古争訟における「国勝利」を喧伝するが、国の行政も裁判所も、あたかも機関委任事務時代の亡霊（国と地方は上下・主従関係）を追っているかのようにみえる。憲法が明文で地方自治を保障しながら、「裁判の保護に値する地方自治」の観念あるいはその法律による具体化が定着しない日本の現状を端的に示しているとも言える。辺野古問題は、「極めてデリケートな大政治問題」ではすまされない、「大法律問題」なのである。

このような最悪とも言える状況のもとで、法律家が憲法の自治権保障をどれだけ主張しても、その自治権が裁判によって保護される「権利」とならない限り法的には意味がない。最高裁は、前叙の不作為の違法確認訴訟の判決で（二〇一六年一二月二〇日）、本来であれば地方自治保障にかかる憲法判断が求められてもおかしくない重要事件にもかかわらず、「辺野古が唯一」といった米軍新基地建設にかかる政治判断に基づき誤った判決を下した福岡高裁那覇支部判決を是正しなかった。最高裁は、上告は棄却し、かろうじて上告受理申立ては受理したものの、弁論を開かないまま高裁判決をほぼ鵜呑みにした。最高の公正・中立・透明な第三者機関として終局的な法的判断をすべき最高裁までが、制度や論理の陰に隠れて事実を見ようとしない、あるいは事実すら歪める判断に与するようでは、法治国家の名折れと言うしかない。

辺野古訴訟では、「固有の資格」に立つ国が、行審法の適用において私人（国民）になりすますことで、国家が行う「私人への逃避」がまかり通り、国の「官邸関与」・「中央省庁の複合的関与」が正々堂々と正当化されてしまい、国の関与を法定化する関与法定主義などを定めた自治法が無意味化している。国の行政機関は、最後は裁判所が「行政」救済してくれるといわんばかりに、行審法を誤用・悪用し、自治体相手の訴訟（代執行訴訟、不作為の違法確認訴訟）を濫用している。これを受ける裁判所にも、国と自治体の適正な役割分担原則や新たな「地方公共団体の事務」論の理念や具体の地方自治制度の全般的無理解が目立つところである。また、直近の係争委も、国土交通大臣の執行停止決定に対する沖縄県の審査の申出を頑なに拒否（却下）することで（国地委第一〇号、平成三〇年二月一九日）、その設置の際に期待された権威ある「地方自治の砦」の役割を自ら放棄している始末である。これが日本の法治主義の現状であることが悲しい。司法・準司法機関の公共性（存在理由）と法の精神があらためて問われるところである。

2　「安保による行政の原理」から「憲法による行政の原理」へ

前叙の福岡高裁那覇支部判決は、辺野古米軍新基地建設が日米安全保障条約と日米地位協定に基づくものである限り、具体的な法律の根拠がなくとも、憲法四一条（国会の唯一立法機関性）や憲法九二条（地方自治の本旨）に違反せず、自治権侵害の問題は生じ得ないと断じている。これは、いわば「安保の中の自治」とでも言うべきものであり、「そこのけそこのけ安保が通る」といわんばかりの論理である。しかし仮にも、菅官房長官が繰り返すように、日本が「法律による行政の原理」を重視する「法治国家」であると言うのならば、「安保による行政の原理」に基づくかのごとき「安保の中の自治」論は許されまい。たしかに憲法の「地方自治の本旨」は多義的な不確定概念であるが、憲法学・行政法学・

地方自治法学等の自治権解釈からすれば、少なくとも憲法が保障する自治権のなかに、行政自治権、財政自治権はもちろんのこと、平和自治権、環境自治権などが含まれるはずである。このような具体の自治権を保障することに、憲法の地方自治保障の存在理由があるはずである。これを阻害する「安保の中の自治」論はありえない。

また、法治主義の問題を考えても、日本における「法律による行政の原理」が実質的法治主義を意味することには、もはや異論がないところである。そうであるとすれば、国の行政であれ自治体の行政であれ、なによりも憲法が保障する人間の尊厳や基本的人権の保障などの基本的価値・原理に基づく法律による行政をまっとうすべきである。このような考え方は、いわば「憲法による行政の原理」とでも言うべきものである。この意味でも、憲法の「地方自治の本旨」は憲法が定める最高原理の一つとして尊重されるべきものである。「安保による行政の原理」から「憲法による行政の原理」へと、地方自治の保障原理を支える至極当然の原理が、憲法の法理、学者の学理、そして行政実務・裁判実務における実理として、再確認しなければならない。

3　国と自治体との関係の再考へ

現在までの辺野古争訟を顧みて、自治法におけるような国と地方の適正な役割分担論や対等・協力関係論で、両者の原理的・原則的な関係を描写するだけでは、国と自治体との間のあるべき規範的秩序の形成には役立たないことがわかった。辺野古争訟では、日本政府が、沖縄本土復帰後も、沖縄県民に対して、爆音と墜落の恐怖との「共生」を強い、永遠の「基地経済」への依存を強制することで、日本国における格差と貧困を固定化し、さらに再生産する国と沖縄との間の歪な関係が明らかになった。自治法の国と地方の適切な役割分担論や対等・協力関係論は、本来、このような歪な関係を解消するために意味があったはずであるが、それが果たされていない現状を思い知らされることになった。

そこで国と自治体との関係を再考することが不可欠となる。国と自治体との関係は、本来、自治体が国に一方的に依存する関係ではなく、相互に独立しながら、異なるかたちで存在する（異存）する関係であり、両者は、個別問題ごとに協力もするが、時には対立もするような「共働」関係でなければならない。私は、国・自治体間の対等性言うならば、国・自治体間の立法権・行政権の対等性の確保が不可欠であり、国・自治体間の協力・協働性を言うならば、両者の利害対立を怖れない協力・「共働」関係を構築することが不可欠であると考えている。そのため、このような利害対立を怖れないで協力・協働する関係を含んで「協力関係」と表現しても一向に構わないが、利害「対立」を厭わず「共働」するような協力・協働関係を強調する意味で、ここでは「対働関係」と表現しておきたい。この意味では、国の地方の「対等・協力関係」というより、「対等・対働関係」にあるという方が適切ではないかと個人的には考えている。

そこで、国と地方の適切な役割分担論や「対等・対働関係」を実質化するためには、国の立法・行政プロセスにおける国・自治体にかかる意思決定過程における循環関係を構築することが不可欠であると考える。たとえばドイツでは、特に国土計画策定過程において国・自治体間の「対流（交流）原則」(Gegenstromprinzip）を基本とする政策形成・意思決定手続が制度化されていることが参考になる。国と自治体の双方に密接にかかわる立法や行政にかかる両者の意思の「接合」（重ね合わせと引き離し）、すなわち合意調達のための循環構造の制度化が喫緊の課題であろう。幸い、全国知事会の「第四回地方分権に関する研究会」（二〇一七年三月二九日）における宍戸常寿氏のレジュメには、「立法プロセスへの地方の参画」が挙げられており、自治体の国政参加権・共働権の具体の議論が、実務レヴェルでもようやく始まろうとしているようにみえる。

これにかかわって、辺野古米軍新基地建設問題について、全国知事会など地方六団体がどのような態度表明をするかが注目されたところであるが、自治体の国政参加の一種として自治法に定められた全国的連合組織による内閣または国会への意見提出制度（二六三条の三第二項）、あるいは国と地方の協議の場に関する法律に基づく協議がまったく活用されず、ほぼ沈黙を決め込んできたことが気がかりであった。[13] ようやく二〇一六年一一月二一日に、全国知事会米軍基地負担に関する研究会が設置され、これまで六回の会議が開催され、二〇一八年七月二七日には、「米軍基地負担に関する提言」も出されている。沖縄問題にも触れ、日米地位協定の見直しも含めた基地負担軽減を提言するものである。この提言の具体化に向けての国の真摯な対応が期待されるところである。

4 「対話民主主義」・「対話法治主義」、そして「対話自治」へ

暉峻淑子氏は、「対話が続いている間は殴り合いは起こらない」というドイツの友人の言葉を引きながら、「戦争・暴力の反対語は、平和ではなく対話」と言い切る。著者の「対話」の定義を仔細に紹介する紙幅はないが、[14] 辺野古米軍新基地の強行についても、日本政府の対話能力あるいは対話意思の欠如を指摘しており、地方自治、とりわけ国と自治体との関係を考える上でもきわめて示唆的である。[15]

かつて辺野古訴訟における法治主義の限界論を論じた際、福岡高裁那覇支部の代執行訴訟和解案で提示された「円満解決に向けた協議」や、そして係争委で求められた国と沖縄県の紛争当事者間における共通の基盤づくりのための「真摯な協議」が、裁判所あるいは係争委の場で民主的な協議を尽くした法

的決断を重視する法治主義論であると善解し、これをさしあたり、「協議法治主義」、あるいは、プロセスとしての法治主義を重視するという意味で「熟議法治主義」と呼び、現代法治主義のもう一つの選択肢（オールタナティヴ）であると述べた。(16)ここでの「協議法治主義」や「熟議法治主義」は、暉峻凧に翻訳すれば「対話法治主義」ということになろう。さらに、国と自治体との関係に照らしていえば、「対話する国と地方の関係」ということになり、「対話民主主義」ということになろうか。熟議民主主義・討議民主主義は、学問上もすでに市民権を得た概念であるのようにみえるが、「熟議法治主義」あるいは「対話法治主義」なる概念が、学問上あるいは一般市民の間で受容可能かどうかおぼつかないが、「忖度政治行政」、「忖度官僚主義」、「忖度民主主義」のごとき対話なき意思決定が意味不明のまま蔓延し、まかり通る時代だからこそ、あえて立法、行政、さらに司法の場において、当事者同士の「対話」を促す「対話民主主義」・「対話法治主義」が議論されてよいと考える。思い切って地方自治にひきつければ、「対話自治」とでも言うべき広がりを持つものであると、期待もしている。

おわりに――「立憲法治主義」・「立憲民主主義」・「立憲地方自治」の確立に向けて

筆者は、沖縄県、沖縄県弁護団および研究者を構成員とする辺野古訴訟支援研究会のメンバーの一人として、この間、研究活動をしてきた。主観的には、沖縄県と沖縄県民の地方自治を支援しているつもりでいたが、そのように言うのが恥ずかしくなる状況が続いている。(17)鈴木耕氏が、本田雅和氏の著書『原発に抗う「プロメテウスの罠」で問うたこと』の書評の中で、「読むのが苦しいほどの〈哀しみと怒りと呻き〉」が同書で表現されていると評価している。この書評になぞらえて言うことを許していただき、「沖縄県民の哀しみと怒りと呻き」に直面する私的心情を吐露すると、沖縄に対するなりふり構わぬ国家権力の仕業からすれば、たしかに沖縄が裁判で「勝訴」するのは厳しいようにみえる。けれども、すべての事柄が調い、国民と沖縄県民の民意がシンクロすれば、至福のときは必ず訪れる。沖縄県民も、生きていていると実感できるときが必ず訪れる。辺野古米軍新基地建設に抗いつづける人にも、生きていてよかったというときが必ず訪れる。すべて事柄が調うまでわずかな支援をし続けることが、私たち法律家に与えられた最低限の任務である。なぜなら原発は人間を破壊するシステムであるけれど、軍事基地はそれに勝るとも劣らない人間の破潰システムであると考えられるからである。少なくとも、私は、今、このように考えている。

辺野古米軍新基地建設についての国の勝手な「ストーリー」に抗うためには、国によって葬られようとしている立憲主義、法治主義、民主主義および平和主義を取り戻すことが大事である。そのためには、「立憲地方自治」の「ナラティヴ」（物語）を創造しなければならないと考える。憲法は、国と自治体が日本国内における私たちの基本的人権を重畳的に保障する地方自治を保障しており、これを「立憲地方自治」と呼ぶならば、憲法の諸理念・諸原理・諸価値を実現するための地方自治を意味する「立憲地方自治」の物語を創造しなければならないという意味である。そのためには、私たち自身が、憲法でカタログ化された基本的人権の享受主体であることを超えて、基本的人権をさらに拡充し、新たな「人権」を形成する主体になるように成長しなければならない。なぜなら憲法が明文で保障する基本的人権は、生まれながらにして人間が有する「人間の権利」の一部でしかないのであり、憲法が現段階で保障する基本的人権以外の「人権」＝「人間の権利」の探求は永遠に続くものであるからである。

この「人権」は英語で human rights、ドイツ語では Menschenrechte と表現されるように、常に複数形で使用されるものである。したがって、たとえば「あなたの人権」という場合にも、「あなたの

human rights」であり、「あなたのMenschenrechte」なのである。地方自治の保障が、国と自治体による基本的人権の重畳的保障を目的とするものであると言う場合にも、その基本的人権の保障は、一般的・抽象的な人権保障ではなく、常に個々人の個別的・具体的な「あなたの人権」・「人間の権利」を保障・保護してこそ意味があるということを忘れてはならない。地方自治（自治権）、そのうち最も重要な住民の自治権・自己決定権を論ずることの意義がここにあることを忘れてしまうと、一般的・抽象的な地方自治保障法論に埋没してしまう危険がある。

最後に、この「立憲地方自治」は、当然に地方自治を保障する憲法の規範力の承認を前提とするものである。しかし、地方自治を保障する憲法の規範力が承認されたからと言って、直ちに「立憲地方自治」が実現されるわけではない。「立憲地方自治」は、「立憲国家」にふさわしい民主主義と法治主義の確立を不可欠とする。そして、人間の尊厳、「人権＝「人間の権利」保障、そして平和主義の貫徹を究極の目標とする「立憲民主主義」および「立憲法治主義」を確立するためには、これに向かう私たちの強い意思が不可欠である。いずれにしても、「立憲法治主義」・「立憲民主主義」「立憲地方自治」が容易に達成されることはないが、強い意思を持続するしかない。主題の「日本国憲法施行七〇年のもとでの自治と分権」に「地方分権が永遠の微調整ならば、地方自治は永遠の微抵抗か」と副題を付した所以もここにある。

注

（1）このような事情から、本稿は、これまでの著者の主張の現段階までの整理であることから、白藤「地方自治法施行七〇周年　地方自治法は活かされているか」自治と分権第六八号（二〇一七年）六四頁以下をはじめとして、これまでの拙稿に加筆・修正した部分が多いことをお断りしたい。

（2）渡辺豪「希望は錯覚だった　深まる沖縄の苦悩」AERA第一六二二号（二〇一七年五月二二日号）三〇頁。同記事は、「民衆の憎しみに包囲された軍事基地の価値はゼロに等しい」という瀬長亀次郎の言葉を本土に向けられた言葉でもある、と結んでいる。

（3）職務執行命令訴訟制度は、一九九九年地方自治法改正で、機関委任事務が廃止されたことから、この機関委任事務の担保手段としての意味をなくし、同時に廃止された。沖縄県代理署名事件では、そもそも知事の代理署名事務がそもそも機関委任事務かといった大問題があった。詳しくは、白藤「沖縄県職務執行命令訴訟と機関委任事務論」ジュリスト第一〇八七号（一九九六年）一〇四頁以下を参照。残念ながら、現行地方自治法では、法定受託事務に関する代執行訴訟制度が存在し、これが職務執行命令訴訟と瓜二つのものとなっている。筆者は、機関委任事務固有のものであった職務執行命令訴訟制度は、「地方分権改革」後の新たな事務区分制度には不適合と考えるが、奇しくも、故翁長雄志沖縄県知事が辺野古米軍新基地にかかる公有水面埋立免許を取り消した処分をめぐって、この代執行訴訟制度が適用され、やはり大問題となった。結論的には、裁判所の和解提案もあって、代執行訴訟の訴訟要件を満たさないものと国自身が自覚したのだろうか、代執行訴訟を取り下げるという恥ずかしい事態が生じた。

（4）ただ、「地方分改革」の途上で、自治体の規模能力の拡大を企てる「基礎自治体」＝「総合行政主体」論を根拠とする市町村合併が推進され、市町村数がおよそ半減してしまい、多くの問題を引き起こす「地方分権改革」の歪みが生じたことも忘れてはならない。

（5）宮本「安全保障と地方自治」第三三回日本環境会議沖縄大会報告集（二〇一七年）一三頁、同「安全保障と地方自治」環境と公害第四六巻第三号（二〇一七年）一九頁など。

（6）宮本「地方自治の本旨と安全保障」都市問題二〇一七年五月号巻頭言。

（7）西尾の巻頭インタビュー記事「自治・分権・憲法（前篇）」都市問題二〇一七年五月号四頁以下。

（8）特に地方分権改革に直接携わった者たちの総括がみられる地方自治制度研究会編『地方分権の二〇年のあゆみ』（ぎょうせい、二〇一五年）を参照のこと。初出は、「巻頭座談会　地方分権の二〇年を振り返って」地方自治（二〇一四年二月号から八月号）である。

（9）松本英昭「巻頭言・地方分権推進決議から二〇年」自治実務セミナー第五二巻第八号（二〇一三年）一頁。

（10）櫻井「これまでの地方分権改革について」自治総研第四二二号（二〇一三年）五五頁以下。

（11）特に紙野健二・本多滝夫編著『辺野古訴訟と法治主義』（日本評論社、二〇一六年）、本多滝夫編『Q＆A辺野古から問う日本の地方自治』（自治体研究社、二〇一六年）を参照のこと。拙稿は、「自治体に対する国からの訴訟についての再検討―辺野古争訟における国からの不作為の違法確認訴訟を素材に」『自治制度の抜本的改革―分権改革の成果を踏まえて』（法律文化社、二〇一七年）一四〇頁以下、「沖縄の自治への闘争から考える立憲地方自治」法学館憲法研究所編『日本国憲法の核心』（日本評論社、二〇一七年）七五頁以下、「法治主義の限界の諸相―沖縄県辺野古訴訟を素材に」現代行政法講座編集委員会他編『現代行政法の理論』（日本評論社、二〇一六年）三頁以下、「法治の中の自治、自治の中の法治―国・自治体間争訟における法治主義を考える」吉村良一ほか編『広渡清吾先生古稀記念論文集　民主主義法学と研究者の使命』（日本評論社、二〇一五年）二四五頁以下など。

（12）中島には多くの著書があるが、以下の江川紹子氏との対話がわかりやすい。
https://news.yahoo.co.jp/byline/egawashoko/20171020-00077161

（13）辻山幸宣「本土市民の辺野古共闘」（自治日報第三八九八号（二〇一七年五月一九日号）が、かねての「辺野古訴訟は『沖縄問題』ではない」という主張をさらに明確化し、「私たちにできることで、辺野古への支援をすること、本土から辺野古をめぐる国のおかしさに声をあげていくこと」の重要性を指摘し、「その先頭に立ち、中心に地方六団体がいて欲しいと願う」と書かれている。しっかりと受けとめたいものである。

（14）暉峻「九条を活かす「対話の力」」法と民主主義第五一七号（二〇一七年）四〇頁以下も参照。

(15) 曄峻『対話する社会へ』(岩波新書、二〇一七年)。
(16) 前掲「法治主義の限界の諸相—沖縄県辺野古訴訟を素材に」三〇頁。
(17)「ジャーナリスト」第七〇八号⑥。

(しらふじ　ひろゆき・行政法学)

3　自治体学会と自治実践研究・分権改革

金井利之
（東京大学）

はじめに

本論は自治体学会の三〇年を回顧するものである。しかし、筆者自身が、自治体学会に関わるようになったのは、全くの偶然の経緯であり、ここ数年のことである(1)。それゆえ、一九八六年の自治体学会の設立経緯・理念や三十余年の活動経緯については、むしろ、知らないことのほうが多い。もちろん、自治体行政学の研究者として、自治体学会や『年報自治体学』(2)、自治体職員による政策研究の重要性、神奈川県自治総合研究センターによる『季刊　自治体学研究』（一九七九年〜九八年）(3)などは、承知してきたわけであるが、二〇一二年八月以前は、あくまで外部観察者としての論述である(4)。自治体学会の内在的理解には、実際に活動にかかわってきた関係者の筆になる参与観察ほうが、より適切であろう(5)。本論は、大半の期間において、外在的な自治体学会の位置づけになることを、ご理解いただければと思う。また、現在（二〇一九年一〇月時点）、筆者は自治体学会の理事長も務めているが、本論の見解は筆者個人のものであり、自治体学会という組織または理事長という職のものではないことを、予め留意を頂きたいと考えている。

なお、直接の引用や個人的回想を除き本論では、全て敬称を省略させて頂く。先達には誠に失礼なことではあるが、お許しを頂ければ幸いである。

自治体学会（一九八六年五月二三日設立総会）の創設経緯・理念については、初代代表運営委員の一人でもあった田村明の「自治体学会設立の経緯」（二〇〇四年）[7]を参照するのが適切であろう。[8]なお、設立総会において田村は自治体学会の特色を、①草の根、②学際的、③市民性、④実践性、⑤地域ごとの活動、としてまとめている。[9]

一　自治体学会の特徴

1　職員・学者・市民

自治体学会とは、学者・研究者および大学院生・ポスドクなど学者の卵を中心とする、いわゆる「学会」とは異なる組織として想定されていた。[10]会員メンバーに「資格区分」が明示的にあるわけではないが、暗黙の想定として、自治体職員を中核とし、研究者・学者、市民・報道人・議員という三種のメンバーを想定している。その意味で三種混合性が特徴である。それゆえ、当初の学会執行部は代表運営委員三名体制を採り、[11]草創期の三名の代表運営委員は、大まかにこの三種の区分との対応性があったと言えよう。[12]

実際には、職員だった人が退職したり、学者や議員に転職したりすることもあり得る。職員や学者も、同時に市民である。議員だった人が、首長になったり、市民活動に移ったりすることもあるだろう。そもそも、市民・報道人・議員というのは、自治体職員や学者・研究者だけではない、という残余カテゴリーという意味で、雑多である。それゆえに、実態としては、自治体職員と学者・研究者が中心になりがちではあるかもしれないが、しかし、その両者に閉じるわけではないことが重要である。[13]

自治体職員を中心とした三種混合性であるため、自治体職員の人員削減と高齢化・退職が進むなかで、自治体職員のメンバーが減少すれば、[14]結果的には学者・研究者の比重が高まるかもしれない。[15]通常の「学会」らしく、学者・研究者の比重を高める動きが生じるメカニズムは内包されている。とはいえ、自治体職員が少人数化・高齢化するのと並行して、あるいは、それに先行して、学者・研究者も人員削減・高齢化が進む以上、この振り子メカニズムが作用するとは限らない。

2　自治体学の困難性

そもそも、「自治体学」の学者・研究者は、既存の学問分野のなかには存在しない。これは自治体学会設立当初の状況であり、問題意識であったが、学会が目指した「自治体学」という学問分野が三十余年を経て確立したのかと言えば、[16]微妙なところである。[17]それぞれの学問・研究分野において、自治体現場との関わりを重視する実践指向の学問・研究はある。その意味では、自治体学は本来的に学際的・総合的であり、非学律（非ディシプリン）的であり、横串的なネットワークである。例えば、筆者の専門は行政学であるが、行政学という学問・研究分野が必ず自治体現場との関わりを重視するとは限らない。行政学といっても、「天下国家」指向の国政重視の「上から目線」の行政学や、さらには、官房学の血統を受け継ぐような為政者の統治術としての行政学、実践指向のない知的遊戯（パズル解き）の行政学、現状追認と正当化の行政学、全球《グローバル》・海外指向の国際行政学などもあるし、自治体を扱う自治体行政学・都市行政学においても、自治体現場や自治体職員との相互作用を重視する「自治型」[18]とは限らないのである。既存諸学と自治体学とが交差・重複する領域に生息する研究者もいるが、そうではない研究者もいる。

つまり、自治体学は、「何でもあり」の「自治の何でも屋」であって、拠って立つべき学問的専門性と学律を欠くともいえる[19]。もっとも、例えば、環境学のように問題指向の学問・研究は、経済学や工学・化学や法律学、政治学のような既存学問を背景としつつも、本来的に学際的にならざるを得ない。しかし、それが環境学の成立を妨げるとも限らない。逆に、単一または総合の環境学ではなく、環境経済学、環境化学、環境法学、環境政治学のように、それぞれの学問領域のなかの専門分化の乱立に留まるかもしれない。

自治問題に総合的に取り組むべき自治体学も、既存の学問分野のなかで専門分化がなされていくのかもしれない。その方が、自治問題に対するアプローチとしては、関係者間の共通基盤が成立しやすいのである。そうなると、例えば、政治学・行政学から自治問題に取り組むのは、自治体政治学・自治体行政学であり、財政学・経済学・経営学からアプローチすれば、地方財政学・地域経済学・地域経営論のようなものになるだろう。自治体が「法律に基づく行政」であるならば、特に「事務系」の自治体職員は政治学・行政学や財政学・経済学・経営学よりは、法律学に親しみながら自治体法学に分化していくのは自然である。こうして成立したのが、自治体政策法務論という世界である[20]。

自治体学においても、草創の時期から、政策法務が「自治型の行政術」[21]のなかの重要な位置を占めていた。しかし、法律学の専門知識または法令に携わる執務知識を背景にして議論をしていけば、徐々に、そのような背景を持たないメンバーとは疎遠になり、法務的な素養を持つメンバーのみとの交流が増えてくる。こうして、メンバーは一部重なりながらも、自治体学会とは別個に、自治体法務合同研究会（「合同法務研」）という全国大会が持たれるようになる。[22] いわゆる政策法務専門の自治体職員の全国交流機会が、分離独立したともいえる。[23] このように特定の観点に拠って立てば、メンバーに対しても明確な誘因と学律を提供することができる。いわば、同好の志の集まりである。

自治体学会は、自治問題に共通する関心を持ちつつも、法務に関心を共有するとは限らない。また、それぞれの現場地域の特質は多様であることから、特定の地域固有名詞を掲げた地元学[24]・地域研究としては共通し得ない。あくまで、各地から集まった「〇〇学」間の交流なのである。諸「〇〇学」群は、本来的に個性的・個別的であって、共通性を持ちつつも、相互に同一ではないことが重要である。個別性のなかの共通性、専門性を前提とした総合性、という矛盾する要素を持っているのが自治体学であり自治体学会なのである。

3　「自治体職員団体」性

自治体学会の中核は、研究者ではなく自治体職員である。それは、上述の通り、研究者を結合・規律する学問体系としての「自治体学」が存在しているわけではないので、学者・研究者が中心になるわけではないからである。その意味で自治体学会は「自治体職員団体」となる傾向を持ち得る。

職員団体は、一方では、非管理職を中心とした労働組合の方向性があり、他方では、上司から部下までを包含する専門職団体の方向性がある。学者・研究者を中心とする学会は、「偉い」大物・大先生から新米・見習い研究者、さらには、学部学生・大学院生・実習生までを含んだプロフェション団体のこともあるので、後者の指向性を持つといえよう。つまり、職員団体といっても、幹部を含むものもあり得るのであり、この点は「自治体当局」性として後述しよう。

前者の労働組合的、つまり、経営管理層を含まない職員団体とすれば、端的に言って、「自治体職員労働組合」となる。もっとも、職員労働組合には、いわゆる、「自治労（全日本自治団体労働組合）」「自治労連（日本自治体労働組合総連合）」というものがあるので、自治体学会は「第二・第三組合」かもしれない。勿論、職員労働組合は、あくまで勤務条件をめぐる労使交渉が本分であって、自治問題を研究する集団ではなく、従って、同じ職員団体性を有するとしても自治体学会とは機能が異なるとも言える。しかし、職員労働組合が、全く自治問題に実践的な研究をしないのかといえば、そのようなことはない。問題解決に向けて政策提言や現場での工夫をするには、智恵が必要であり、研究・学習活動はむしろ普通である。例えば、自治労の「自治研」（地方自治研究）活動は、自治体学の場でもあるはずである。[25]

自治体学会は、給与交渉や定数交渉や職場環境改善などの労働問題を排除するわけではないが、主としては政策的な工夫に関心を持つ。自治体職員が、政策問題に関心を持ち、政策研究という研究行動を行うことが背景となる。当然、単なる研究のための研究ではなく、政策に繋がる実践指向を持つ運動体の傾向を持つ。

論理的には、職員は個人でも問題関心を持って研究をすることは可能であるし、そもそも、最初は一人が始めなければ絶対にことは始まらない。とはいえ、問題解決の実践に繋げるためには、自治体内部での賛同者・理解者・協働者の拡大が不可欠であり、各地の自治体職員を中核とする自主研究グループが必要である。自治体学会は、こうした各地の自治体職員たちの自主研究グループ活動の全国交流の場として設計された。[26]逆に言えば、各地における自主研究グループがなく、全国の孤立・点在した自治体職員だけでは、自治体学会は存立できない。

もっとも、各地の自主研究グループは、しばしば、当該自治体内の「旧態然」とした有力職員層・集団からは、「外された」人たちでも有り得る。むしろ、こうした「外された」、しかし、問題関心のある自治体職員が、当該自治体内ではなく広く全国に目を向ければ、同好・同志が散在することに気付き、力付けられることもある。自治体学会は、弱小で孤立しがちな自治体職員及びその小グループの互助組織としても構想された。

自治体学会は、各地では「浮いてしまう」「外されてしまう」かもしれない職員を、全国的に連帯・連携する組織であり、本源的な「野党」性を持つ。各自治体でこうした職員集団が政策実践への「権力奪取」できるのであれば、つまり、それなりに当該自治体内で幹部層に出世できるのであれば、あるいは、出世できなくても「できる」職員として政策実践が許されるならば、そもそも全国交流する必要はないのかもしれない。

勿論、各地で「権力奪取」した職員は、「先進自治体」の「成功事例」の「伝道師」として、他の自治体から「招聘」されることはあろう。しかし、自治体学会の本質は「招聘される」側ではなく、未だ「権力奪取」に至らず、機《とき》を待ちながら、「招聘する側」の方にある。[27] あるいは、「訪問する」側にある。例えば、初期の全国研究大会が開催されると、その近隣自治体に訪問し、アフター・シンポなどが開催されていた。徳島大会（一九八七年）の場合には上勝町、帯広大会（一九九一年）の場合には池田町である。[28] 地元自治体・職員が全国の会員との集まりの場を積極的に提供して、これが大会の盛り上がりに繋がったという。[29]

4　「自治体当局」性

自治体学会の初期スポンサーは、神奈川県政の権力を奪取した長洲一二・知事と、それを支えた神奈川県庁職員である。また、実際に学会の発足に当たっては、神奈川県庁及び県庁職員の尽力は小さくなかった。[30]上記の通り、自治体学会は本源的な「野党」性あるいは「労働者」性を持つのであるが、同時に、「権力奪取」を背景として活動でもあり、「与党」性あるいは「当局」性も持っている。つまり、ヒラや「外されてしまう」職員だけではなく、末端（先端）職員から中堅幹部を経て最高幹部に至るまで、自治体学会のメンバーたり得るのである。[31]

第一に、初期の学会事務局は神奈川県庁が担っていた。[32]県庁が自治体学会という任意団体の業務を引き受けることは、対県民的に理由が必要になる。実態としては、県庁ライン組織というよりは、知事の了解の下で職員研修所（に相当する組織[33]）が担っていた。それは、自治体学会が自治体職員の人材養成に役立つという論理である。それと関連して、大会の分科会などには職員研修や職員人材育成に関するものが開催されていた。また、こうして自治体職員にとって学会加入を魅力的なものにしようとしていた。[34]

ただし、学会事務局を県庁に依存していたことは、学会運営が、自治体行政をモデルにする官僚制化のメカニズムを内包していることでもある。学会の「当局」性は事務局主導になることも有り得るのである。専門家や市民からなる合議制の最高決定機関を頂きつつ、実態として事務局が主導するのは、自治体でいえば教育委員会が典型である。自治体学会の「当局」性は、教育行政的官僚制化を意味しうる。

なお、県庁事務局体制の初期を経て、その後、中期の二〇〇七年一〇月（四月から引継ぎ）からは、会員メンバー個人たちが構成する受託NPOが事務局を担うようになった（委託事務局体制）。県庁からの自立という意味では学会らしくなったともいえるし、「当局」性という自治体学会らしさが希薄化したとも言えよう。さらに、二〇一四年四月から現在は、事務局委託を止めて、直営事務局体制となっている。とはいえ、直営事務局を担っているのは会員メンバー個人であり、団体委託という形態をとるかどうかはともかくとして、実態としては中期と変わらない。独自の事務局職員を会員外部から雇っているのではないからである。

第二に、年次大会の協働性がある。今日まで基本型は[35]、第一日目は、各地転々の地元県庁[36]（または実行委員会）主催の全国自治体政策研究交流会議があり、第二日目は学会主催の研究大会である[37]。通常の学会の研究大会に相当するのは二日目のことである。そもそも、沿革的にも、まずは、前者の全国自治体政策研究交流会議が一九八四年に先に開始されていたのであり[38]、自治体学会というより、神奈川県（一九八四年）・埼玉県（一九八五年）・兵庫県等（一九八六年）という当局側の取組が先行していたのである。

その意味では、知事与党・当局権力に支えられた「学会」であり、本源的「与党」性を持っていると言えよう。勿論、学会が行政権力や経済権力と無縁であるとは限らず、専門職集団の学会であればなおさらであろう。例えば、土木学会は、行政実務家と研究者と企業関係者という専門職団体であり、産官学共同体である。自治体学会は、工学系・医学系学会に見られるように、むしろ、「当局」性を目指していたともいえる。

但し、今日では特定の個別自治体当局やその有志連合体、さらには、広い意味での自治関係行政当局（例えば、地方六団体や自治制度官庁）が学会を支えているわけでもなく、当局との連携は希薄化している。この点は、現在奪取している権力をもとに、新たな権力奪取を目指した、初期の自治体学会らしさは減って、権力との関係ではギラギラしたものは弱くなり、より「中性化」したといえる。この場合には、政策研究交流会議は各地元自治体による政策啓発・発信イベントになる傾向もある。(39)

二　分権改革までの自治体学会

1　「地方の時代」と自治実践

(一)「地方の時代」の到来

一九八〇年代の保守回帰によって、一九七〇年代までの革新自治体による政策革新（=自治実践）が減退していく。一九六〇年代七〇年代の国政の保守政権は、対米従属・米軍協力、経済成長重視、政官癒着型《スクラム》指導《リーダーシップ》と政官業「鉄の三角形」に基づく上からの開発指向のため、自立中立・平和軽視、福祉軽視、公害対策・環境軽視、住民・生活者軽視となった。地域振興を目指す多くの保守系自治体も、こうした上からの開発指向に呼応して、平和軽視・福祉軽視・環境軽視・参加軽視を続けた。そのなかで、政策的代替案を示したのが革新自治体であり、平和志向・福祉志向・環境志向・参加志向の政策を打ち出したのである。

その政策の一部は、保守政権・保守系自治体にも採用され、「政権交代なき政策転換」が実現した面もある。しかし、同時に、低成長への転換による経済重視への回帰と、東西新冷戦のなかでの西側陣営の一翼感と、諸外国との比較での相対的に好調な経済業績への自己満足の風潮のなかで、一九七〇年代の平和志向・福祉志向・環境志向・参加志向が全体として減退したといえよう。要するに、自治体レベルで「政権交代しても政策転換なし」であり、その意味では、保守系自治体で充分とされる。

革新自治体の退潮の典型が一九七九年の美濃部亮吉・革新都政の退場と、鈴木俊一・保守中道都政の登場である。また、一九七八年の飛鳥田一雄・横浜革新市政の終焉である。そのなかで、超党派的な地域活性化や「まちづくり」「高齢者在福祉（のちの「介護」）・文化行政（「行政の文化化」）などが広がりを見せた。その典型が、一九七五年に登場した長洲一二・神奈川県政である。長洲県政は、その候補者調整過程からすれば「革新県政」なのであるが、同時に、「遅れてきた革新自治体」であるがゆえに、保守回帰・革新自治体時代の終了のなかで、「革新自治体」から「自治体革新」に変態し、「燈燈無尽」と生き延びるために、環境適応を進めたものといえよう。[40]「地方の時代」は、長洲一二が提唱したスローガンである。[41]

(二)「地方の時代」の政策交流

一九八〇年代の「地方の時代」は、いくつかの要因に支えられている。第一に、第二次臨時行政調査会の「臨調行革」路線のもとで、自治体は「地方行革」が迫られ、国からは財政再建のための負担転嫁が為されるなど、国に期待した地域振興は見込みがうすくなっていた。それゆえに、成長指向の自治体であっても、国に頼らない独自の取組が自治実践として求められた。

第二に、同じく「臨調行革」路線は分権改革のような制度改革を進める期待をもたらさなかった。むしろ、「新々中央集権」[42]と命名されたように、集権的な趨勢が強まっていた。それゆえに、国の制度改革ではなく、既存の自治制度の安定性を前提とする個別自治体の政策実践が求められた。

第三に、上記のように、一九七〇年代の経験から国主導の地域開発では地域振興はできないこともまた明らかになっており、内発的発展に基づく「地域づくり」（「むらおこし」「まちづくり」「しまおこし」など）の実践が必要とされたことである。

第四に、高度成長と一九七〇年頃に成立した「国土の均衡発展」体制のもとで、さらには、一九八〇年代後半のバブル経済のもとで、全国の自治体に関して、ある程度の行財政基盤の確保が為されていたことである。(43)

第五に、二一世紀から回顧すれば、既に人口減少・少子高齢化は自明ではあったはずであるものの、この時期ではそれほど深刻化してはいなかったことである。それゆえに、高齢者在宅福祉を中心とする政策の模索が求められ、また、それを可能とする行財政基盤があったことである。これは、第一次分権改革と並行する介護保険制度の創設に繫がる。(44)

総じて言えば、自治制度の安定、自治体の行財政基盤（インフラ）の安定のなかで、地域振興（経済志向）と高齢者在宅福祉（福祉志向）を中心とする自治実践が求められたと言える。これが「地方の時代」である。その典型は、「一村一品運動」を提唱した平松守彦・大分県政である。「グローバルに考え、ローカルに行動せよ」(45)という標語にもとづいて、元通産官僚が知事となって、県庁自らは地域振興しないが、市町村に地域振興をさせるように、通産省流に旗を振ったのである。そして、例えば、それに呼応してか、内発的かはともかく、「クアオルト」構想を掲げた「潤いのある町づくり」の湯布院町が、環境・生活配慮型の地域振興（「持続可能な開発」）のモデルとなった。(46)

「地方の時代」とは、制度とインフラが確保されていたことが前提条件での、「地域経営」(47)や「地域づくり」(48)を目指す、各地の政策研究と自治実践の展開である。全国の自治体職員・研究者など自治関係者にとっては、こうした政策事例の開発と、人的・知的交流による参照・模倣・拡散・改良と競争が中心とされた。自治体学会が各地の自治実践の全国的な政策交流を柱としているのは、こうした一九八〇年代以降の状況を反映している。

2　地方分権推進委員会と第一次分権改革

(一) 自治実践から制度改革へ

一九八〇年代から九〇年代にかけての自治体の自治実践は、一方では自治体の政策能力を試し、その向上を要求するとともに、他方では自治体の環境与件である自治制度・行財政基盤などのインフラの限界を明らかにする。つまり、自治体がいかに創意工夫を発揮しようにも、自治制度や経済・行財政基盤に限界がある場合には、それを突破することが困難である。

一九九〇年代前半は、バブル崩壊後の「失われた三十年」に差し掛かる初期段階であり、依然として高度成長の果実である「豊かな社会」が存在していた。「豊かな社会」という経済・財政基盤がありながら、「豊かな暮らし」[49]が実現できないことが、自治実践の経験から国政にもフィードバックされるようになる。そこでの問題は、自治制度の集権性ということになる。その典型は、細川護熙・熊本県知事であり、「バス停を動かすにも霞ヶ関の許可が必要」という挿話をもとに、「鄙の論理」を展開し[50]、さらに「政治改革」の波に乗って細川は国政進出を果たした。そのように国政が動揺するなかで、一九九三年に国会両院は地方分権推進決議を行い、細川護熙内閣(非自民連立政権)が発足して、地方分権推進という自治制度改革がテーマとなった。

(二) 自治実践と問題・支障事例

この流れを受けて、一九九五年の村山富市内閣(自社さ政権)のもとで地方分権推進法が制定され、地方分権推進委員会が発足する。その七人のメンバーのうちで、自治体学会の創設に関わった長洲一二・西尾勝の二人が委員となった。自治実践の蓄積のなかで発見・発掘された自治制度の集権的限界を具体的支障として明らかにし、個別問題からの積み上げによる制度改革を行ったのである。

長洲一二は「第三の革命」という大きな方向性としてのアイデアを生み出し、それは明治維新・戦後改革に続く「第三の改革」という自己規定に結晶する。また、西尾勝は、グループヒアリング方式による各省庁官僚との「膝詰め談判」によって、自治実践のなかから明らかにされた問題事象の解決を図っていった(51)。その際には、自治体政策法務にも強い武蔵野市や三鷹市や国分寺市などの多摩地域の自治体職員との相互関係や、それも基盤となった自治体学会などの人脈により、各自治体の現場行政での細部の業務知識や支障事例の情報を入手したこともあった(52)。

3　自治実践主義の限界

（一）制度設計提案なき問題・支障知識

自治体学会は自治実践の政策研究・知識交流なので、（A）現行制度による制約の顕在化と、（B）その制約を突破する知恵、を志向するが、（A）が分権改革の交渉には重要な素材（要求・正当化事由）となるのである。もっとも、現行制度を前提に現場の日々の問題を迅速に解決することが自治体職員にとっては重要であるから、（B）の方が本領となる。そして、（B）が成功すればするほど、制度改革は不要になるのであって、（A）の側面が弱くなるメカニズムも持っている。

自治体学会が重視する自治実践からは、いかなる分権的自治制度を構築するかという制度設計論は登場しない。（A）によれば、現行制度に問題・支障があることは明らかになるが、では、いかなる制度にするのかという智恵は、（A）から直ちには登場しない。敢えて言えば、「制約（制度）をなくす」という提案しか出てこない。しかし、完全に自治制度を白紙化して、全く自治体の自由にすることは、通常の霞ヶ関官僚（そして、政治家などの国政為政者も学者も報道人にも国民にも）には考えられないから、指摘される問題・支障を解消できる何らかの新たな制度設計が必要になる。しかし、それは（A）（B）を中心とする自治体学会の自治実践主義からは登場しない。

例えば、地方分権推進委員会「中間報告」のように、「機関委任事務制度の廃止」は言えても、その後の「自治事務・法定受託事務」制度をどのように設計するかは、自治実践の智恵からは出てこない。さらには、個別法制のあるべき集権・分権のバランスの姿は描きにくい。そして、機関委任事務制度を全廃しても、新しい突破的な制度構想がなければ、結局は、霞ヶ関官僚が持つような、旧来の制度の設計図を借用・援用・模倣することになる。つまり、機関委任事務制度に類似した法定受託事務制度にならざるを得ず、また、通達では縛れないとしても法令・処理基準では縛れる制度になる。

また、例えば、同時期の介護保険制度は、自治体での高齢者在宅福祉の自治実践を参照にしつつ設計されたといえる。ここには自治体学会内の人的蓄積による実務的対応が進められた。自治体職員と厚生省職員の研究会（自治体介護研究会）でも自治会学会メンバーが多く参加した。しかしながら、自治実践は、諸外国の先行事例と同様に、国レベルの制度設計の参考事例になるに過ぎず、それらをどのように総合して新制度に編制するのかは生じない[53]。

（二）自治体発の制度設計論議の模索

このような自治体学会の自治実践主義の限界が、自治体学会とは別に日本自治学会が二〇〇〇年に設立された理由である[54]。しかし、現代日本の政策決定作法を前提にすれば、自治体・自治体職員や学者・研究者が制度設計論議をしても、それだけではほとんど意味がない。霞ヶ関作法《さほう》ルールでは、制度・政策立案はあくまで制度・政策官庁（主導官庁）が独占する。政権・与党や官邸が主導官庁の抵抗や懈怠を排除して立案・設計をしたい場合でも、内閣官房などの霞ヶ関の組織で行うしかない[55]。

勿論、臨時組織には各省からの出向・併任官僚、民間企業出身者、弁護士などの民間専門家や学者・研究者に加えて、内政関係では自治体出身者などが加わることはできる。こうした混合組織において、自治体関係者が自治実践で培った業務知識をもとに、一定の智恵と労力を提供することはできるかもしれない。しかし、それはあくまで参照事例にすぎない。そして、国とは無関係に自治体が制度立案しても、単なる観念的な作業にしかならない[56]。それゆえに、「これ以上の分権化を求めて右往左往することはしばらく差し控え」るしかない[57]。最終的には霞ヶ関官僚が、独特の制度・政策立案の執務知識に従って、適当に作法《さくほう》するだけである。そこには自治実践の基盤はない。それゆえ、自治実践主義が求められ、新制度のもとでの（A）と（B）とが必要になる。それは、分権的に改革された新制度を使いこなすというスタンスではなく、新制度の制約を見抜くとともに、その制約を突破する知と志である。決して、新制度に順応した応援団ではない。

翻って、自治体側が制度設計を論じても、全く実現性はないので、欲求不満の累積によって次から次へと、「思いつき」の改革案がインフレ的に発信されるだけになる。その典型は、橋下徹・大阪府市政下における、様々な制度設計提案である。例えば、道州制、大阪都構想、議会内閣制論などである。こうした自治体発の制度設計論の特徴は、端的に言って、国と自治体の間の集権・分権の権限調整問題には手を付けられない。その意味では、広い意味での自治実践論に留まらざるを得ない。

自治体にとって自治実践的に可能なのは、以下の三領域である。第一に、水平的に自治体間を再編する市町村合併・道州制・広域連携論議である。第二に、自治体内の執行機関間・首長議会間関係を再編する論議である。議会内閣制論はこのひとつであるし、教育行政に対する首長権限の拡大という論議も多い。そもそも、制度改革をしないでも、自治体機関間関係は自治実践として対処可能である。例えば、首長による議会対策を強化したり、首長政党を組織化して議員をコントロールすればよい。第三は、都道府県と市区町村の関係の調整である。これは、政令指定都市・中核市への移行、事務処理特例などの権限移譲、大阪都構想などに見られる分野である。つまり、国と自治体の関係という分権改革的な自治制度設計にとって最も重要な領域は、残されたままなのである。

本来、二〇一一年に法制化された「国と地方の協議の場」は、国と自治体の関係についての制度設計論議の場になるべきだったかもしれない。(58) しかし、現実には、「国と地方の協議の場」を自治体側は制度設計論議の場としては使いこなせておらず、議事録の残る集団陳情の短時間の儀礼の場でしかない。また、二〇一四年度から始まった提案募集方式は、自治体側からの国・自治体関係に係る制度設計への提案を求めるという意味で、新たな場を開くものかもしれない。とはいえ、個別自治体での自治実践と異なり、ここでも自治体側ができるのは提案までであって、総合的な議論は内閣府・各省・地方分権有識者会議に委ねられてしまう。

三　分権改革からの自治体学会

1　はじめに

二〇〇〇年の第一次分権改革は「ベースキャンプ」と呼ばれたが、その後の動きは迷走と遭難であった。その要因のひとつは、一九九〇年代末から著しくなり二〇〇〇年代に顕著になった「構造改革」路線を通じた経済・行財政基盤の脆弱化による、自治基盤（インフラ）崩壊である。このため、自治体学会で中心となってきた自治実践と政策研究交流は、変質を遂げていく。分権改革後も、自治体による自治実践の政策革新が進まなかったわけではない。ただ、その意味が、前提となる環境与件の変化によって、自治体学会が立ち上げられた一九八〇年代とは大きく異なっているのである。以下では、この点を詳述していきたい。

2　迷走・遭難の時代

（一）分権改革による一時的停滞

二〇〇〇年分権改革は、それまでの自治実践を支えてきた自治制度を分権的に改革するものであり、それまで自治実践の前提となる制度基盤を揺さぶる。(59)その意味で、従前の自治実践や政策革新をそのまま延長することができなくなる。勿論、これまでの制度的制約に阻まれて、自治実践が阻害されていた者については、制度的制約の緩和によって、直ちに自治実践に結び着くことも有り得たかもしれない。

しかし、全体としては、機関委任事務制度の廃止のなかで、新たな制度環境を理解し、それに対応する時間が必要である。例えば、条例制定権が拡大したとはいえ、これまでの機関委任事務制度によってのみ、条例制定が阻まれていただけとは限らないとすると、直ちに制約要因がなくなったわけではない。例えば、自治事務でも法定受託事務でも、法令の縛りがあれば条例制定はできないのである。むしろ、様々な新制度への順応に受動的に時間が割かれて、政策革新が一時的に停滞する。分権改革という制度改革も同様であり、一時的に自治実践が沈滞するのは不可避である。

（二）自治基盤の崩壊

しかし、二〇〇〇年代の迷走は、そのような制度改革に伴う常の副作用だけではない。様々な自治基盤が崩壊を始めたことが重要である。

第一に、平成の市町村合併が進められた。自治実践と政策革新は、それを実現する政府としての自治体の存在を前提とする。しかし、政策主体それ自体が不安定であるため、自治実践は沈滞する。優秀な職員は政策革新ではなく、合併の枠組論議や細部調整に忙殺された。さらに言えば、一九八〇年代以来、各個別自治体で積み重ねられてきた自治実践は、合併のなかで希釈化・平均化され、消失していった。市町村合併とは、当然ながら小規模町村の個性溢れる政策を、大規模中心市の人員・財源に依存した平凡な政策のなかに吸収・同化するものなのである。例えば、内発的発展の「地域づくり」で特長ある取組も、広域合併するなかで雲散霧消し、単なる大挙して集まる外国人インバウンド等のための観光地ブランドとして消費されるだけになる。

第二に、橋本龍太郎内閣に始まり、小泉純一郎内閣で全面化した「構造改革」により、自治体の行財政基盤はやせ細った。一九八〇年代以降の自治実践や一九九五年の地方分権改革推進法は「豊かな社会」を前提とするものであったが、その基盤が崩壊したのである。いわゆる三位一体改革は、所得課税の地方移譲を実現したとはいえ、地方一般財源の大幅削減を引き起こした。「国土の均衡ある発展」体制を形作ってきた公共事業は、大幅に削減され、地方圏の需要不足による疲弊をもたらした。財源苦境は、政策財務（松下圭一）の自治実践につながらないまま、単なる行政整理として自治体職員削減を目指す集中改革プランにつながり、需要不足を悪化させるとともに、職員は多忙化を極め、政策的工夫を考える余裕の減少に至った。

第三に、分権改革以外の各種の国制改革が、自治体職員の自治実践への制約としてのしかかってきた。一つには、政治（選挙制度）改革により、地方圏の衆議院議員定数が大幅削減され、地方圏の政治的発言が政権与党に届かなくなった。このため、自治体が様々な問題を国政に指摘しても、国政の感度は低下したのである。二つには、司法制度改革がある。簡単に言えば、自治体は裁判で敗訴するようになった。三つには、国・自治体を通じる政治主導である。国政では内閣機能強化と官邸主導政治となった。自治体では、首長暴走が可能となった。そのため、自治体職員の現場からの経験と検討を踏まえた下からの政策研究開発ではなく、政治家首長の「思いつき」とポピュリスト的な「人気取り」による政策化への指示が強化された。さらに、政治家首長の威を借るコンサル・特別顧問などが跳梁跋扈するようになり、自治体職員の志気を下げた。

第四は、国・自治体を通じる公務員バッシングである。自治体職員は、膨大な職務に忙殺されない限り、「いい身分」とされてしまう。そのため、全国各地の自治体の政策研究開発の状況を公費出張で現地視察することはおろか、手弁当で訪問調査して職員間交流を深める時間的余裕もなくなった。

総じて言って、自治体職員による現場からの自治実践は困難になり、自治体学会にみられる政策研究交流の付加価値は低下していったのである。

(三) 自治実践の変容

上記のような基盤崩壊のなかでも、一部の意欲と野心と能力のある自治体職員は、政治家(または経済産業官僚)のような政策起業を起こす[60]。但し、そのときに、当該自治体現場に、自治体職員として骨を埋めるのではなく、「コンサル」的な「世間師[61]」として、全国デビューして、職業生活を転身することもある。この場合には、政策実践を可能とする自治体を物色するようになる。あるいは、自治体現場での政策実践という舞台を必要としない、もしくは、自治実践の舞台に恵まれなくなって、「学究」的に学者・研究者へ転身する。実践指向の研究者・学者は、ある意味で、コンサル・世間師的なところがあるから、この両者は重なる面もある。

自治体学会は、自治体職員が学者・研究者に転身するには、格好の跳躍台の機能を果たすことになる。自治体に関心のある研究者・学者を、あるいは、自治体学の研究者・学者を、生活経験の乏しい若者学生から既存の大学の研究者養成システムを経て、直接にリクルートすることが難しいとするならば、自治体職員（ときに国の行政職員）からの転身を促進することにも、意味があるかもしれない。しかし、自治体現場で知と志を持つ自治体職員と、それを知識と精神の両面から支援する学者・研究者という、自治体学会の原点からすれば、自治体学会の空洞化ということもできよう。要するに、自治体現場に、意欲と能力のある自治体職員の活躍の場がなくなってきたのである(62)。

勿論、自治基盤のやせ細りが政策革新を停滞させるだけではなく、行財政の苦境自体こそが自治実践を必要とする。そこでは、第一に、指定管理者・民営化などが工夫され、「協働」など地域住民組織の動員と依存の方策が、自治実践として模索される。自治体学会の得意とする自治実践は、政策財務という政策の中身というよりも、同じ政策をいかに安価に実行するかという、会計の管理運営手法の問題に替わっていったとも言えよう。地域福祉なども、いかに安価に実現するかが問われるようになる。

また、第二に、地域経済の疲弊と財政基盤の弱体化は、国からの財源措置への期待を低下させる関係で、自治体・地域の独自に「稼ぐ」ことが、自治実践の中心的関心を占めるようになる。その王道は、経済開発指向であり、一九六〇年代の多数派自治体への先祖返りである。また、邪道としては、なりふり構わぬ財源確保であり、ネーミングライツ・広告収入などはまだしも、自治体債権回収の強化への工夫が喧伝され、あるいは、病的には返礼品競争によるふるさと納税のかき集めを、地域振興と財源確保の成果として誇る状態に陥る。

3　自治実践主義の逆流

(一)「成功事例つまみ食い」作戦

上記の通り、自治基盤の崩壊した二〇〇〇年以降も、自治体現場では様々な自治実践が行われている。そのようななかで、名目的には「分権時代」の成果として、実態的には国の新たな集権手法として、国による「成功事例つまみ食い」作戦の横行するようになった。「〇〇では」という「出羽守《ではのかみ》」であり、「例えば〇〇という話がある」という「例話《れいわ》」である(63)。自治体学会に限られてはいないが、自治体関係者による政策研究交流や自治実践は、こうした新たな集権手法に燃料を与えるものに変質した。

国による「成功事例つまみ食い」作戦とは、以下のようなメカニズムである。

1)国の各府省庁官僚には、最早まともな政策を立案する能力はない。

2)一部自治体の自治実践のなかから、国の政策・政局的な観点に照らして、注目または評価に値するものを「成功事例」として賞賛する。例えば、自治実践の関係者を国の政策立案の審議会に招聘したり、モデル事業として採択して財政支援したり、あるいは、表彰したりするなどして、「お墨付き」を与える。

3)自治体の自治実践によって開発した政策を模造して国の事業とする。あるいは、そもそも国の政策として模造さえせず、単に転写《コピー》した「優良事例集」を配付して、自治体に政策対応を丸投げする。

4)全国の自治体に、国の「お眼鏡」に適う場合には、財政支援や表彰をする旨を示して、水平的競争させる。

5)国レベルでの政策的な彫琢を経たまともな政策ではないので、全国的には各地の自治体では成功しない。そもそも、採用する自治体としても、内発的な理由から、「先進」自治体の「成功事例」を参照・学習・研究して、改変・改良して使うのではなく、単に国からの集権的な圧力を逸らすために、「言い訳」として採用する（フリをした）ものに過ぎない。何もしなければ、努力をしていない自治体として、マイナスのレッテルが国によって貼られるからである。

6）そこで、国は、また別の新たな「成功事例」探しに目を凝らすと、再び右記1）～5）の新しいサイクルが始まる。

7）あるいは、5）で「失敗」する自治体が多発するので、「成功」自治体をさらに賞賛し、「失敗」自治体を侮蔑し、国の政策失敗または無策の責任を自治体に転嫁する。

（二）自治実践主義の効果

「地方の時代」でも、自治実践主義と「成功」事例の政策研究交流は行われていたし、それが自治体学会の中心的な役割であった。しかし、自治体の基盤が存在する時期と、それが崩壊しつつある弱体化する時期とでは、個別自治体にとっても全く正反対の効果を生む。

自治基盤ある自治実践の政策交流は、「上方への競争」になる。すなわち、ナショナル・ミニマムのうえでのローカル・オプティマムの追究に向けて、創意工夫の発揮となる。一九八〇年代に自治体学会が創設されたのは、このようなメカニズムを前提にしていた。そして、それは、「豊かな社会」のなかでの分権型社会を模索した、地方分権推進委員会と二〇〇〇年の第一次分権改革を目指す指導方針でもあった。

しかし、自治基盤の崩壊のなかでの自治実践の政策交流は、結果として「底辺への競争」になり、個別自治体をも苦しめる悪循環となる。国がナショナル・ミニマムを保障することを放棄するなかで、個別自治体が生存競争をするようになれば、他の自治体の犠牲の上でしか、個別自治体の政策革新は有り得なくなる。そして、そのような生存競争に勝って一時的に延命したとしても、無限の生存競争が続くという無間地獄となるので、救われることはない。さらに、自治体が連帯して国にナショナル・ミニマムを確保するよう要求する隊列が弱体化するだけになる。

こうして、「右肩下がり社会」のなかで、「稼げる地域」を指向した、観光や六（一×二×三＝六、二×三＝六）次産業化などによる地域経済活性化のための分権・自治実践となる。自治実践の結果として、日本経済が再生するとすれば、それは分権・自治を手段とする経済政策になる。しかし、自治実践が地域間ゼロサム競争にしかならないのであれば、自治実践と政策革新によっても、大半は「稼げない地域」のままであり、国全体の経済政策としても効果がないし、個別自治体にとっても「近隣窮乏化政策」を超えるものでもない。自治体学会での自治実践と政策交流は、それ自体で大きな閉塞に直面しているのである。二〇〇〇年代からは、都市・地域再生、構造改革特区・国家戦略特区、地方創生（まち・ひと・しごと創生）等、多様な変態を遂げながらも、同じように自治実践が国政に絡め取られていく。(64)

4　改革の蹉跌

（一）二十年委員会

このような苦境のなかで、自治体学会は存在意義を模索し続けた。自治体学会の困難さは、会員を惹き付けるだけの勢いのなさとなって、会員数減少として数値に現われていた。会員数の長期低落傾向は、第一次分権改革が終了した二〇〇〇年代からの継続的な課題であった。勿論、任意団体は創設メンバーと一緒に加齢して、一世代で消滅するというライフサイクルがあるならば、衰退は不可避である。

しかし、組織はメンバーの入替による新陳代謝があり、会員を惹き付ける誘因があるならば、持続可能性と再生産は論理的には可能である。

二〇〇四年二月二六日の運営委員会において、総務機能の充実及び自治体学会二〇年に向けての総括を行う機関として、総務委員会（委員長・鏡諭）が設置された(65)。鏡諭・総務委員会委員長の認識は、以下の通りである。当時の自治体を取り巻く環境は、三位一体改革や市町村合併などの課題であった。会員にも変化があった。自治体学会設立当時は、会員個々が課題を持ち、改革に向けて取り組む姿はある意味、異様な熱気に包まれていた。常に課題に立ち向かう会員の姿があった。しかも、それを会員相互で支え連帯の輪が広がっていった。しかし、そのプロセスを実体験している人々も次第に減り、後に会員に加わった人との温度差が否めない。昔の熱気を取り戻すのではなく、改めて、自治体学会は何をすべきかが、問われていた。

総務委員会での議論から、さらなる委員会の設置が提案され、二〇〇五年八月二五日の総会で二十年委員会（委員長・鏡諭）の設置が決定された(66)。「自治体学会のこれまでの二〇年の歩みを総括し、現在の組織及び事業活動を見直し、これからの学会の二〇年を構想するための戦略的タスクフォース」として提案された。具体的には、（1）組織及び活動の評価と将来ビジョンの検討、（2）組織体制の整備、（3）会員の拡大・充実、（4）事業活動の整理・新設、（5）地域活動及び相互交流の活性化、（6）財政の健全化、（7）事務局機能の整理と自立化の検討、（8）規約等の明確化、（9）代表運営委員及び事務局の補佐に掛かる実務、等を検討するとされた。委員は、代表運営委員、企画・編集両部会長および代表運営委員が指名する者と公募による者と合わせて一五名程度である。

同委員会は、これまでの歩みを振り返り、学会の方向を示し、組織・活動のあり方を提案するために、二〇〇五年一一月から二〇〇六年八月にかけて作業を進めた[67]。「市民的視野に立ち地域に根ざした実践的な研究及び会員相互の交流」や「自治体の内部からも研究する現場と実践の学」という自治体学の理念は古びていないが、会員数は増えず、若い世代の入会が少ないことが指摘された。さらに言えば、財政再建・行政改革の流れ[68]で職員は元気がなくなっている訳で、逆風が吹いている時期に参加したくなるような学会であれば存在意義が問われる。そこで、二十年委員会は、会員構成が自治体職員に偏っている状態を改め、市民会員を増やそうという提案をした。

三種混合性の一面からすれば、自治体職員が減るならば市民に期待するのは、論理的には有り得る。自治体現場で、行政職員が削減されるなかで公共サービスを維持するには、地域や住民の自主的活動(「住民自治」と誤称されている)や、行政と住民の協働に期待が集まるのと、同じ現象である。もっとも、市民にも余裕がないなかで、具体策を考案することは容易ではない。結局、こうした問題意識とは別に、二十年委員会の作業の大半は事務局自立問題に費やされた[69]。当局のパトロン[70]のもとで自治体職員が事務局機能を担う状態を止め、独自の委託事務局に踏み出すこととした[71]。

(二) 総務・活性部会

二十年委員会報告を受けて、事務局の負担[72]を軽減する目的もあり、三つ目の常設部会として[73]、二〇〇六年八月二五日の総会で、総務・活性部会(部会長・鏡諭)が設置された。新規の事業計画や学会の活性化、地域における学会活動の支援が充分でなかったとの認識のもと、新規事業の企画、自治体学会活動の活性化、地域における学会活動の支援、会員間の交流促進などの業務を担当することとなった。

もっとも、実際には事務局移転問題が、総務・活性部会においても最優先の取組であった。こうして、二〇〇七年一〇月から委託事務局体制となった。学会事務局は神奈川県庁・埼玉県庁・群馬県庁と「持ち回り」されていたため、会員は運営実務から解放され、研究活動に集中して人的ネットワークの拡大に努め、ニュースレターなどで情報を受発信し、実践に結びつけるという、いわば、会費と引き替えに受益者の立場に身を置くことができたのである。この点については疑問も有り得て、学会運営は自律的に、会員の熱意と汗と声によって運営されるべきかもしれない。そこで、事務局移転の決定とともに、総務・活性部会が設置され、総務機能（発注者機能）の充実として、事務局自立が重要な課題となった(74)。

総務・活性部会は、学会事務局は二〇〇七年一〇月を目途（二〇〇七年四月から引継ぎ作業開始）に群馬県庁から移転するが、民間団体への業務委託を基本として、作業を進めた(75)。総会の方針を受け、市民に信頼される自治体学会の姿勢を示すために、事務局自立は不可欠と確認した。そのために学会は基金を準備してきたものである。但し、事務局自立＝委託によって、人件費などを自治体学会の負担が増える（会員一人当たり年三五〇〇円）。そのため、何からの会費引き上げが必要となる。また、民間委託をするために、委託事業者の選定手続が必要になる。そこで、プロポーザル方式を採用し、「自治体学会の運営に精通されている五名」からなる委託事業者選定委員会を設置した（代表運営委員による委嘱(76)）。

二〇〇六年一二月一七日に委託事業者選定委員会によるプレゼンテーションが行われ、役員会を経て、委託事業者が内定された。応募事業者は、和光まちづくりNPOセンター(77)、自治創造コンソーシアム（CAC、田中義政・理事長）、まちづくりビジネス支援ネットワーク(78)、の三者である。事務局として持つべき基本的理解、事務局体制と組織、団体の活動実績及び経営状況、事務局委託にかかる積算、学会へ提供できるメリットの提案、その他の特徴及びアピールが、評価項目である。結果として、CA

Cを内定候補者とし、まちづくりビジネス支援ネットワークを次点候補者とした。

これを受けて、二〇〇七年二月二五日の運営委員会において事務局委託が決定された[79]。委託費は年間六〇〇万円であり、CACの独自事業と学会事務局事業の間に混同が生じないことが条件である[80]。事務局委託に関連して会費値上げがなされた。これまで基金を積み立ててきたが（一一三〇万円）、それを取り崩して移転費三三〇万円と初年度一〇月以降委託費に充てる。しかし、年間六〇〇万円の委託費が経常的に発生するため、年間二五〇〇円の引き上げとなった[81]。もっとも、それでは事務局委託費を賄えないので、事務局費以外での経費節減が必要となる。また、会費値上げで会員数が激減するとさらに問題が発生するので、学会の活性化が課題となった。

総務・活性部会では、近年の会員減少の要因のひとつに地域活動の沈滞があるとの分析をした[82]。具体的には、①運営委員との連携、②他の部会との役割分担、③活動する学会という面を出していく、④全国大会の開催予定地へのてこ入れと地域活動の支援、⑤学会の地域活動者が大会企画に地元から参加者として加わる、ことが議論されていた。そこで、地域選出の運営委員が、これまで以上に地域活動の中核を担うこととした。また、総務・活性部会員が担当地域を分担して、地域選出の運営委員の地域活動をサポートすることとなった。また、学会ホームページも編集部会から総務・活性部会に担当換えをした[83]。

総務・活性部会は、地域活動の充実によって自治体学会を活性化する、そのためには学会の活動を強化するという、拡大均衡を目指す「攻め」の改革を目指したものといえよう。もっそも、そのためには会員の合意形成が重要になってくるが、これは簡単なことではない。こうしたなかで会員数の長期低落傾向が続いていったのである。

（三）二〇一一年改革

二〇一一年三月の東日本大震災を受けて、当初予定されていた所沢での全国自治体政策研究交流会議は中止された。そこで、五月二一日に緊急フォーラム[84]・臨時総会が所沢で開催されるとともに、第二五回自治体学会は一〇月九日に東京・法政大学開催[85]となった。大会に合わせて自治体学会運営委員会・総会が持たれるが、そこで、進士五十八・代表運営委員のリーダーシップで進められたのが[86]、いわゆる「二〇一一年改革」である[87]。

進士は、かつては二〇〇〇名を超えた会員数が、二〇一一年度当初段階で一四三〇人を割っており、しかも五〇歳以上が六〇％で二〇歳代は二％しかいないため、一〇年経つと会員の大半はいなくなるという危機感を持っていた。そこで、名誉会員制度、研究発表の機会などの創設を進めてきたが、さらに改革が進められた。その基本的視点は、自治体職員を中心とする会員の一人ひとりの人材・能力を表に出して、活動を活発化し、会員の交流を増やし、情報発信し、市民と行政を繋ぎ、若い人や議員を惹き付けるというものである。

第一は、学会誌の改革である。従前の編集部会による『年報自治体学』は、かなりアカデミックな地味で品格のあるスタイルであった。この年報は、時代時代のトピックス・自治体制の大事なところを押さえつつ、自治体学史の体系を持ってきた[88]。社会科学系の学会としての評価を獲得することにも繋がった。ただ、それゆえに、会員が発表するには敷居の高いものでもあった[89]。そこで、後述の研究支援部会と合わせて、会員がフラットに登場できるようにする。紙面をもっとビジュアル化し、業務のなかで役立つようにし、商業化・大衆化・市民化をする。編集部会長に日下文隆（元『The まちづくりView』）の体制で、年報ではなく、雑誌風に年二回刊行とする（副部会長は中嶌いづみ（元『地方自治職員研修』編集長))。

第二は、研究支援部会の設置である。当初は「学術委員会」という名称で提案していたが、それゆえ進士が「学者の集まりのイメージ」を目指しているとの誤解が生じた。そこで、自治体職員を中心とする会員の研究・発表・実践活動の公表を支援するという趣旨を明確にするために、研究支援部会という名称となった。

第三に、学会賞を創設した。以前から、ご遺族のご芳志による「田村明まちづくり賞」はあったが、それに加えて、会員の活動、論文・著作・研究を表彰することとなった。学会賞選考委員会も、新設の研究支援部会に直結するとされた。

第四に、事業部会を設置し、ターゲットを絞って若い世代の会員を増やす事業を進めることにした。勿論、活性化の取組は、従前から総務・活性部会が行ってきたが、それを戦略的に進める試みである。具体的には、中島興世・代表運営委員兼事業部会長を中心に、自治体職員向けの「まちづくり原論」のような連続講義を企画し、また、「自治体原論」的な教科書を作り、自治体実務家や自治を志す若者・学生の学習を促進し、合わせて自治体実務家の会員を増やそうというものである。これは「自治立志塾」として具体化していった[90]。ターゲットとして絞られているのは、若い自治体職員である[91]。

第五に、法人化検討委員会を設置した。当初はガバナンス委員会という形で提案していたが、そのなかでも法人化に絞ることにした。勿論、法人化だけでなく、自治体学会の特質を活かすような、持続可能で機動的・責任ある体制をつくることが課題とされた。

第六に、以上の改革のために細則改正を行い、事業部会・研究支援部会の設置根拠を明示した。

(四) 二〇一一年改革の特徴

二〇一一年改革の特徴は、第一に、スピード感の重視である。上述のように、総務・活性部会でも様々な取組はされていたが、そのスピードは進士の危機感とズレがあったという。総務・活性部会は、頑張ってはきたものの、会員の同意や理解や周知徹底を言い過ぎると学会がなくなってしまう、という危機感である。それゆえ、「乱暴である」「急ぎ過ぎ」という批判もあったが[92]、進士は「乱暴な必要もある、そういうタイミングもある」と主張した。また、震災復興計画の復興公園などは五年で供用開始になっており、スピード感は五カ年が基本であるという。さらに、二〇一一年改革では、まだまだ足りないとしている。ただ、応急的に、やれるところからやるとした。

第二に、部会構成の拡充である。結果的に、学会当初の二部会制から、総務・活性部会を加えた三部会制を経て、二〇一一年改革によって、四部会（企画、編集、研究支援、事業）・二委員会（学会賞、法人化検討）制となった。事業部会長・研究支援部会長・法人化検討委員長を代表運営委員が兼任しても、執行部は六名となる。さらに、兼任制が外れれば、執行部は八名程度となる。この結果、これらのメンバーで構成される執行部としての「役員会」が存在感を増すようになった。

このことは、会員数が減少するなかで、執行部を初めとする組織が膨張したことを意味する。これは一見すると矛盾するようであるが、会員が実質的に関わるには、こうした多数の部会・委員会が必要と考えられたのであろう。総務・活性部会をつくったがゆえに、同部会に活性化を任せてしまい、他の会員が楽観してしまったことへの反省である。とはいえ、部会・委員会に直接参加する会員も、人数的には限られている[93]。

第三に、学会活性化のターゲットは、自治体職員に向けられている。二〇一一年改革に関しては、進士が研究者であるがゆえに、研究団体的な学会にするものだ、という批判または誤解があった。実際、学会の三種混合性からすれば、職員・市民が後退すれば、研究者に軸足を置くことは、論理的な選択肢としては有り得る。特に、大学院生などの研究者の卵である。例えば、学術団体性を高め、大学院生への魅力を増そうという動きである。また、実際にも、研究の若い段階から自治体現場との接点を持つのは、研究教育上も有効かもしれない。さらに、学位取得や就職活動において、名目的業績数が求められるようになった近年の風潮を反映すれば、公募分科会報告・ポスターセッション、査読付投稿論文、学会賞などを整備することは、研究者中心の学会でも有り得る路線である(94)。

しかし、こうした方向性は、自治体職員や市民・ジャーナリスト・議員との三種混合性による自治体現場との交流という自治体学会の強みを必ずしも活かせるとは限らない。進士自身、学会の性格を理解し、他の学会のようなものにしようとすることは考えていなかった。むしろ、自治体学会の性格を前面に出していない、これまでの年報や大会での過度に「学術」的な発表形態を変えようとしたのである。つまり、例えば、公募投稿論文と研究支援部会とは、自治体学会を、学者・研究者に軸足のある学会にするのではなく、自治体職員・実務家＝非研究者が、より実質的に参加しやすいものとしようとする意図であった。

おわりに

インターネット環境の整備によって、一九八〇年代と比較して、全国の自治体の自治実践と政策革新の状況は、格段に入手しやすくなった。その意味で、全国の自治実践の政策研究交流をする必要は低下したかもしれない。そうなれば、学会大会も「パネルディスカッション・講演会」群という、イベント興業的になる。また、リストラの進行により自治体職員は多忙化し、また、金銭的余裕もなくなり、物理的に全国を移動しての自治体職員間の交流の余裕は減少している。勿論、そのようななかでも、政策研究開発の苦労に関する機微に触れることや、人間性や職務意欲・意志の確認などの意味では、対面交流の意義は小さくないとは言える。

また、一九八六年に発足した自治体学会は、メンバーの加齢化・高経年化に直面してきた。すなわち、当時四〇代の働き盛りの職員は既に後期高齢者に差し掛かり、当時三〇代の若手職員も定年退職を迎えており、当時二〇代の新入職員も退職間近である。任意団体というものは、設立初期のメンバーを実働部隊として、そのまま高齢化していくものであり、新たな世代交代は起きにくいのかもしれない。

現在の中堅若手職員は、そもそも多忙化で余裕がないが、仮に自主的に実践・交流活動をするならば、自分たちで組織やネットワークを立ち上げて活動する方が、より自由で軽快であろう。こうした団体・ネットワークは決して少なくないし、自治体学会が担ってきた自治実践と政策交流の機能は、自治体学会だけが果たしているものではない(95)。上の世代が作った組織は、当然ながらそうした世代の思いが埋め込まれており、それゆえに、次世代にとっては桎梏になる。あるいは、集権的なバックラッシュの状況下で、野心的に活躍したい自治体職員にとって見れば、権力者・当局側（それも自治体ではなく国政の）と、もっと露骨に結びついている官製・御用団体や過去官僚主宰の集団の方が魅力的かもしれない。

このような時代状況の変化のなかで、自治体学会はいかにあるべきか、どのような方向を目指すべきかなど、継続的に問われている重い課題であるといえよう。それが如実に現れているのが会員数の減少であり、二〇一一年改革を経たのちにおいても、減少傾向は続いている。

二〇一三年夏ごろから、事務局・役員や事業部会の運営あり方などをめぐって紛議が起き、二〇一四年四月からは委託事務局から直営事務局に移行した。二〇一四年三月の運営委員会の議論を経て、さらに学会のガバナンス問題に対処するために、二〇一四年五月に役員会了解によって、基本問題検討委員会が設置され、二〇一五年二月の運営委員会に最終報告を提出した。また、並行して、直営事務局を支援するために二〇一四年八月の運営委員会・総会で総務部会が設置された。これらを受けて、二〇一五年八月の運営委員会・総会で規約改正が行われ、正副理事長制(96)（理事会制）・評議員会制に移行するとともに、事業部会は地域支援部会と改称された（五部会一委員会制＝企画、編集、研究支援、地域支援、総務の五部会と、一学会賞選考委員会）。自治体学会は、常に自らの見直しを行ってきたが、なかなか解決が見出しにくいものなのである。

とはいえ、自治体職員、研究者、市民・ジャーナリスト・議員などが集まって、毎年、研究会が開催されている。そこでは、各地の自治実践と政策革新を背景として、企画部会が企画した分科会や共通セミナーなどの他に、ポスターセッション発表、研究発表セッション、公募企画、地元企画など、会員の発表の場が設けられている。学会誌には投稿論文も掲載され続けている。その意味で、自治体学会というプラットフォームは、自治に関心のある人々にとって貴重な自治の共通資本として、自治に関心のある人々に支え続けられてもいるのである。それは、西村幸夫・前理事長の言葉を借りれば、「楽しいもの」だからなのであろう。

謝辞

本論執筆に際しては、自治体学会事務局、自治体学会の関係者等より多数の資料提供や教示を受けた。ここに謝意を表明するものである。本論になお残るかもしれない誤りは筆者の責任である。

注

（1）活動に関与するようになったのは、二〇一二年一〇月から企画部会長となってからであり、七年程度に過ぎない。それ以前からも運営委員であり、また、『年報自治体学』に寄稿することはあったが、積極的な関与はしていなかった。二〇一四年五月から基本問題検討委員会委員長、二〇一四年八月から総務部会長、二〇一六年八月から副理事長、二〇一八年八月から理事長である。その意味で、二〇一二年一〇月以降は参与観察である。

（2）自治体学会『Net working 人と情報の連環を求めて―自治体学会設立総会記念シンポジウム報告書』第一法規、一九八七年。

（3）大矢野修「自治体の政策研究と政策情報誌」『日本公共政策学会年報』二〇〇〇年

（4）金井利之「政策研究と政策人材の育成」『季刊自治体学研究』九七号、二〇〇九年、金井利之「教育における「ミニマム」」自治体学会『年報自治体学第一八号　「ミニマム論」再考』第一法規、二〇〇五年、金井利之「政策法務の組織管理の実態～大阪府庁における法務管理から」『季刊自治体学研究』八九号、二〇〇四年。

（5）個人的な回想としては、一九八七年度秋学期（六・八学期、一九八七年一〇月～一九八八年一月）の東京大学法学部の講義「行政学」（西尾勝先生担当）において、「内子に行ってきた」旨を講義導入部の雑談として語られたのを聞いたのが、最初の関わりであろう。一九八六年に発足した自治体学会の呼びかけを受けて、内子町役場・岡田文淑（自治体学会設立時の発起人の一人）が一九八七年に「えひめ地域づくり研究会議」の発起人・代表運営委員の一人として、愛媛県内外のネットワークづくりに尽力することとなった。内子町で開催された会合（一九八七年一一月一四日）に出席・講演したことを言及したものと思われる。自治体学会名誉会員としての解説では、「岡田氏の言う「引き算型まちづくり」は、辛口の意見ながら、真に充実した地域社会づくりを目指すものにとって貴重なバイブルであり、現在においてもその行動力や理論は、我々の先端を行くものである」とされている。また、一九八九年五月に福岡市内（九州大学）で行政学会が開催されたのであるが、その際に、大森彌先生より、「柳川へ行くのがよい」との指導を受けたこともある。広松伝の実績を見聞することであろう。もっとも、折角の指導の価値もわからず、筆者は個人的関心から玄海町に行こうとしたうえ、あまりの遠さに唐津で断念していた。

（6）森啓『自治体学の二十年―自治体学会設立の経緯』公人の友社、二〇〇六年、など参照すべき文献は膨大である。

（7）https://www.jigaku.org/ / 組織 / 活動の軌跡 /。

（8）自治体学会の理論的な支柱になっていたのは、明らかに松下圭一である。二〇〇九年に名誉会員制度ができたときに、松下もその一人になっている。それに拠れば、「一九八六年の自治体学会設立に特に尽力し、発起人の一人として、全国に呼びかけ、この人がいなければ自治体学会は存在しなかったと言っても、過言ではない。その後、直接運営にかかる役員とはならなかったが、様々な研究者に自治体学の必要性を説き、参加いただくなどの運営に関する下支えを行っていただいた。愛する自治体学会を暖かく、かつ厳しく見守り続け、全国の自治体学会会員及び自治体職員、研究者等に大きな示唆を与え続けた。その意味では、自治体学会の精神的な支柱のお一人ある。自治体学及び地方分権に関する文献や政策の発表など、学会及び地方自治の進展にも大きな功績があり、「市民自治の憲法理論」「シビルミニマムの思想」「自治体は変わるか」など、市民及び自治体職員、研究者等大きな影響を与えた。また、常に辛口の意見ながら、その意見は真に充実した地域社会づくりを目指すものにとって、貴重なバイブルであり、現在においてもその行動力や理論は、我々会員の先端を行くものである」とある。

https://www.jigaku.org/ 組織 / 理事-評議員-監事-顧問 /。

なお、一九九六年に日本公共政策学会が補足したときには、松下は初代会長・理事となっている。初代理事には、森啓も加わっている。

(9)「地方自治史を掘る、第二〇回、鳴海正泰氏」『都市問題』二〇〇七年一一月号、一〇六頁。

(10) 松下圭一らの自治体学会の構想を受けて、神奈川県自治総合研究センター研究部の研究テーマとして具体化が進められた。研究会メンバーは、森啓、後藤仁、松下圭一、神原勝、新藤宗幸、鳴海正泰で、若干職員も加わった。そのときには、二つの案があった。第一は、神奈川県庁のスタンスで、高名な学者を発起人に、全国の学者で学会を作り、それに自治体職員が参加するイメージである。長洲知事や補佐役の久保孝雄、後藤仁はこちらのようであった。第二は、自治体職員の自主研究グループを中心に、学者・市民の三者構成とするイメージである。森啓や吉原弘治（自治総合研究センター長）は、こちらの立場といわれる。このイメージの対立のまま、一九八五年一〇月の全国自治体政策研究交流会議を開いた。そのときに吉原は自治体学会設立を提案したが、森は「今こそ自治体職員は結集して自治体学会をつくろう」という趣旨の檄文を貼り出したという。結果的には「クーデター的」に、第二のイメージになっていった。「地方自治史を掘る、第二〇回、鳴海正泰氏」『都市問題』二〇〇七年一一月号、一〇三―一〇四頁。森啓『新自治体学入門』時事通信社、二〇〇八年、一四一頁―一七三頁、『朝日新聞』一九八五年一〇月一八日付、同一〇月二五日付。一九八六年二月一二日の神戸における第一回準備委員会世話人会議では、学会の性格として、市民・職員・研究者の三者一体による学会としていた。なお、名称については、イメージが結びやすいように「自治体政策学会」「まちづくり学会」「自治体学学会」などの対案も出されたという。『地方自治通信』一九八六年二月号、一九頁。

(11) なお、公式に役員とされたのは、運営委員という四五人規模（規約では五〇名）の大会議体である。しかし、このような大規模な合議体は役員として通常は機能しない。実質的な執行部は三名の代表運営委員である。当初は二人の代表運営委員が、それぞれ企画部会長・編集部会長を兼ねていた。もっとも、学会の運営が複雑化するに連れて部会が増え、徐々に代表運営委員と部会長が分離して行く。代表運営員と企画部会長・編集部会長が分離すると「五人委員会」という「役員会」が非公式な執行部となっていった。二〇一一年改革で部会が増設されても、「役員会」と呼ばれていた。最終的には、二〇一五年八月の規約改正により、一〇人弱の「理事会」が執行部と位置づけられるようになった。三名の正副理事長が部会長を兼ねることは、規約上は可能であるが、運用上はなされていない。

(12) もっとも、人事の解釈は多義的である。代表運営委員三名の互選における重要な観点として、文系＝事務屋系、理系＝技術屋系のバランスは指摘されていたという。人文社会系と自然科学系で学者が二名になる場合には、非学者から一名ということにもなる。しばしば、二名が東京圏であることから、残り一名は関西圏という発想もあったようである。つまり、地域バランスも加味されている。例えば、このような観点から見れば、文系研究者、理系研究者、関西圏、という配分観点があったと解釈される。むしろ、長期的に見れば、このような観点の方が作用しているかもしれない。初代代表運営委員の西尾勝・田村明・塩見譲体制（一九八六〜九三年）はそうである。二〇〇〇年の佐藤滋・上原恵美・新藤宗幸体制以降、必ず理系研究者と文系研究者、関東圏と関西圏が入っている。

研究者と非研究者（実務家など）のバランスという観点も、多少は見て取れる。西尾勝・田村明・高寄昇三体制（一九九三〜九六年）の場合、高寄昇三を実務家に位置づけるか、研究者に位置づけるかは難しい。もっとも、田村明も実務家であるとともに研究者である。そもそも、自治体学は、研究指向の実務家と、実務指向の研究者の交流の場とすれば、同一人が研究者兼実務家であっても不思議ではない。自治体学会のスポンサーである長洲一二が、学者知事であったことも同様である。西尾勝も、地方分権推進委員会委員のときには「文部教官兼総理府事務官」の状態であった。

大森彌・上原恵美・千葉富三体制（一九九六〜九八年）では、地域・ジェンダーバランスが前面に出るとともに、研究者の比重が下がった。上原は元キャリア官僚で滋賀県庁を経た実務家であるが、研究者の側面もある。ともあれ、この時期には理系研究者が不在とも言える。率直に言って、ジェンダーバランスは自治体学会では軽視されていて、上原のあとは、二〇一六年の副理事長・前川さゆり（堺市役所＝実務家、関西圏、女性）までない。

なお、このときから、代表運営委員三名が二年ごとに一人ずつ逐次入れ替わるという運用が見られる。千葉が二年で退任し新藤宗幸が入り（大森彌・上原恵美・新藤宗幸体制（一九九八～九九年）、大森が四年で退任して佐藤滋に変わり（上原恵美・新藤宗幸・佐藤滋体制二〇〇〇～〇二年））。上原が六年で退任して森田桂司が加わり、新藤宗幸・佐藤滋・森田桂司体制（二〇〇二～〇四年）となり、新藤が六年で退任して岡﨑昌之となった（佐藤滋・森田桂司・岡﨑昌之体制（二〇〇四～〇六年）。とはいえ、このような逐次交替方式は簡単には貫徹できず、岡﨑昌之・進士五十八・室雅博体制（二〇〇六～〇八年）に移行したときには、佐藤・森田が進士・室に同時交替している。但し、文系研究者、理系研究者、関西非研究者というバランスは維持されている。室が中川幾郎に（二〇〇九年）、岡﨑が中島興世に（二〇一〇年）に交代することで、進士五十八・中島興世・中川幾郎体制（二〇一〇～一二年）となり、文系研究者（中川）、理系研究者（進士）、関西（中川）、非研究者（中島）となった。中川は元豊中市役所の実務家＝非研究者に位置づけることも可能であるが、文化政策の研究者という側面もある。

関西・関東の地域バランス、および、実務家・研究者のバランスが考慮されたのは、関西の研究者を中心に立ち上げが進められていた地方自治学会との共存共栄が意図されたという証言もある。地方自治学会と自治体学会を両方とも成立させた上で、地域によらずどちらも排除しないようにする意図があったという。地方自治学会は一九八六年三月が設立準備総会、同年一〇月が第一回研究会である。もっとも、地方自治学会も当初から全国的な広がりを持っていたし、上記二つの会合ともに東京圏の明治大学での開催である。

http://www.jaslg.org/02/kenkyu_1986.html#1980年代。「地方自治史を掘る、第二〇回、鳴海正泰氏」『都市問題』二〇〇七年一一月号、一〇五頁。

（13）市民に軸足を置く自治体学は、市民参加、市民協働、ＮＰＯ、自治基本条例などの方向に進化していくことになる。自治体学形成に尽力し、代表運営委員・部会長などの役職には就かずとも、一会員に徹して大会などにも積極的に参加していた松下啓一などがその代表である。現在も、地域支援部会員として活動している。松下啓一『自治体ＮＰＯ政策』ぎょうせい、一九九八年、『新しい公共と自治体』信山社出版、二〇〇三年、『市民活動のための自治体入門』大阪ボランティア協会、二〇〇七年、『市民協働の考え方・つくり方』萌書房、二〇〇九年。
(14) 自治体学会は、かつて二〇〇〇人規模の学会であったが、二〇一九年現在は一〇〇〇人弱規模の学会になっている。
(15) もっとも、自治体学会が理系・文系の中堅以上の研究者にとって、学術的な業績に直結するかと言えば、むしろ逆であるかもしれない。例えば、学術的なスタイルの査読付きジャーナルや、ポスターセッション報告、公募分科会報告などの「業績数」に寄与するような仕掛けをしたとしても、果たして、他の学術的学会における投稿・報告と同じ価値を学者共同体のなかで得られるかは疑問である。むしろ、学者共同体のなかでのみ評価されるべきではないという発想を持った研究者が自治体学会に参加するだろう。
(16) 須見正昭『市民のための自治体学』新時代社、一九八九年、同『自治体学』三一書房、一九九五年、新藤宗幸『市民のための自治体学入門』筑摩書房、一九九六年、田村明『自治体学入門』岩波書店、二〇〇〇年、田村明『自治体学のすすめ』公人の友社、二〇〇〇年、森啓『新自治体学入門』時事通信出版局、二〇〇八年、新藤宗幸『日曜日の自治体学』東京堂出版、二〇一三年。森啓『自治体学とはどのような学か』公人の友社、二〇一四年、など。
(17) 学際的な学問分野が成立し掛かっているかは、例えば、大学学部・学科や大学院研究科等がひとつのメルクマールとなる。「政策」「公共政策」「総合政策」などの政策学、「環境」「観光」「地域創生」などの問題分野などは見られても、「自治体学部・学科」は見られない。もっとも、「自治行政学科」などは有り得るが、これは文理学際で総合的な自治体学にはならない。
(18) 西尾勝「自治型の行政技術」自治体学会『年報自治体学創刊号　自治型の行政技術』一九八八年。

(19) 総務委員会委員長、二十年委員会委員長、総務・活性部会長を歴任した鏡諭によれば、「自治体学会は、自治体学という非常に広い領域を対象とする特殊な学会であり、市民、議員、職員、研究者と多彩な人々によって構成され、しかも、自治体を取り巻く共通課題と、あわせて、それぞれ異なる研究対象領域にアプローチしていく特徴を持っている。それはまるで、総合デパートのように何でも揃っている。一応の安心感と入りやすいという長所がある半面、専門店の質や専門領域での品揃えに欠けるという弱さもあり、総合デパートとしての長所と短所に共通した特徴を持っているとの指摘がある」という。鏡諭「総務委員会から二十年委員会へ」『NEWSLETTER・自治体学会　2005.11』五頁。

(20) 天野巡一・岡田行雄・加藤良重『政策法務と自治体』日本評論社、一九八九年、山口道昭『政策法務入門』信山社出版、二〇〇二年、鈴木庸夫『自治体法務改革の理論』勁草書房、二〇〇七年、田口一博『一番やさしい自治体政策法務の本』学陽書房、二〇〇五年、北村喜宣『自治体政策法務』有斐閣、二〇一一年、礒崎初仁『自治体政策法務講義』第一法規、二〇一二年、田中孝男・木佐茂男『新訂　自治体法務入門』公人の友社、二〇一六年、など。

(21) 自治体学会『年報自治体学創刊号　自治型の行政技術』良書普及会、一九八八年。

(22) 一九九五年七月に第一回ニセコ大会が開催されて以来、二〇一九年まで毎年開催されている。詳しくは、岡田博史「政策法務のネットワークの意義と課題」『ガバナンス』二〇一三年七月号、さらに、http://jitaihoumupark.web.fc2.com/04-03.htm。

(23) なお、自治体学会研究大会の分科会においても、毎年度とは限らないが、何らかの自治体政策法務的なものが開催されていることが多い。

(24) 例えば、水俣学、東北学、沖縄学など。吉本哲郎『地元学をはじめよう』岩波書店、二〇〇八年、結城登美雄『地元学からの出発』農産漁村文化協会、二〇〇九年。地域学という呼び方もある。

(25) 自治労の自治研については、http://www.jichiro.gr.jp/jichiken/about/index.html。地方自治研究全国集

会（自治研全国集会）は、一九五七年に第一回が開催されてから、当初は毎年、一九七〇年代以降は隔年で開催されて、二〇一八年には第三七回が開催されている。

(26) 例えば、一九八〇年に三多摩や埼玉の自治体職員が中心になって、多摩政策研究会が発足した。そして、各地の政策研究グループに呼び掛けて、一九八四年五月に中野サンプラザで、全国自主研究交流シンポジウムを開いた。全国六二団体、一二三人の参加であった。「地方自治史を掘る、第二〇回、鳴海正泰氏」『都市問題』二〇〇七年一一月号、一〇二頁。

(27) 自治体学会は、横浜・武蔵野革新両市政の終焉（それぞれ一九七八年、一九八三年）のなかから、一九八六年五月に誕生したという意味では、未だ「権力奪取」に至っていないというよりは、「権力喪失」のなかから新たな「権力奪取」に向けての雌伏をイメージすることもできよう。

(28) 学会発足当初の営みで、その後、学会運営を担うような研究者や自治体職員が数多く参加していたという。当時は、皆若かったということで、夜中・夜明けまで飲んで、議論していた人もたくさんいたという証言がある。

(29) 後には、旅行会社主催のエクスカーションとなっていき、参加者も減少するようになった。

(30) 例えば、自治体学会の発足に際して、神奈川県庁職員（自治総合研究センター研究部長）の森啓は、「自治体学会の構想」の説明と協力方について、西日本都市問題会議の事務局や、大阪自治センター（大阪府域の革新系首長の集まり）に関わっていた、八尾市役所職員の森田桂司（一九九一〜九八年は八尾市助役、二〇〇二〜二〇〇六年の代表運営委員）のもとを訪れている。森田桂司「自治体学会代表運営委員を引き受けるに当たって〜私の自治体学会との出会い、今後への期待〜」『NEWSLETTER・自治体学会　2002.9 No.97』一頁。

(31) 森田によれば、「新しい構想や施策を創造している自治体には首長、部課長、係長、職員の上下を問わず、必ず中心になっている会員に出会います」という。森田前掲 (30)。

(32) その後、学会事務局は一九九六年四月に埼玉県庁、二〇〇二年四月から群馬県庁に、順に移る。これは、結果的には、長洲神奈川県政が体力を失い、一九九五年に終焉したことと関係していよう。要するに、神奈川県庁における「権力喪失」があったのである。

もっとも、事務局移転問題はそれ以前から課題であった。上原恵美「自治体学会事務局問題について―自治体学会の原点に戻って―」『NEWSLETTER・自治体学会　1995.9 No.55』一頁。上原恵美・代表運営委員によれば、一九八六年五月の設立総会では、「事務局は持ち回りにすることが適当である」とされていたが、実際には神奈川県庁に依存していた。同じく代表運営委員の大森彌によれば、「事務処理能力の優秀さはもちろんのこと、学会開催地の交渉や自治体職員の参加にあたって神奈川県が事務局をやっているということが安心感を与えるという大きな効果を持った。また特定の方向に学会を誘導することがない完璧な事務局に徹したものであった」と高く評価していた。神奈川県庁（実際には神奈川県自治総合研究センター）を高く評価すれば、移転の必要性自体に疑問も生じうる。県庁事務局体制の価値が評価されれば、県庁間の持ち回りとなるだろう。もっとも、毎年の大会開催地を引き受ける以上に、事務局を支えるというパトロンとなる負担は大きく、引き受け手を見つけるのは容易ではないだろう。

一九八九年の監査報告では、設立時の「持ち回り」原則にのっとって移転問題を検討すべきとされた。これを受けて事務局移転検討小委員会が設置され、①神奈川県以外の自治体、②民間出版社・シンクタンク、③独自のオフィス、④大学研究室の四案が検討された。しかし、結論が得られないまま、一九九二年八月の運営委員会で「引き続き検討をしていく」という報告がされた。しかし、設立十周年を迎えて移転推進をすべき時期という判断になり、一九九五年八月の総会で、一九九六年三月までの事務局移転を実現するために、事務局移転推進委員会が設置されるとともに、人選が代表運営委員に一任された。「第九回自治体学会・信州上田大会」『NEWSLETTER・自治体学会　1995.9 No.55』二頁。同年一〇月発足の事務局移転推進委員会のメンバーは、大森彌（委員長、互選、代表運営委員）、天野巡一、上原恵美（代表運営委員）、江橋崇、岡崎昌之、加藤ひとみ、桑原美和子、新藤宗幸、高寄昇三（代表運営委員）、千葉富三、中出征夫である。このときも上記①②③④の選択肢が検討されたが、まず、①から関東圏自治体に当たるとされ、実際に特定の自治体にお願いして好意的回答を得たという。「お引き受けいただくことになれば、その自治体にご苦労をおかけすることになりますので事務局移転に伴う細かなことも検討したい」ともされた。『NEWSLETTER・自治体学会 1995.11 No.56』一頁。こうして、一九九六年四月から埼玉県庁への移転とすることが、一九九六年二月一七日の運営委員会で正式決定された。大森彌・高寄昇三・上原恵美「学会のさらなる飛躍を」『NEWSLETTER・自治体学会 1996.3 No.58』四頁。なお、土屋義彦・埼玉県知事（任一九九二年七月〜二〇〇三年七月）のブレーンは、移転当時の代表運営委員であった大森彌である。

さらに、二〇〇二年四月から群馬県に事務局は移転した。二〇〇一年八月の総会で、事務局問題小委員会が設置され、メンバーは室雅博、原誠一、水間俊子、中島興世、富岡守、林沼敏弘、大森彌、千葉富三、仲地博、岡田行雄、岡﨑昌之、新藤宗幸、服部史子（事務局）であった。「特集第一五回自治体学会・北海道函館大会総会報告」『NEWSLETTER・自治体学会 2001.9 No.91』二頁。当時の群馬県は、「自治推進計画」において、自分たちでできることは自分たちの手で実施する補完性の原則と、自らの地域のことは自分たちで決定し、それに対して自らが責任を持つという自己決定・自己責任の原則に基づいた「草の根自治」を推進をする「小さな自治のシステム」の構築を目指していたという。木村芳雄「新事務局からのごあいさつ」『NEWSLETTER・自治体学会 2002.5 No.95』六頁。

群馬県になったのは、事務方としては、自治体学会のメンバーが事務局となる群馬県地方自治研修所長を良く知っていたため、説得が可能であったことと、執政方としては、小寺弘之・群馬県知事から新藤宗幸・代表運営委員への信頼が高かったことが、あったようである。小寺知事は、浅野史郎・宮城県知事や片山善博・鳥取県知事ほどは著名ではなかったかもしれないが、改革派知事として分権に力を入れており、また、新聞等の言説で新藤をよく承知していたようである、との証言がある。小寺知事は、その後、新藤らが立ち上げた分権型政策制度改革センターのメンバーにもなった。

(33) 神奈川県自治総合研究センター、埼玉県自治研修センター（一九九九年七月から、彩の国さいたま人づくり広域連合自治人材開発センター）、群馬県地方自治研修所（二〇〇五年四月から、自治総合研究センター）。
(34) 埼玉県庁が事務局を引き受けたときには、公式には職員研修の新たな展開の契機となること、埼玉県政の検討に学会研究者の英知が活用できることを理由としていたという。
(35) このようなスタイルになったのは、一九八七年八月七日八日の徳島大会（第四回全国自治体政策研究交流会議、第一回自治体学会研究会）からである。
(36) 自治体間の持ち回りでもなければ、自治体側からの誘致でもない。自治体学会側が、開催候補地の自治体に働きかけを行って、開催受入決定を頂くのが実情である。
(37) 各年において細かい相違はある。開催受入決定では地元県庁を中心とするとしても、開催地の市町村と県庁が実際には深く協働していることも多い。また、二〇一九年度の堺大会では、大阪府庁は関わっておらず、地元自治体は堺市である。もっとも、政令指定都市は「府県並み」というのが世間相場なので、広い意味では「地元県庁」ということもできようし、都道府県レベルに限らず市町村レベルでの受入決定という道が開かれたとも言える。なお、二〇二〇年度の熊本大会も、開催受入決定は熊本市による。熊本市も政令指定都市である。ともあれ、自治体との協力が不可欠という意味で、「当局」性は変わっていない。
(38) 一九八四年一〇月一八日に第一回が神奈川県民ホール（横浜市内）で開催されている。主催は、同実行委員会と神奈川県である。第二回は、一九八五年一〇月一七日一八日に埼玉県民健康センサー（浦和市内）において埼玉県主催で開催されている。「座談会　政策自治体への脱皮をめざして「自治体学会」（仮称）への期待と注文、出席者：千田謙蔵、原田誠司、森清和、司会：森啓」『地方自治通信』一九八六年二月号。第三回は、一九八六年七月二九日に兵庫県民会館（神戸市内）において、兵庫県・兵庫県市長会・兵庫県町村会・兵庫県自治協会の主催で開催されている。もっとも、前述の通り、一九八四年五月に全国自主研究交流シンポジウムが開催されているので、「当局」的側面と「職員団体」的側面とは、不即不離で併行していたといえる。

八四年八月には、松下圭一、森啓、鳴海正泰が話合うなかで、自治体学会を立ち上げる構想が生じた。これを受けて、一九八六年に自治体学会は発足した。一九八六年五月二三日に設立総会・記念シンポジウムが、開港記念会館（横浜市内）で開催されている。『朝日新聞』一九八六年四月一三日付、同一九八六年六月五日付「天声人語」。一九八六年度の場合には、全国自治体政策研究交流会議と自治体学会とは離れた日程で行われている。上述の通り、一九八七年度から日程が接合するようになったが、開始時期の相違で、当初は、「第n＋三回」全国自治体政策研究交流会議と「第n回」自治体学会大会となっている。なお、現在では、「第n＋二回」全国自治体政策研究交流会議と「第n回」自治体学会大会となっているのは、二〇一一年度の全国自治体政策研究交流会議が中止されたからである。但し、所沢では、二〇一一年三月一一日の東日本大震災によって、二〇一一年度の全国自治体政策研究交流会議が中止されたからである。但し、所沢では、二〇一一年五月二一日に、自治体学会緊急フォーラムin所沢が開催されている。第二五回自治体学会大会は、予定を変更しながらも、二〇一一年一〇月九日に法政大学において開催された。

https://www.jigaku.org/学会活動/震災復興提言/震災関係事業/。

(39) このことは政策研究交流という点からは、むしろ望ましいとも言える。第一日目は、地元自治体から全国（から開催地に集まって来た自治体学会メンバー）に政策または政策研究成果を発信する。第二日目は、全国から集まってきた会員が、地元開催地の会員・非会員及び全国から集まってきた会員に政策研究成果を発信する。このようにして、双方向のベクトルでの政策研究交流になるからである。

(40) 久保孝雄『知事と補佐官』敬文堂、二〇〇六年。

(41) 第一回「地方の時代」シンポジウムが一九七八年に開催されている。その際に、長洲知事は、「ここにお集まりの皆さんで自治体学の学会のようなものをつくっていただければ……」という旨の挨拶をしたという。但し、そこでのイメージは、「学者による学会」（通常型の学会）であって、三種混合性の自治体学会に直結したわけではない。松下圭一は、「現場を知らない学者中心につくるのは無理だし無駄」であるので、「いま少し職員が変わるまで待」つべきとして、設立を一〇年ほど遅らせた。

松下は自治体職員の「労働者」「公務員」「市民」の三面性を唱え、「市民として考える」ことを通じた「職員参加」を提起して、市民活動に鍛えられた自治体職員の変化を待った。前述の通り、自治体職員の「自主研究グループ」が全国各地に誕生し、それを元に一九八四年五月に中野サンプラザで自主研究グループ全国交流集会が開催され、それが、神奈川県民ホールでの同年一〇月一八日の自治体政策研究交流会議を経て、自治体学会の設立につながっていった。

しかし、同時に自治体当局側が開始した「政策研究」を時代の潮流にすることも、自治体政策研究交流会議の目的であった。長洲・神奈川県政は一九七八年に公務研修所を自治総合研究センターに改組し、研究部を設け、政策研究を開始した。神奈川県庁発のこの動きは、他の自治体にも広がりつつあったが、神奈川県庁内でも職員の政策研究を所管部課・管理職は忌避していた。政策研究する職員からすれば、政策に採用されない政策研究への欲求不満になるので、管理職の抵抗を突き破る必要があった。それゆえに、全国会議によって、時代の潮流であることを内外に鮮明に印象づける狙いがあった、という。

要するに、長洲知事が目指した「政策研究」を、しかし、知事の期待する「学者による学会」と知事側近の忖度を拒否して、同時に知事の威を借りながら旧来的な管理職の抵抗を打破して、自治体職員が実現するという、「当局」性と「職員団体」性とが複雑な多層構造になっていたのである。ともあれ、自治総合研究センター研究部が、自治体学会発起人を全国に呼びかける行脚ために『自治体学に関する研究』をとりまとめたのであり、広い意味では、長洲知事が提唱した「地方の時代」の延長線上にある。とはいえ、自治体学会設立の直前まで、長洲知事側近は知事を忖度し、「知事と高名な学者が発起人になるべき」という、当初以来の「学者による学会」イメージが存在していたようである。長洲一二『燈燈無尽―「地方の時代」をきりひらく』ぎょうせい、一九七九年。「地方自治史を掘る、第二〇回、鳴海正泰氏」『都市問題』二〇〇七年一一月号、一〇一頁。森啓『新自治体学入門』時事通信社、二〇〇八年、五－八頁、一四一－一七〇頁。松下圭一『自治体改革＊歴史と対話』法政大学出版局、二〇一〇年、五―六頁。

(42)「政府間関係」研究集団「新々中央集権と自治体の選択」『世界』一九八三年六月号。
(43)金井利之「序章　自治体という存在」幸田雅治（編著）『地方自治論』法律文化社、二〇一八年。
(44)大森彌『老いを拓く社会システム―介護保険の歩みと自治行政』第一法規、二〇一八年。
(45)平松守彦『地方からの発想』岩波書店、一九九〇年、同『グローバルに考え、ローカルに行動せよ』東洋経済新報社、一九九〇年。
(46)光本伸江『自治と依存』敬文堂、二〇〇七年。
(47)岡﨑昌之『地域経営』放送大学教材、一九九五年。岡﨑昌之他『都市・地域経営』放送大学教材、一九九九年。
(48)「地域づくり」の用語は、地方分権推進委員会の部会名にも採り入れられることになる。
(49)第三次行革審（臨時行政改革推進審議会）「豊かなくらし」部会報告、一九九一年。
(50)細川護熙・岩国哲人『鄙の論理』光文社、一九九一年。
(51)西尾勝『未完の分権改革』岩波書店、一九九九年、同『地方分権改革』東京大学出版会、二〇〇七年。
(52)各省官僚は、自治体、特に市区町村の現場に出向することがなければ、業務知識や支障事例を直接に入手することは容易ではない。勿論、都道府県に出向することは多いので、その限りでは「中二階」的な知識を基礎的自治体の現場から、陳情を受け、ヒアリングしたり、現地視察に行ったりして入手することは可能である。本省にいても自治体からの情報を入手することもできる。とはいえ、公式の組織的な回路であるため、感度も能力も志気も低い自治体職員がその部署にいるときには、各省官僚には有意味な改善要求は上申されない。そもそも、各省官僚に対して自治体現場は忖度するので、根本的な問題・支障事例を報告はしない。しかし、自治体学会に関わるような自治体職員は、感度も能力も志気も高く、それゆえに、本省を忖度する自治体幹部からは疎まれるようなタイプであるため、根底的な問題・支障事例を滔々と指摘することができる。
(53)大森彌・山崎史郎・香取照幸・稲川武宣・菅原弘子『介護保険制度史―基本構想から法施行まで』社会保険

研究所、二〇一六年。

（54）日本自治学会の設立趣意書（二〇〇〇年一一月）によれば、「……地方分権推進委員会関係者も政府関係者も一致して率直に認めているように、今次の地方分権改革は決して万全なものではない。日本の地方自治を真にそれにふさわしい実質を備えたものに育て鍛え上げていくためには、さらなる改革課題がまだまだ数多く残されているように思われる。そうであるとすれば、今次の改革はあくまで第一段階の改革にとどまるとの認識に立ち、これに続くべき改革に向けて、いまから幅広く衆知を結集していく必要があるのではなかろうか。

制度改革と制度設計は表裏一体の関係にあり、制度改革論議も現行制度に代わる新制度の設計構想の裏付けを欠いていたのでは説得力に乏しい。とはいえ、現行制度の欠陥を指摘しその改革を求めることはたやすいが、これに代わる新制度を設計し提言することは難しい。そこで、今後の改革の推進を確実なものにしていくためには、一方で今次の地方分権改革の定着状況とその結果を客観的に把握しこれを評価しながら、他方では次なる制度改革に向けた制度設計構想をできるだけ幅広く豊かにしておかなければならない。それには、地方分権推進委員会の活動体験に照らしてみても、少なくとも行政法学界・行政学界・財政学界の研究者たち、さらにはジャーナリストたちを中核にした、それぞれの専門学問分野の壁を越えた学際的な共同討議の蓄積が不可欠である。しかも、この研究者たちによる共同討議を研究のための研究に陥らせず、これを実態から遊離した机上の議論に終わらせないためには、自治・分権に強い関心を抱く広範な人たちが、この共同討議に幅広く参画してくださることが望まれる。……」とある（傍線部筆者）。

http://www.nihonjichi.jp/setsuritsusyuisyo.shtml。

これを見る限り、研究者とジャーナリストが中核であり、「広範な人たち」ということで、排除されているわけではないものの、自治体職員はあまりメンバーとして想定されていなかったようである。

（55）金井利之『自治制度』東京大学出版会、二〇〇七年。

（56）特別区協議会『「大都市地域特別区設置法」にもとづく特別区制度設計の記録』学陽書房、二〇一六年、西尾勝『自治・分権再考』ぎょうせい、二〇一三年、一九二頁、一九五頁。
(57) 中島興世「はじめに」、西尾前掲(56)。
(58) 金井利之「「国と地方の協議の場」の成立と蹉跌」森田朗・田口一博・金井利之(編)『分権改革の動態　政治空間の変容と政策革新3』東京大学出版会、二〇〇八年。
(59) 金井利之『自治制度』東京大学出版会、二〇〇七年。
(60) 木村俊昭『「できない」を「できる!」に変える』実務教育出版、二〇一〇年。
(61) 齋藤卓志『世間師・宮本常一の仕事』春風社、二〇〇八年。
(62) 農家という担い手が先細り、農学があっても農業が栄えないことはある。同様に、自治体職員という自治実践の担い手が先細り、自治体学があっても自治体が栄えないことはあるだろう。
(63) 金井利之「レイワ時代の地方自治のミライ」『ガバナンス』二〇一九年五月号。
(64) 山下祐介・金井利之『地方創生の正体』ちくま新書、二〇一五年。
(65) 鏡諭「総務委員会から二十年委員会へ」『NEWSLETTER・自治体学会　2005.11 No.116』五頁。
(66) 鏡前掲(65)、「二十年委員会の設置と委員の公募について」『NEWSLETTER・自治体学会　2005.9 No.115』八頁。
(67) 松本克夫「二十年委員会報告」『NEWSLETTER・自治体学会　2006.11 No.122』三頁。なお、二十年委員会は、役員改選に際しての役員推薦委員会の役割も、このときは兼ねている。学会の活性化のための運営委員を選出するためである。
(68) 室雅博は「分権改革で、中央政府がその意義を各府省とその職員に周知徹底したことは聞いたことがない。制度上はともかく関与など本質的な面ではあまり変わっていない。逆に、中央政府は財政悪化を奇貨として市町村合併、財源など自治体を徹底して締め上げている。税財源移譲を中心に第二次分権改革を追求していかなければならない」という。同「自治体学会二〇年を経て次の二〇年へ」『NEWSLETTER・自治体学会

2006.11 No.122』一頁。

(69)事務局については「持ち回り原則」があったといわれている。二十年委員会当時の細則八には「事務局は、当分の間、群馬県自治センターに置く」とされていたが、これは、以前からも、「当分の間事務局を置く」ではなく、「事務局は、当分の間、〇〇に置く」という型であったという。それゆえ、「当分の間」が何年かはともかく、「持ち回り」が意図されていたという。もっとも、その解釈は多義的で、①移転に合わせて移転先で会員獲得、②地理上の活動拠点の展開、③事務局負担の軽減、④移転を契機とする学会の発展、⑤独自事務局までのお願い、などである。ともあれ、事務局問題は「学会の性格を定義づけてしまうような大きな問題」とされた。しかし、事務局がいかなる業務を果たしているのかは、会員にはあまり知られていなかった。發知和弘「事務局の業務と「当分の間」が意味するもの」『NEWSLETTER・自治体学会　2006.3 No.118』六頁。

(70)自治体学会側の理由とは別に、引き受ける自治体側の理由もあった。群馬県庁内の組織改革、事務の合理が進むなかで、任意団体の業務を所管することが難しくなる雰囲気が高まったという。それゆえ、学会事務を引き受けるような他の自治体を見つけることが難しいことが見込まれた。なお、小寺県政の終焉は二〇〇七年七月（立候補するも大澤正明に敗北）であり、県政の体力が衰えていたのかもしれない。

(71)もっとも、それ以前から事務局自立に向けて基金の積立をしてきた。また、二〇〇七年一〇月から事務局を受託することとなったNPOは、後述の通り「自治創造コンソーシアム（CAC）」である。自治創造コンソーシアムは、自治体学会で活動してきた会員が中心となり、学会において蓄積してきた成果と人材、ネットワークを母胎に、二〇〇四年に設立されたものである。理事長・田中義政（さいたま市）、副理事長・加藤貫雄（草加市）、澤田和子（元北区）、常務理事・久住剛（神奈川県）、谷本有美子（東京財団）、富岡守（群馬県）などである。自治における新たな政策や制度、プロジェクトの提案・支援・創生を行うとともに、市民自治を担う“Next Generation”を創出し、これによって市民社会に対応した次世代型の自治システム構築を目指すとした。「インフォメーションボックス・市民主権の「地域ガバナンス」をめざす自治のシンクタンク誕生!!『自治創造コンソーシアム』」『NEWSLETTER・自治体学会　2004.1 No.105』七頁。

(72) 埼玉県庁事務局時代の事務局員によれば、事務局業務は、①出納事務、②会員事務（問い合わせ対応、入退会手続、会費徴収・滞納督促、退会処分予告通知、会員名簿作成など）、③大会（総会・研究会）業務（総会事務局説明、受付、会場設営、分科会責任者と会場管理者・開催地関係者との仲立ち、開催地受入・費用区分・役割分担等交渉、告知、募集パンフレット作成など）、④会議補佐（運営委員会・企画部会・編集部会の事務局機能＝日程調整、会場確保、開催通知、資料作成、議事録作成など）、⑤広報（ニュースレター・年報編集補佐、広告集め、ホームページ管理など）である。發知和弘「事務局の業務と「当分の間」が意味するもの」『NEWSLETTER・自治体学会　2006.3 No.118』六頁。すさまじい官僚制化が進んでいたと言える。官僚制化の自己増殖が進み自らが持ち得なくなると、業務削減をするか、業務を削減しないまま会員の奉仕・動員になるか、を採らない場合には、官僚制化した業務のままで新自由主義的にアウトソーシングをすることになり、民間の官僚制化をさらに拡大する。D・グレーバー『官僚制のユートピア』以文社、二〇一七年。

(73) 自治体学会は、創設以来、企画部会と編集部会という二部会制の機動的な組織運営であった。当初は、企画部会長を田村明が務め、編集部会長を西尾勝が担うという、代表運営委員＝部会長兼任制であった。しかし、一九九二年から大森彌・企画部会長、新藤宗幸・編集部会長となり、兼任制でないことが原則となっていた。つまり、代表運営委員に二部会長の五名が実質的な執行部となっていった。

(74) 鏡諭「自治体学会への恩返し」『NEWSLETTER・自治体学会　2006.11 No.122』二頁。

(75) 曽根暁子「事務局委託化に関わる検討状況について」『NEWSLETTER・自治体学会　2006.11 No.122』五頁。

(76) 選定委員は、秋元政三（委員長）、杉渕武、林泰義、水間俊子、山口道昭である。曽根暁子「事務局運営委託の経過について」『NEWSLETTER・自治体学会　2007.1 No.123』七頁。

(77) 小倉順子などが中心の組織である。埼玉県和光市の市民交流センターのプラットフォームを手掛けていた。

自治体学会関東フォーラムを開催し、金井が基調講演をしたこともある。二〇一〇年二月六日（土）、和光市民文化センター・サンアゼリア（小ホール）自治体学関東フォーラム二〇一〇in和光『地殻変動の地方自治――市民と共に新たな展望を拓く』金井利之「基調講演：地方自治の地殻変動」。

（78）藤原啓などが中心の島根県松江市に事務局のある組織である。https://blogs.yahoo.co.jp/npo_mbsn/folder/410040.html。

（79）松本克夫「運営委員会の報告」『NEWSLETTER・自治体学会　2007.5 No.125』七頁。

（80）一連の事務局委託の経緯は、民間委託や指定管理を進める、それも、できれば営利企業ではなくＮＰＯと協働するのが、さらには、委託でＮＰＯを支援することが、「先駆的」と考えられていた、当時の自治体の状況が目に浮かぶ。そして、民間委託・指定管理契約によって固定された定額支出が、後に財政運営の桎梏になることも、極めて類似していた。

（81）総務・活性部会の試算の通りの値上げである。二五〇〇円×一六〇〇人（当時の会員数）＝四〇〇万円。事務局委託費が年六〇〇万円であるから、会員数が維持できても、年間二〇〇万円の経常赤字となる。なお、後述の通り会員数は長期低落し、二〇一一年改革や、直営事務局化に繋がることになった。

（82）例えば、一九九八年には八尾市民自治センターが発足し、室雅博（自治体学会設立発起人の一人、二〇〇六～〇九年に代表運営委員）が八尾市役所を定年前に退職して転身した。その後も、奈良まちづくりセンター理事長などいくつかのＮＰＯに関わってきたという。室雅博「八尾市民自治センターへの転身」『NEWSLETTER・自治体学会　1998.5 No.71』四頁。同「自治体学会二〇年を経て次の二〇年へ」『NEWSLETTER・自治体学会　2006.11 No.122』一頁。

（83）「学会の活性化に関わる検討状況について」『NEWSLETTER・自治体学会　2006.11 No.122』四頁。

（84）また、震災特別委員会（委員長・原昭夫、二〇〇四～〇八年企画部会長、委員は進士五十八、千葉富三、明石照久、相川康子）が設置された。二〇一一年八月五日には「震災復興に関する提言」をまとめた。https://

www.jigaku.org/学会活動/震災復興提言/。

(85) 廣瀬克哉・企画部会長は、所沢にも縁が深いが、法政大学法学部教授でもある。なお、総務・活性部会長の鏡諭も所沢市職員であった。

(86) 以下は主に『二〇一一年度自治体学会総会議事録　二〇一一年一〇月九日（土）八時四五分～九時四五分法政大学市ヶ谷キャンパス外堀校舎四―四〇七』による。

(87) 二〇一一年改革は、東日本大震災を契機に始まったのではなく、二〇一〇年頃から継続して論議されていた。そこには、総務委員会・二十年委員会を経て、総務・活性部会で議論されていた事務局問題・活性化問題が底流に存在していたといえる。

会員減少に伴う活性化問題については、会員数減少に併せて、予算・事業抑制をすべきという路線もあった。しかし、事業抑制をすれば、学会活動は減少し、さらに活性化が困難になるという問題がある。それゆえ、総務・活性部会では、経費抑制＝事業自粛論と会員拡大＝事業創設論とが、必ずしも合意を見ることなく、さらに、事務局問題に忙殺されたこともあり、時間を経過していたといえよう。こうした意思決定の先送りが、二〇一一年改革での、一方ではガバナンス改革論につながり、他方では事業拡大に向けた「強引」な決定の背景であろう。

すでに述べたように、事務局委託問題は自治体学会の重要なテーマであったが、一般的にも、自治体においても、事務局を委託した場合に、委託元と委託先の関係をどうするかという問題がある。つまり、委託にした場合、委託元が委託先をチェックできなければならないが、逆に、委託先から見れば、こうした「過剰」な介入は委託先の創意工夫を阻害するなど、適切とは感じられないかもしれない。総務・活性部会は、ある意味で委託元（発注者）として委託先（受注者）をチェックする機能も期待されるが、受託団体のCACから言えばそれは不要となる。このように、潜在的には、事務局（委託先＝CAC）と総務・活性部会（委託元）との関係は、緊張がある。要するに、事務局主導の学会運営にするのか、役員会・部会主導の学会にするのか、とい

う運営イメージの差異があった。それが、活性化の方策・路線や速度と絡んで行ったのである

総務・活性部会が、各地域の運営委員を中心とする活性化を目指すのであれば、運営委員の選出が重要な作業となる。また、代表運営委員・役員会・各部会の主導権を確保するためにも、運営委員の選出が重要である。代表運営委員は運営委員のなかから互選されるから、引いては、役員会（執行部）の構成にまで影響する。自治体学会の場合、運営委員は総会で決定されるが、その前提として役員推薦委員会が運営委員候補リストをとりまとめる。それまでも、二十年委員会が役員推薦委員会の機能を果たしたこともあり、総務・活性部会でも同様である。

二〇一〇年八月の佐賀武雄大会で役員改選が予定されていたので、同年二月二六日の運営委員会において、役員推薦委員会が設置された。委員長は鏡諭（総務・活性部会長）であり、原誠一、牧葉子、久住剛が委員である。しかしながら、例えば、役員推薦名簿の作成方法をめぐって、総務・活性部会が関わることに対して、様々な疑義が役員推薦委員会の一委員からも出された。また、公式にもＣＡＣ（田中義政・理事長）から、二〇一〇年五月二一日付で、総務・活性部会長の鏡諭宛（および岡﨑・進士・中川の三代表運営委員にも同報）に、質問が提起された。具体的には、総務・活性部会が、委託先・委託元の双方代理にならないように運営委員候補から事務局長（ＣＡＣ関係者）を外すことを提案したことに対して、ＣＡＣ関係者は委託先を決定する審議・決定には加わらなければ利益相反には当たらない、として反論した。

この事務局長の問題が象徴であるが、要するに、委託先であるＣＡＣ関係者を運営委員に入れたいＣＡＣ側と、ＣＡＣ関係者を運営委員から分離したい総務・活性部会側との見解の相違が、二〇一〇年当初から発生していた。こうした役員（運営委員）選出を巡る見解の相違は、同年八月の役員選出に持ち込まれ、さらに代表運営委員の選出も選挙となった。こうして、岡﨑・進士・中川体制から進士五十八・中川幾郎・中島興世体制になった。新体制のもとで、二〇一〇年秋から二〇一一年改革に繋がる検討が開始された。

同年一〇月七日の役員会で概ねの考え方の了解を得たとして、進士五十八・代表運営委員は、「自治体学会

の活性化、そのための基盤づくり」（二〇一〇年一一月付）において、①研究発表、②表彰制度、③自治体学検定、④法人化推進として、四つの課題にまとめた。①では、査読体制の整備のための学術委員会の設置、学会誌の年二回発行・全会員配付等が提案されている。③では、検定に向けて研修講師・テキストを検討していく。④では、法人化・ガバナンス確立に向け、三代表運営委員制度はリーダーシップ不在になるので、代表一人制にして機動性を増すとともに、総務機能が事務局と総務・活性部会に分裂しているのは勿体ないとして、総務・活性部会は事業部会に変更して外向きのマンパワーに活かすとともに、総務部会（総務部会長は事務局長兼務）を設置するとした。

二〇一一年一月二七日第三回役員会は、三代表運営委員、廣瀬克哉・企画部会長、山口道昭・編集部会長、鏡諭・総務・活性部会長、事務局（加藤・田中・井上）が集まって開かれた。ここでは、学会賞について具体的に詰められるとともに、法人化ではなくガバナンスという名称を採用することにした。これを受けて、二〇一一年三月五日の運営委員会に改革案が提案された。このときは、学会賞委員会、ガバナンス委員会、事業企画委員会の設置が盛り込まれた。正式には震災を挟んでの二〇一一年一〇月九日の総会で改革は決定されたが、実質的な方向は、三月五日の運営委員会で決定された。この運営委員会はかなり「荒れた」といわれているが、委員の発言を別の委員が論破する形で進行したという。

このように、二〇一一年改革に向かう底流には、総務・活性部会と事務局（ＣＡＣ）との見解の対立があった。二〇一一年改革で総務・活性部会が廃止されたので、表面的には代表運営委員・役員会と事務局（ＣＡＣ）の調整がついたかのように見える。しかし、役員会機能を補佐していた総務・活性部会が事務局と見解の相違を持ったということは、総務・活性部会がなくなったとしても、役員会と事務局の見解の相違はあり得ることを意味する。このようなあおりを受けて、二〇一一年の総会後には、自治体学会設立からの有力な多摩地域の自主研究グループのメンバーがかなり退会することも起きた。

進士改革でのガバナンス・法人化問題は、まさに事務局と代表運営委員・役員会との関係に関わる微妙な問題である。代表運営委員の一人である中川幾郎がこの問題を担当したが、心労も相俟って、翌二〇一二年には退任している。二〇一二年には、中島興世・西村幸夫・廣瀬克哉体制に移行した。なお、このときに進士は代表運営委員を退任しているが、研究支援部会長として役員会に留まって改革を継続している。また、中島は事業部会長を兼務していた。しかし、改革に伴い会員が増加して予算状態が改善したわけではないので、以前からの事業抑制論も底流として存在し続けた。こうして、後述する二〇一三年夏ごろからの、中島・廣瀬の両代表運営委員と事務局との紛議の伏線になっていった。二〇一四年八月（辞意不撤回の公式表明は一四年三月の運営委員会の席上）には廣瀬が退任して中川が復帰し、西村幸夫・中島興世・中川幾郎体制となった。

(88) 一九八八年から二〇一一年まで毎年『年報自治体学』を合計二四号まで刊行した。各号の特集テーマは、①自治型の行政技術（一九八八年）、②自治の原点（一九八九年）、③パブリック・マネー（一九九〇年）、④都市建築の技術と手続き（一九九一年）、⑤自治のなかの女たち（一九九二年）、⑥自治体で生きる（一九九三年）、⑦環境と自治（一九九四年）、⑧分権型社会の行政手法（一九九五年）、⑨まちづくりを問い直す～防災と自治（一九九六年）、⑩自立する市民と自治体～新しい関係構築のため（一九九七年）、⑪地方分権と財政～変革への提言（一九九八年）、⑫自治体の政策責任（一九九九年）、⑬ローカルルールをつくろう（二〇〇〇年）、⑭分権社会の人づくり（二〇〇一年）、⑮二〇一〇年の自治体～危機脱出のシナリオを考える（二〇〇二年）、⑯自治のかたち（二〇〇三年）、⑰コミュニティ・ガバナンス～誰が何を決めるのか（二〇〇四年）、⑱「ミニマム」再考（二〇〇五年）、⑲自治体における代表制（二〇〇六年）、⑳私の現場主義（二〇〇七年）、㉑自治体のコンプライアンス（二〇〇八年）、㉒自治体の計画の現在（二〇〇九年）、㉓自治体にできること、できないこと（二〇一〇年）、㉔二〇二〇年の地域と自治（二〇一一年）、である。創刊号が、年報のスタイルを設定したといえる。

(89)『年報自治体学』は第一号（創刊号）から公募論文を掲載しており、当初は五本程度の掲載があった。しかし、二〇〇〇年代になると年一～三本程度と低調になっていた。

(90) その成果物が、西尾勝『自治・分権再考』ぎょうせい、二〇一三年、大森彌『自治体職員再論』ぎょうせい、二〇一五年、である。第三弾として、岡﨑昌之の連続講義の書籍化の作業が進行中である。なお、自治立志塾の原型は、恵庭市職員時代の中島が、一九八二年七月に西尾を江別市に招聘して、八〇名くらいの参加を得て、五講一〇時間の連続講義「まちづくりセミナー」を開催した前例である。内容は、第一講「まちづくりの意味」、第二講「地域福祉とボランティア活動」、第三講「市民参加の拡充」、第四講「自治体計画と環境指標」、第五講「市民と公務員」である(『まちづくりセミナー報告書〜新たな展望を求めて』)。また、西尾が初代代表運営委員に就任した一因にも、中島などの北海道グループの推挙があったともいわれている。ただし、異説もある。

(91) 二十年委員会でのターゲットは自治体職員ではなく市民であった。総会でも、NPOなど市民活動がリードすることもあるので、市民やジャーナリストも対象ではないかという質疑がでた。

(92) 二〇一一年三月の運営委員会でも、総務・活性部会長から、自治体学会の性格を変える変革案であるから、会員に対する丁寧な説明を要するとの発言があったという。また、一部には、進士の代表運営委員の任期が二〇一二年八月で終了する(三期六年)ので、それまでには進めたいであろうという見方があった。しかし、進士は会員減少のスピードから改革を急いでいたようである。また、結果的に見れば、代表運営委員の退任後も研究支援部会長(二〇一二年〜二〇一四年)として役員会メンバーとして関わり続けたので、代表運営委員の任期とは、必ずしも関係がなかったかもしれない。

(93) 総務・活性部会では、地域選出運営委員の活性化を目指していた。実際、規約(当時)でもいわゆる役員会のメンバーではなく、運営委員が役員なのである。

(94) 上述のように中堅学者には魅力はないとしても、大学院生などの研究者の卵や、学界への転身・就職を目指す実務家にとっては、こうした投稿・論文の業績は、数値成果主義的なルール主義化=官僚制化が進む現状では、一定の意味があるのかもしれない。ただ、本来の自治体学会は、自治体の実務家が、実践のなかから研究交流をして、実務家に留まったまま、新たな実践にフィードバックするための場だったかもしれない。実務を離れては、自治実践をする立場と権限を失うのであって、自治体実務家は実践指向の研究者にはない、大いなる潜在的権力資源を持っているのである。もっとも、自治体学会は行政のなかで「はみ出し」てしまうような職員を中心とすれば、外へ転出するのも自然かもしれない。また、既存大学では旧来型の学律しか生めないので、自治体学の研究者は実務の現場からしか生まれないとすれば、学界への転進は自治体学にとっては望ましいことであり、併せて大学教授選出方法の改革を必要とする。松下圭一『自治体改革＊歴史と対話』法政大学出版局、二〇一〇年、二七四頁。

(95) 例えば、「チョウチョの会」自治体職員有志の会、公務員組織風土改革世話人交流会、などがある。

(96) 三名の代表運営委員制から、同じく合計は三名の正副理事長制に移行したのは、三名の同輩の代表運営委員間の意見調整が非効率的であるという発想があったことによる。もっとも、現行規約の下でも、執行部は理事会という合議制であるし、理事長が単独で権限を持つ事項は基本的にはない。

（かない　としゆき・自治体行政学）

II　行政と民間、自治体議会

1　自治体周辺法人の法的考察

板垣勝彦
（横浜国立大学）

一　自治体周辺法人とは

「自治体周辺法人」というのは、法令用語ではなく、講学上の概念であって、取り立てて定義はない。国の政府においても、独立行政法人[1]、特殊法人（公社、公団、ＮＨＫなど[2]）、認可法人、指定法人、政府出資法人（特殊会社）といった政府周辺法人についての分類がなされるが、やはり確立した定義はない。本報告では、自治体周辺法人について一般的に用いられている分類を最初に示した上で、(a)事務・事業、(b)ガバナンス・財務、(c)情報公開・個人情報保護、(d)人員管理（職員派遣）、(e)自治体が負担する可能性のある損害賠償責任という視点から、それぞれの法人について分析を行うこととする。

①地方公営企業

地方公営企業とは、自治体と法人格は同一でありながら、地方公営企業法（昭和二七年法律第二九二号）に基づき、独立採算の下で、病院、鉄道、水道、バス事業などを行う組織をいう。自治体と同一法人であるため、「周辺法人」というよび方は不正確であるが、企業会計に基づく独立採算が採られているなど、事業の独立性が高いことから、本稿の考察に含める。公営競技も、地方公営企業の形式で行われる。

②地方三公社

地方公社は、自治体が全額出資して設立した法人である。とりわけ、公有地の拡大の推進に関する法律（公拡法、昭和四七年法律第六六号）に基づいて設立される土地開発公社、地方道路公社法（昭和四五年法律第八二号）に根拠をもつ地方道路公社、地方住宅供給公社法（昭和四〇年法律第一二四号）により設立される地方住宅供給公社がいわゆる「地方三公社」とよばれて、大きな比重を有している。(3) 法人格が自治体とは別であることから、会計も当然独立しているが、出資と債務保証を通じて、自治体との財政的な繫がりを保持している。

③地方独立行政法人

地方独立行政法人は、地方独立行政法人法（平成一五年法律第一一八号）に基づき設立された法人である。国の特殊法人改革で独立行政法人が相次ぎ設立されたことに伴い、地方における特殊法人的な位置付けの法人も、相次いで地方独立行政法人へと改組された。(4) 国の独立行政法人に倣った組織となっているが、地方三公社と共通する点も多い。

④第三セクター

第三セクターも講学上の概念であり、法的な定義はない。一般には、民法や会社法に基づき設立される法人であって、自治体が出資を行うものを指す。(5) 本稿では、数の上でも多く、実務的にも重要である会社法に基づき設立される類型を想定する。思い浮かべることが多いのは、廃線となったかつての国鉄の赤字路線や新幹線開業後の並行在来線を運営する鉄道会社である。その他、まちづくりやリゾート開発などにおいても、第三セクターは多用されている。ガバナンス・財務や情報公開は会社法の所定の手続によって行われるため、その限りでは民間企業との差異はない。ただし、金融の必要性から、やはり自治体が損失補償契約を通じて実質的な債務保証を行っている場合が多く、住民訴訟の争点となってきた。

⑤指定法人（指定確認検査機関、指定管理者）

指定法人は、講学上の概念の中でも、特に定義の一致をみない概念である。本稿では、特別の法律に基づき特定の事務・事業を行うものとして行政庁により指定された民法上の法人のことを指定法人とよぶことにする。(6) その中でも行政事務代行型法人、(7) とりわけ、行政庁から指定を受けて(8) 建築確認権限を行使する指定確認検査機関（建築基準法六条の二、七七条の一八以下）と公の施設の管理を行う指定管理者（地方自治法二四四条の二第三項）に注目する。両者とも、営利を目的とする株式会社であっても指定を受けられることが特徴である。

端的にまとめると、①～③は行政的な組織体・法人（かつての公法人）が民間でもなしうるサービス業務を行う点に特徴があり（いわゆる行政私法）、⑤は私法人が本来行政の担う事務を代行して行っている点に特徴がある（いわゆる私行政法(9)）。

二　事務・事業

1　地方公営企業

これら自治体周辺法人の特徴として、その多くが、行政権にしか行うことのできない侵害作用（規制行政）の事務ではなく、私経済事業とかサービス行政（給付行政）に分類される事業を担っていることが挙げられる。

地方公営企業の行う事業は、(a)公共性の原則、(b)経済性発揮の原則、そして(c)独立採算の原則に服するとされる。(a)公共性の原則についてみると、民間企業との競合性が低く、サービス供給が継続的・安定的に行われるべき要請が強いものについては、高い公共性が認められる。(b)経済性発揮の原則は、最少経費最大効果原則(地方自治法二条一四項)を反映したものといえよう。(c)独立採算の原則とは、自治体の一般会計で負担すべき経費を除いて、当該地方公営企業の特別会計に係る経費は、その経営に伴う収入をもって充てなければならないという原則であり、自治体周辺法人に一般的にあてはまる事理である(地方公営企業法一七条の二第二項)[10]。

地方公営企業において、最も普遍的に行われているのは、水道事業(地方公営企業法二条一項一号)である。水道事業は、原則として市町村が経営するものとされ(水道法六条二項)、厚生労働大臣から料金等について認可を受けた上で、事業が行われる。水道事業は、①生活必需財である上に②地域独占がなされていることから、事業の休止・廃止には厚生労働大臣の許可が必要であり(同法一一条一項)、料金、給水装置工事の費用の負担区分その他の供給条件について、厚生労働省令に従い供給規程を定めなければならない(同法一四条一項・二項)といった制約を課せられる。また、事業者は、「正当の理由」がなければ、需要者からの給水契約の申込みを拒否してはならない(同法一五条一項)。武蔵野マンション判決(最決平成元年一一月八日判時一三二八号一六頁)では、行政指導に従わせるために給水契約の締結を留保した市長の行為が違法とされた[11]。このような水道・工業用水道事業の他にも、地方公営企業法は、路面電車などの軌道事業(同法二条一項三号)、バスなどの自動車運送事業(同項四号)、地下鉄などの鉄道事業(同項五号)、電気事業(同項六号)、ガス事業(同項七号)、そして病院事業（同条二項）を予定している。

公営競技は、いわゆる公営ギャンブルのことを指し、地方競馬、競輪、競艇、およびオートレースが、それぞれの根拠法である競馬法（昭和二三年法律第一五八号）、自転車競技法（昭和二三年法律第二〇九号）、モーターボート競走法（昭和二六年法律第二四二号）、および小型自動車競走法（昭和二五年法律第二〇八号）に基づいて、自治体や一部事務組合により行われている。[12]公営競技は、法令に基づく正当行為（刑法三五条）として、賭博罪（同法一八五条）や富くじ罪（同法一八七条）の適用を受けない。[13]

2　地方三公社

地方三公社の担う事業は、読んで字のごとくである。[14]土地開発公社は、次年度以降に着工する予定の用地をあらかじめ取得するために設立される法人であり、先買権を付与されて、土地の優先的な買受けを行う（公拡法四条以下）。地方住宅供給公社の業務は、住宅の積立分譲とその附帯業務（地方住宅供給公社法二一条一項）、住宅の建設、賃貸その他の管理および譲渡（同条三項一号）、宅地の造成（同項二号）などである。公営住宅の管理も、地方住宅供給公社によってなされていることが多い。[15]地方道路公社は道路の新設、改築、維持、修繕、災害復旧を担うほか（地方道路公社法二一条一項）、国、自治体、各高速道路株式会社から委託をうけて、国道、都道府県道、市町村道、高速道路の管理やパーキングエリア等の建設・管理も行っている（同条二項）。

3　地方独立行政法人

地方独立行政法人についてみると、法令上は、研究所における試験研究（地方独立行政法人法二一条一号）、大学・高専の設置・管理（同条二号）、社会福祉事業（同条四号）、公共施設の管理（同条六号）と並んで、地方公営企業と同種の事業が列挙されている。すなわち、水道事業（同条三号イ）、工業用水道事業（同号ロ）、軌道事業（同号ハ）、自動車運送事業（同号ニ）、鉄道事業（同号ホ）、電気事業（同号ヘ）、ガス事業（同号ト）、病院事業（同号チ）である。このことは、地方公営企業の法人格を独立させて（法人成り）、その事業を地方独立行政法人に担わせるという立法意図があったことを窺わせる。なお、国立大学が国立大学法人という独立行政法人とは別建ての法人となったのに対して、公立大学法人は地方独立行政法人という位置づけである（同法六八条以下）。

4　第三セクター

第三セクターとは自治体が出資している民法・会社法の法人のことを幅広く指すため、その事業についても法律の定めはない。第三セクターが現実に担う事業は実に多様であり、農林水産、観光・レジャー、教育・文化で半分以上を占めている。(16)

5　指定法人

以上の自治体周辺法人が担う事業は、採算の点を度外視すれば、いずれも民間でも行うことのできるものばかりである（公営競技のように、刑法との関係を整理すべきものを除く）(17)。これに対して、指定法人の担う事務は異色であり、許認可にかかる行政処分を行う権限をもつことがある。たとえば、指定管理者には、公の施設の使用を許可する権限が付与されている（参照、地方自治法二四四条の四第一項)[18]。指定確認検査機関は、建築主事（建築基準法四条)[19]の代わりに建築確認事務を行う権限を有する指定法人である[20]。

三　ガバナンス・財務

1　分析の視点

ガバナンスと財務は、相互に密接に関連することから、あわせて分析を行う。この視点においては、組織形態において公的な性格が付与されている①地方公営企業、②地方三公社、および③地方独立行政法人の類型（かつて「公法人」とよばれたもの）と、組織形態において民間の法人と差異のない④第三セクターおよび⑤指定法人の類型（かつて「私法人」とよばれたもの）に分けて理解するのが有益である。

2　地方公営企業のガバナンス・財務

まず、地方公営企業のガバナンスについてみると、事業ごとに管理者が任命されて、その業務を執行する（地方公営企業法七―九条)[21]。事務処理のための組織は、条例の定めに委ねられる（同法一四条）。自治体の長は、住民の福祉に重大な影響がある業務の執行に関しその福祉を確保するため必要があるとき、または自治体の他の機関と地方公営企業の業務の執行との間の調整を図るため必要があるときは、管理者に対して、必要な指示をすることができる（同法一六条）。

地方公営企業の財務については、自治体と法人格が同一であっても、一般会計とは異なる特別会計が事業ごとに採られる（地方公営企業法一七条）[22]。費用・収益は、発生主義により計上される（同法二〇条）。一般会計からの補助は例外的にのみ行われるが、地方公営企業の経営の不振が本体の自治体財政を圧迫することも皆無ではなく、地方公共団体の財政の健全化に関する法律（平成一九年法律第九四号）では、連結実質赤字比率という形で、公営事業会計も指標に含めることとなった。

公営競技のガバナンス・財務は、基本的に地方公営企業と同じであるが、収益を得て自治体の財務の足しにすることが正面から目的に掲げられていることが特徴である。公営競技の施行者（地方競馬の場合は、主催者）は、投票券の売得金の七五パーセントを払い戻し、残りの二五パーセントが粗収入となる。売得金の一定割合は、公営企業金融公庫（平成二一年に地方公共団体金融機構へと改組）に納付され、その原資をもって地方公営企業に係る地方債の利子の軽減に充てられてきた。粗収入から開催経費などを差し引いた残りが、施行者の収入である[23]。しかし、長年にわたり自治体の財政を潤し、公共施設の整備や社会福祉などに役立てられてきた公営競技も、娯楽の多様化などに伴い、収益は減少の一途を辿っている。

3　自治体出資法人の特則

最初に、自治体が出資する地方三公社、地方独立行政法人、第三セクターに共通する規律をいくつか掲げる。自治体が四分の一以上を出資している法人については、監査委員が必要があると認めるとき、または自治体の長から要求があるときは、出納その他の事務の執行について監査をすることができる（地方自治法一九九条七項後段、同法施行令一四〇条の七第一項）。四分の一以上というのは相当な割合であり、自治体がこの程度の支配権をもつ法人の経営が破綻した場合にはかなりの影響を受けることを

想定した規定である。(24)

続いて、自治体の長は、(a)当該自治体が設立した地方三公社および地方独立行政法人、(b)二分の一以上を出資している一般社団法人および一般財団法人ならびに株式会社、(c)四分の一以上二分の一未満を出資している一般社団法人および一般財団法人ならびに株式会社のうち条例で定めるものについて、収入・支出の実績もしくは見込みについて報告を徴し、予算の執行状況を実地について調査し、またはその結果に基づいて必要な措置を講ずべきことを求めることができる（地方自治法二二一条三項、同法施行令一五二条）。

そして、自治体の長は、地方自治法二二一条三項の法人について、毎事業年度、当該法人の事業の計画および決算に関する書類を作成し、議会に提出しなければならない（地方自治法二四三条の三第二項、同法施行令一七三条一項）。ただし、このような書類を毎年度議会に提出しても、議会の側が財務諸表の内容を分析する意識や能力に欠けていては実効性に乏しいであろう。(25)

4　地方三公社のガバナンス・財務

地方三公社については、設立団体が二分の一以上の出資をしなければならず、また自治体しか出資することはできない。公社ごとに若干の差異はあるものの、一般社団法人・一般財団法人に準じて、自治体の長によって任命される理事や監事などの役員が置かれ、設立団体から人事面での関与を受けるという点では共通する。理事や監事は設立団体の職員ＯＢが務める場合が多く、しばしばガバナンスの欠如が問題とされる。青森県住宅供給公社の経理担当職員が犯した巨額の横領事件は、当時非常に世間の耳目を集めたが、この事件に関して問われた公社役員の監督責任について、青森地判平成一八年二月二八日判時一九六三号一一〇頁は、おおむね大和銀行代表訴訟判決（大阪地判平成一二年九月二〇日判時一七二一号三頁）の枠組みを参照して、役員が委任契約に基づき公社に対して負う善管注意義務への違反を認定した。[26] 役員の担う役割について、株式会社の取締役・監査役の類推で理解する方向性は妥当であろう。これに対して、住民が直接地方三公社の違法な財務会計行為について住民監査請求を行ったり住民訴訟を提起することは認められない（最判平成三年一一月二八日集民一六三号六一一頁）。[27]

さらに問題を大きくしているのが、地方公社が融資を受ける際、自治体が金融機関との間で締結する債務保証である。地方公社は独自の資産をほとんど持たないため、担保融資（アセット・ファイナンス）が使えず、銀行から融資を得る際には、自治体に保証人となってもらう以外にない。こうした事情から、「法人に対する政府の財政援助の制限に関する法律」（財政援助制限法、昭和二一年法律第二四号）三条の規定にもかかわらず、土地開発公社（公拡法二五条）および地方道路公社（地方道路公社法二八条）については、自治体が債務保証を行うことが明文で認められている。[28] 明文で債務保証が認められていない場合にも、自治体が損失補償契約を結んでいることが通例である。

土地開発公社についていえば、民間の金融機関から資金を自由に借り入れることができるとか、用途が未確定の土地についても将来の事業のためにあらかじめ確保することができるなど、手続的な制約を受けずに土地を先行取得するのは、地価が右肩上がりの時代には有効なしくみであった。[29] だが、その特性ゆえに、バブル崩壊以後は膨大な含み損を抱えることになり、自治体の債務保証とも相俟って自治体財政を強く圧迫した。そこで、地方公共団体財政健全化法の指標である将来負担比率を算定する際には、地方公社も含めることになった。

5　地方独立行政法人のガバナンス・財務

地方独立行政法人のガバナンス・財務については、国の独立行政法人と同様に、通則法である地方独立行政法人法によって規律されている。地方独立行政法人は、おおむね、地方三公社と共通する性格と、国の独立行政法人と共通する性格が付与されており、それらを整理すると理解しやすい。

まず、設立団体には二分の一以上の出資が求められること（同法六条三項）、自治体しか出資できないこと（同条二項）、理事長と監事は設立団体の長が任命すること（同法一四条一項・二項）などは、地方三公社と共通する。企業会計原則が適用されること（同法三三条）、設立団体の財源措置を受けること（同法四二条一項）は、規定そのものは国の独立行政法人通則法三七条・四六条に倣ったものであるが、地方三公社にも通ずるところがある。

次に、国の独立行政法人と同様の特色として、目標の設定と評価が挙げられる。[30] 設立団体の長からは、住民サービスなど業務の質の向上、業務運営の改善・効率化、財務内容の改善などに関する事項が記載された中期目標が示される（地方独立行政法人法二五条）。中期目標を受けて、地方独立行政法人は目標を達成するためにとるべき措置、予算、収支計画および資金計画が記載された中期計画を定め、設立団体の長から認可を受ける必要がある（同法二六条一項）。そして、毎事業年度の開始前に中期計画に基づく年度計画を定めて、設立団体の長に届け出るとともに、これを公表しなければならない（同法二七条一項）。各事業年度および中期目標の期間における業務の実績については、設立団体の長の評価を受けなければならず（同法二八条一項、三〇条一項）、中期目標に係る事業報告書を提出し公表することが義務付けられている（同法二八条二項）。

6　第三セクターのガバナンス・財務

これらに対して、第三セクターや指定法人は民間法人であるから、ガバナンスや財務については実にシンプルである。まず、第三セクターも指定法人も、自治体から直接に経営について関与を受けることはない。たとえば株式会社である場合には、その出資割合に応じて、株主の意向が反映されるのみである。したがって、自治体出資の第三セクターであっても、自治体が経営権に影響を及ぼすことができるのは、その出資割合の限度においてである。(31) 大株主の意向で役職員が送り込まれることも、通常の株式会社と同じように理解すれば、いわば当然ともいえる。自治体の長が関係私企業の役員を兼任することは禁止されているが、第三セクターについては規制が外されている（地方自治法一四二条かっこ書）。(32)

しかし、第三セクターの場合には、損失補償契約を通じて自治体に費用負担が発生し得ることに注意しなければならない。なお、設置根拠法で自治体の債務保証が明文で認められる土地開発公社や地方道路公社とは異なり、第三セクターにはそのような法的根拠はないから、損失補償契約の有効性を巡る判断が死命を決することになる。(33) 損失補償契約は財政援助制限法三条違反であるとして無効とする下級審判決（かわさき港コンテナターミナル事件・横浜地判平成一八年一一月一五日判タ一二三九号一七七頁）が現れたことは、銀行実務に波紋を呼んだ。注目が集まる中、安曇野市トマト園事件において最判平成二三年一〇月二七日判時二一三三号三頁は、第三セクターについての損失補償契約が財政援助制限法三条の類推適用で直ちに違法・無効となると解することは妥当でなく、その適法性・有効性は、「普通地方公共団体は、その公益上必要がある場合においては、寄附又は援助をすることができる」と定める地方自治法二三二条の二の趣旨等にかんがみ、当該契約の締結に係る公益上の必要性に関して、自治体の執行機関の判断に裁量権の逸脱・濫用があったか否かによって決せられるとした。

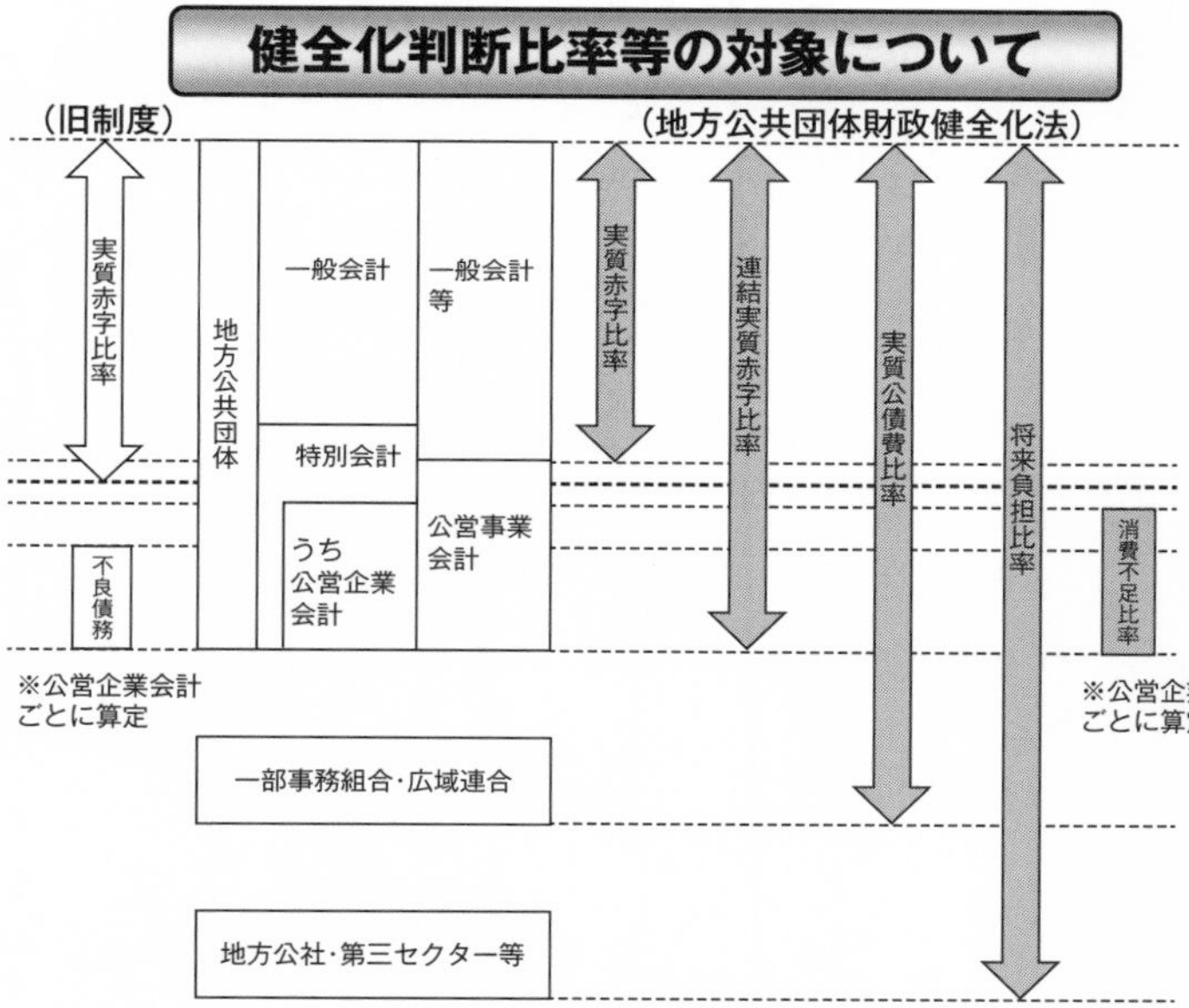

出典：総務省 HP「健全化判断比率等の概要について」
http://www.soumu.go.jp/iken/zaisei/kenzenka/index2.html

損失補償契約が締結されておらず、自治体には法的に第三セクターを再建する責任がないにもかかわらず、政治責任を回避するといった目的から、追加出資を決定するなど無理な再建策を模索して、さらに自治体財政の悪化を招く場合も少なくない[34]。代表的なのが日韓高速船事件であり、山口県下関市が民間企業との共同出資で第三セクターである日韓高速船株式会社を設立し、下関～釜山間での高速船を就航させたところ、会社の経営は早々に行き詰まり、破産するに至ったため、市長が日韓高速船会社に対して借入金返済など八億円余りの支払いに充てるための補助金を交付したことの「公益上〔の〕必要」（地方自治法二三二条の二）の有無が問われた住民訴訟である。山口地判平成一〇年六月九日判時一六四八号二八頁が市長に対する八億円余りの損害賠償請求を認容したのに対し、最判平成一七年一一月一〇日判時一九二一号三六頁では、事業の目的、連帯保証がされた経緯、補助金の趣旨、市の財政状況に加え、市長は補助金支出について市議会に説明し、市議会において特にその当否が審議された上で予算案が可決されたものであること、補助金支出は事業清算とは関係のない不正な利益をもたらすものではないことなどに照らすと、市長の補助金支出決定について裁量権の逸脱・濫用はないとされた(35)。

このように、第三セクターの経営状況は、出資する自治体の財政に大きな負担を与え得るため、損失補償契約を結んでいるなどその者のために自治体が債務を負担している法人に対しても、前述した監査委員の監査(地方自治法一九九条七項前段)と長の調査権(同法二二一条三項)は及ぶ。さらに、やはり第三セクターの倒産を引き金として夕張市が財政破綻したことを受けて制定された地方公共団体財政健全化法では、将来負担比率を算定する際には、第三セクターの経営状況も考慮に入れることとなった(36)。

7　指定法人のガバナンス・財務

指定法人も、第三セクターと同様に、ガバナンス・財務上、自治体からは独立している。ガバナンスについてみると、基本的に当該指定法人の設立根拠法(一般社団法人及び一般財団法人に関する法律、会社法)に従うことになるが、公的事務を遂行するという性格上、一定の制約に服する。なお、指定管理者については、前述の特則が設けられており、監査委員の監査が及ぶ(地方自治法一九九条七項後段)。ここで重要なのは、自治体が任務の遂行責任を手放した後にも、その事務・事業が的確に行われているか委託先に対し指示・監督を及ぼすという保障責任(Gewährleistungsverantwortung)が残される点である。[37] 最も強力なのは、自治体が問題のある指定法人の指定自体を取り消す権限である（指定確認検査機関について、建築基準法七七条の三五。指定管理者について、地方自治法二四四条の二第一一項）。[38] ただし、これは不祥事が相次いだ場合などに行使される権限であって、個々の事務・事業に対して逐一監督を及ぼすことが予定されているわけではない。

指定管理者の場合には、条例の中で指定の手続、管理の基準、業務の範囲などを定め（地方自治法二四四条の二第四項）、指定に際しては事前に議会の議決を要するものとし（同条六項）、毎年度終了後に指定管理者から事業報告書の提出を受け（同条七項）、指定管理者の管理の業務または経理の状況に関する報告・聴取、実地の調査、必要な指示を行うこと（同条一〇項）など、自治体の指示・監督権限について、地方自治法に諸々の規定が置かれている。指定確認検査機関の場合には、特定行政庁に指定確認検査機関の交付した確認済証の効力を失効させる強力な権限が付与されてはいるが（建築基準法六条の二第六項）、個々の建築確認に対して逐一、特定行政庁が監督を及ぼすという関係にはない。[39] このことは、**六　損害賠償**との関係で、重要な意味をもつ。

次に財務については、指定管理者の場合、自治体から公の施設の管理にかかる委託費が支払われているけれども、裏を返せば、財務上の繋がりはその限りである。場合によっては、指定管理者には、条例の定めるところにより、あらかじめ自治体の承認を得た上で、利用料金を自らの収入として収受することが認められており、この場合、財政的な独立性は高い（地方自治法二四四条の二第八項・九項）。

なお、公共施設の管理という意味で、指定管理者と密接に関係すＰＦＩ事業についてもふれておく。ＰＦＩ事業とは、民間資金を活用して公共施設の設置、維持・管理、運営を特別目的会社（ＳＰＣ）に委ねるものを指す。ＰＦＩ事業の場合には、事業の運営から生ずる利益を引き当てとして銀行から融資を得るので（プロジェクト・ファイナンス）、アセット・ファイナンスの場合よりも一般的にみて高い金利が設定される一方、自治体が損失補償契約を締結するといった状況はみられない。その分だけ、メイン・バンクからの経営状況に関する監督は、自治体からの監督よりも遥かに厳しいといわれる。

指定確認検査機関の場合は、そもそも委託費の支払いは予定されておらず、もっぱら建築確認の対価としての手数料収入によって運営が成り立っているから、財務上は自治体から完全に独立している。しばしば、建築主事よりも指定確認検査機関の確認検査の手数料は高いものの、その分だけ迅速な検査を行うことで、顧客の選好を獲得しているとされる。

四　情報公開・個人情報保護

1　自治体と情報公開・個人情報保護

情報公開には、事務・事業が適法に行われているか国民が監視して透明性を高めることで、不正の芽を事前に摘み取るという意義がある（行政機関情報公開法一条）。行政の保有する自己情報について開示、訂正、利用停止の請求権を付与することで、その適正な利用を確保するのが、行政機関における個人情報保護の意義である（行政機関個人情報保護法一条）。各自治体においても、対応する条例が制定されており、自治体自身が保有する情報については、これら情報公開・個人情報保護法制が整備されている。しかし、自治体周辺法人については、情報公開・個人情報保護法制は十分に保障されているとは言い難い。

2　出資法人の「実施機関」性

地方公営企業の場合は、自治体の制定した情報公開・個人情報保護条例に服することに争いはない。これに対して、いわゆる自治体出資法人（本稿の例でいえば、地方三公社、地方独立行政法人、第三セクター、場合によっては指定法人）の場合は、法人格が自治体から独立していること、出資関係も多様であることを理由に、特段の規定がない限り、自治体の情報公開・個人情報保護条例の実施機関とはならない(40)。たとえば、神奈川県情報公開条例（平成一二年条例第二六号）では、県の出資団体（同条例二六条）および指定管理者（同条例二七条）について、「財政上の援助」ないし「公の施設の管理を行うこと」の公共性にかんがみ、情報の公開について努力義務を課すにとどまっている。それでも自治体周辺法人の情報公開について言及がなされているだけ良い方で、全く規定を置いていない自治体も相当数に上る(41)。まず、地方三公社と地方独立行政法人については、情報公開条例の実施機関とすることに特段の問題はなく、地方三公社（大阪市情報公開条例二条一項、後述する福岡市情報公開条例二条一号）や地方独立行政法人（東京都情報公開条例二条一項）のように実例がある(42)。受託事業の性質や自治体による出資ないし組織における関与のあり方によっては、第三セクターも含めた自治体周辺法人も実施機関に含まれ得るとする見解は魅力的であるが、いまだ少数説にとどまる(43)。指定管理者が公の施設の管理業務を行うに際し保有する文書を公開請求の対象文書に含める立法例（草加市情報公開条例二条四号イ）などは、大いに注目される。

株式会社の場合、会社法に基づいて株主に対し財務諸表の公開が行われることで、適法な経営が行われているか否か、市場による監視がなされる。内部の監査役による監査も行われるし、それに加えて、債権者である銀行による監視が実務上は極めて重要な意味をもつ。ただし、営利を追求する意味での監督と、公的事業を的確に実施する意味での監督では異なるのではないかといった批判はあり得よう。

となると、先に紹介した(a)地方三公社および地方独立行政法人、(b)二分の一以上を出資している第三セクター、(c)四分の一以上二分の一未満を出資している第三セクターのうち条例で定めるものに対する長の調査権（地方自治法二二一条三項、同法施行令一五二条）と、毎事業年度長が作成し議会に提出しなければならない財務諸表（地方自治法二四三条の三第二項、同法施行令一七三条一項）の意義は決して小さくない。

3　協定を用いた情報公開

福岡市では、平成一四年の条例改正により、指定都市において初めて、明文で地方三公社（および議会）が実施機関に加えられた（同条例二条一号）[44]。そして、出資法人についても、実施機関に加えるのではなく、協定を用いる方法で、情報公開を実現するという方策が練られた。つまり、出資法人等に関する文書の情報公開請求がなされた場合において、実施機関（長）が当該情報公開請求に係る文書を保有していないときは、当該出資法人等に対し、当該文書を提出するよう求めることができるとされたのである（同条例三九条三項）。文書の提出に係る事務が円滑かつ適正に行われるようにするため、市と出資法人との間では、法的な義務を伴った文書提出協定が締結される（同条四項）。この方法は、出資法人を正面から実施機関に加えることの難点を避けるとともに、むしろ自治体の機関が責任を持って情報公開の手続を実施することで、名より実を取ったものと評価することができる[45]。出資法人については、設立形態や事業内容が多種多様であることから、一定の出資割合（二分の一ないし四分の一）以上のものについて、情報公開についての協定を締結することで対応するのが適切であろう。

五　人事管理（職員派遣）

1　地方公営企業の人事管理

地方公営企業の場合、自治体の一般職の職員と現業職員が混在している。近年の財政緊縮の関係もあり、現業職員は民間企業のリストラに倣って、整理・合理化の対象になりやすい。バス事業でいえば、現業職員の仕事の内容は民間のバス会社と変わらないのであり、民間に倣って合理化された勤務体系を採用する意義は認められよう。

2　特定地方独立行政法人

地方独立行政法人は、国の独立行政法人と同様に、その役職員が公務員の身分を保持する特定地方独立行政法人（地方独立行政法人法四七条以下）と、それ以外の通常の地方独立行政法人に分かれる。組織改編に際して、公務員の身分を保持したまま行うか否かが政治的な争点となったことの妥協策である。

3　自治体周辺法人への職員派遣

自治体周辺法人については、設置団体の定数規制との関係などから、場合によっては給与の負担を伴った広汎な職員派遣が行われている(46)。とりわけ職務専念義務（地方公務員法三五条）を免除して職員を自治体周辺法人などに派遣し、その間の給与を支払うことの適法性は、平成に入った頃から住民訴訟で争われるようになった。商工会議所への職員の派遣の適法性が争われた茅ヶ崎市商工会議所事件（最判平成一〇年四月二四日判時一六四〇号一一五頁）では、派遣の目的、派遣先である商工会議所の性格および具体的な事業内容ならびに派遣職員が従事する職務の内容のほか、派遣期間、派遣人数等諸般の事情を総合考慮した上、職務専念義務を免除して派遣職員を市の事務に従事させず、それに加えて市で勤務しない時間につき給与を支給することが給与条例の趣旨に反しないものといえるかどうかを慎重に判断しなければならず、派遣の目的の正当性だけでなく、目的の達成と派遣との具体的な関連性が明らかにされなければならないという一般論が示された。倉敷チボリ公園事件（最判平成一六年一月一五日民集五八巻一号一五六頁）では、第三セクターへの職員派遣が違法とされている。

こうした判例の動きをふまえて制定された「公益的法人等への一般職の地方公務員の派遣等に関する法律」（平成一二年法律第五〇号）では、商工会議所のような公益法人等への職員派遣に際しては、職員の身分を有したままの派遣が行われ、自治体からの委託業務や共同業務を遂行するためなど、一定条件の下において、当該自治体から給与を支給することが認められた（同法六条二項）。派遣期間満了後には、職員は復職する（同法五条二項）。これに対して、第三セクターなど特定法人(47)への職員派遣は退職を条件に認められ、自治体からの給与の支給は許されず（同法六条一項）、派遣終了後の再採用が予定されるにとどまる（同法一〇条一項）。

4　公営競技における課題

近年、公営競技では、収益性の悪化に伴う事業の廃止が相次いでいる。自治体から派遣されている職員は元の自治体に戻ればよいだけであるが、地方競馬における厩務員、騎手、調教師のような専門職員はそのようにはいかない。これまでは可能な限り同種競技への再就職が斡旋されてきたが、全国的な公営競技の規模の縮小もあり、今後は厳しいと思われる。かつては職人芸とされた発券業務なども、電子化された現在では見る影もない。赤字続きの公営競技が廃止に踏み切ることのできない最大の理由は、行き場を失う職員の処遇が解決されていないことにあるという指摘もある[(48)]。

補助金を支出して公営企業の従事員の退職手当に充てていたことが問題となったのが、鳴門市競艇判決である。公営競技として競艇事業を実施してきた徳島県鳴門市では、日々雇用される臨時従事員の離職せん別金（離職せん別金は、市から直接ではなく、臨時従事員で組織される共済会から支払われる）に充てるため、市から共済会に対する補助金の交付（地方自治法二三二条の二）が行われていた。つまり、実質的にみると、市が共済会を経由して臨時従事員に退職手当を支給するために、補助金を交付していた――共済会をトンネルとして利用した――わけである。しかし、臨時従事員に対して退職手当を支給する旨を定めた条例は制定されておらず、給与条例主義（地方自治法二〇四条二項・三項）に違反するのではないかが問題となった。

最判平成二八年七月一五日判時二三一六号五三頁は、「臨時従事員は採用通知書により指定された個々の就業日ごとに日々雇用されてその身分を有する者にすぎず、給与条例の定める退職手当の支給要件……を満たすものであったということもできない」から、臨時従事員の就労実態のいかんを問わず[(49)]、給与条例主義に反する違法な補助金の交付であったとした。給与や諸手当の支出が財政負担を伴うものである以上、議会のコントロール下に置くことは当然であり、給与条例主義を厳格に適用した最高裁の判断は妥当であろう[(50)]。最高裁判決を受けて、条例の根拠を欠く退職手当の支払いを打ち切った自治体が相次いでおり、職員の処遇という点で困難な問題を提起しているが、法治主義の観点からはやむを得ないと思われる。

六　損害賠償

1　地方公営企業と自治体の損害賠償責任——私経済作用

地方公営企業の場合は、自治体と法人格が同一であるから、その事業を遂行する上で、職員が他人に損害を与えた場合、自治体が損害賠償責任を負うことに争いはない。たとえば、市営バスの運転手の過失により、歩行者に怪我を負わせた交通事故の場合が考えられる。ただし、公営企業が行うのは私経済活動であることから、通説である広義説[51]では、この場合には国家賠償法（国賠法）一条は適用されない。広義説では、私経済活動については、自治体は民法七一五条に基づく使用者責任を負うと構成される。ただし、国家賠償責任ではなく使用者責任という構成になることで、自治体の負うべき責任の内容が変化するわけではない。ここで差異が生じるのは、職員の個人責任の帰趨である。というのも、国賠法が適用される場合には、職員個人は損害賠償責任の追及を免れる（最判昭和三〇年四月一九日民集九巻五号五三四頁）のに対して、国賠法が適用されない場合には、職員個人は、原則通り民法七〇九条に基づく損害賠償責任を追及されるからである[52]。言ってみれば、市営バスの運転手は、民間のバス会社の運転手と同じ責任を負うことになる。公立病院に勤務する医師が医療過誤により患者に損害を与えた場合も、同様に医師個人が損害賠償責任の矢面に立たされる。

2　法人格が異なる法人と自治体の損害賠償責任

地方公社、地方独立行政法人、第三セクターの場合は、自治体とそもそも法人格が異なるので[53]、これらが負った損害賠償責任については、法人格の濫用が認められるような極めて例外的な場合を除いて、自治体が負担するという関係にはない[54]。法的スキームは異なるものの、自治体は出資者であるにすぎず、出資先が経営破綻してそれまで出資した分が紙切れになるという以上の責任は負わないのである。むろん、自治体周辺法人の債務については、多くの局面で設置自治体が債務保証ないし損失補償契約を締結している——損害賠償債務をその内容に含むかについては解釈が必要になるが——ので、そのような場合は別である（参照、信楽高原鉄道判決・大阪地判平成二三年四月二七日判時二一三〇号三一頁）。

ただし、自治体がこれらの法人の監督者としての責任を負う場合はあり得る。つまり、監督官庁として規制権限を適切に行使していれば被害の発生を防ぐことができたのに、それを怠ったことで被害が生じ、規制権限の不行使が裁量権の消極的な濫用と評価されるような場合である（宅建業法判決・最判平成元年一一月二四日民集四三巻一〇号一一六九頁）[55]。とはいえ、自治体がこの意味の責任を負うのは、何も自治体周辺法人の監督に限ったことではなく、業法規制を及ぼすべき民間法人の監督を怠った場合と理論構成に違いはない。この視点から得られるのが、指定法人が負う損害賠償責任と自治体との関係である。

3　指定法人の事務・事業と自治体の損害賠償責任

指定確認検査機関の行った建築確認（ないし拒否）の判断に過誤があった場合、被害者はまず指定確認検査機関に対し損害賠償責任を追及するけれども、姉歯事件のように大規模になると、指定確認検査機関が無資力化し、被害者は事実上救済を得られないという事態が生じた。このように被害者に指定法人の無資力リスクが帰せられたことは制度設計の不備と称する以外になく、様々な理論構成により、被害者の救済が図られた。理論構成は、おおむね、(a)国賠法一条の解釈上、指定確認検査機関・職員を特定行政庁の所属する自治体に帰属して公権力を行使する行政機関・職員であるとして、指定確認検査機関の行う建築確認は自治体の国賠法一条の「公務員」の行う公権力の行使であるとする見方（一体的把握）と、(b)あくまで指定確認検査機関は特定行政庁とは別個独立に建築確認を行う機関であるとして、特定行政庁の所属する自治体の責任は指定確認検査機関に対する指示・監督権限の懈怠（規制権限不行使型の国家賠償）に限られるとする見方（分離的把握）の対立軸で把握される。(56) 最決平成一七年六月二四日判時一九〇四号六九頁は、被告の変更（行政事件訴訟法二一条一項）が問題となった事案において、一体的把握に立つようにみえる判断を行ったが、一体的把握では、指定確認検査機関自身が損害賠償責任を負わないことから、モラル・ハザードが生じるおそれがある。(57) 平成一八年の建築基準法改正により、指定確認検査機関としての指定を受けるためには損害保険への加入が義務付けられるようになった現在では（同法七七条の二〇第三号、建築基準法に基づく指定資格検定機関等に関する省令一七条一項・二項）、横浜地判平成二四年一月三一日判時二一四六号九一頁のとる分離的把握が適当である。

指定管理者の管理する施設で事故が起きた場合には、自治体の保有する「公の施設」(58) の管理の問題であるため、委託自治体が損害賠償責任（営造物責任）を負うことになる（国賠法二条一項）。ただし、指定管理者の管理のミスに起因する損害であるときには、当然、委託自治体から指定管理者に対する求償は妨げられない（同条二項）。

七　結語

もともと、国と比較して自治体の運営は企業経営（マネジメント）の発想に親和的なところがある。地方公営企業が契約に基づき幅広い住民サービスを提供していることは象徴的であるし、住民訴訟の淵源であるアメリカの納税者訴訟も、株式会社において株主が経営者の責任を追及する株主代表訴訟の発想からきている。そのように考えれば、財政難に直面した為政者が、民間の企業経営の発想を自治体の運営に採り入れようとしたNPM改革の試みは、自然な流れでもあった。サービスの受け手にある住民を「消費者」「顧客」と把握することで、成果や満足度の向上を目に見えやすい形で理解することができるようになった点は、相応に評価すべきであろう。しかし、公共の利益に深くかかわる事務・事業を行う点で、やはり自治体の性格は民間企業とは一線を画するところがある。そして、自治体の行ってきた事務・事業が幅広く民間主体により実施されることになったとしても、公共の利益に関わる限りにおいて、一定の法的制約に服する。住民は、「市場」化によって商品化された「サービス」の単なる「消費者」たる地位においてのみ、その受け手となるわけではなく、「主権者」たる地位を失ってはいない。[59] 民間の発想の良さを柔軟に採り入れるとともに、公共の利益を損なってはいないか、不断の見直しと創意工夫が求められている。

注

（1）独立行政法人通則法（平成一一年法律第一〇三号）に基づき設立される法人のことを指す。宇賀克也『行政法概説Ⅲ［第五版］』有斐閣（二〇一九）二七一頁以下。

（2）特別の設置根拠法に基づき設立される法人のことを指す。宇賀・前掲注（1）二九五頁。行政改革に伴う民営化や独法化により、特殊法人の多くは改組された。

（3）宇賀・前掲注（1）三二八頁以下。

（4）宇賀・前掲注（1）三一九頁以下。

(5) これに対して、田中孝男「第三セクターに関する争訟」岡田正則ほか(編)『現代行政法講座Ⅳ 自治体争訟・情報公開争訟』日本評論社(二〇一四)一〇三頁では、本稿にいう地方三公社も含めて第三セクターと定義している。

(6) 塩野宏「指定法人に関する一考察」『法治主義の諸相』有斐閣(二〇〇一)四四九頁(四五一頁)。宇賀・前掲注(1)三一〇頁。

(7) 塩野・前掲四五四頁。

(8) 行政庁が行う指定は、一般的に、行政処分としての性格をもつと考えられている。

(9) 私行政法については、米丸恒治『私人による行政』日本評論社(一九九九)。

(10) 宮脇淳(編著)=佐々木央=東宣行=若生幸也『自治体経営リスクと政策再生』東洋経済新報社(二〇一七)一三九頁以下(東宣行)。

(11) これに対して、志免町マンション判決(最判平成一一年一月二一日民集五三巻一号一三頁)のように、このままでは深刻な水不足が避けられないといった事情があるときは、水道水の需要の著しい増加を抑制するために給水契約の締結を拒否することにも「正当の理由」が認められる。

(12) 公営競技の実施が自治体によって行われることになった経緯は、GHQの指導によるところが大きいとされる。三好円『バクチと自治体』集英社新書(二〇〇九)四〇頁以下。

(13) 萩野寛雄「公営競技の歴史と現在」都市問題二〇一五年四月号四二頁。

(14) 地方三公社の設立が相次いだ経緯について、成田頼明「地方公共団体の公社ブーム」ジュリスト二二六号(一九六一)七〇頁。

(15) 板垣勝彦『住宅市場と行政法—耐震偽装、まちづくり、住宅セーフティネットと法—』第一法規(二〇一七)四四頁。

(16) 宮脇淳(編著)『第三セクターの経営改善と事業整理』学陽書房(二〇一〇)七頁以下(石井吉春)。

(17) 行政手続法二条二号にいう「行政庁の処分その他公権力の行使」を指し、行政不服審査法上の審査請求（同法一条二項）および行政事件訴訟法上の抗告訴訟（同法三条二項）の対象となる「処分性」を有する行為である。

(18) もっとも、指定管理者の行う使用許可処分は、実態としては施設の利用契約の申込み－承諾／拒否と同様であるが、不服申立ての便宜の観点から、申請に対する許可／不許可のしくみを採用したという、講学上の形式的行政処分である。指定管理者に使用許可処分を行う権限を委ねることも、本質的に契約と変わらないという観点から正当化される。阿部泰隆『行政法再入門（上）〔第二版〕』信山社（二〇一六）一九八頁。

(19) 都道府県（建築基準法四条五項）や一部の市町村（同条一項・二項）に置かれる、建築確認事務をつかさどる行政機関のこと。

(20) 指定確認検査機関の行う建築確認も、裁量性の低い確認的な処分であるという理由で、民間開放が認められたという経緯がある。三宅博史「一九九八年建築確認・検査の民間開放の成立過程」都市問題一〇三巻九号（二〇一二）八七頁。なお、建築確認については、品川マンション事件にかかる最判昭和六〇年七月一六日民集三九巻五号九八九頁が、一定の裁量性を前提とした判示を行っている。

なお、筆者は、「判例解説（横浜地判平成二四年一月三一日）」自治研究八九巻六号（二〇一三）一三七頁（一四七頁）において、建築確認は国民の生命、身体という重大な基本権的法益に関係する「公権力の行使」であるから、そもそも民間開放したことの是非について再考しなければならないと主張し、榊原秀訓「行政民間化と現代行政法」岡田正則ほか（編）『現代行政法講座Ⅰ　現代行政法の基礎理論』日本評論社（二〇一六）二三一頁（二六三頁以下）でも好意的に引用されている。しかし、自動車検査登録制度（道路運送車両法五八条以下）における指定工場（民間車検場）のように、保安基準への適合性の確認を民間事業者に委ねた立法例（同法九四条の二以下）がすでに存在し、幅広く普及していること、その政策的な妥当性もほぼ疑いはないことにかんがみると、建築確認を民間開放したこと自体は問題ないとする見解へと改める。

(21)なお、水道や病院などの事業に特化した一部事務組合（企業団）が設立されることも少なくないが、この場合、組織形態は単独自治体で行われる地方公営企業と同様である（地方公営企業法二条三項・三九条の二・三九条の三）。木村俊介『広域連携の仕組み〔改訂版〕』第一法規（二〇一九）三三四頁以下。
(22)上水道の場合の水道料金債権は民事債権という扱いであるのに対して、下水道料金は滞納処分が可能であるという違いがある。この差異は合理的なものとは思えず、債権管理条例など徴収不全の問題が厄介なので、取扱いを同じくするように法整備すべきである。
(23)石川義憲『日本の公営競技と地方自治体』財団法人自治体国際化協会・政策研究大学院大学比較地方自治研究センター（二〇一〇）五頁。
(24)礒崎陽輔「地方公社・第三セクターと地方行政」山下茂（編著）『特別地方公共団体と地方公社・第三セクター・NPO』ぎょうせい（一九九七）三一七頁（三六〇頁以下）。
(25)礒崎・前掲注（24）三六三頁。
(26)宇賀・前掲注（1）三三八頁以下。
(27)田中・前掲一一一頁。
(28)財政援助制限法三条は、戦前の市町村がしばしば出資法人の負債を抱え込むことで極めて財務状況を悪化させたことの反省から設けられた規定である。債務保証の事例は、碓井光明『公的資金助成法精義』信山社（二〇〇七）三二三頁以下で精細に紹介されている。
(29)礒崎陽輔「地方三公社」山下茂（編著）『特別地方公共団体と地方公社・第三セクター・NPO』ぎょうせい（一九九七）三六七頁（三六八頁以下）。
(30)宇賀・前掲注（1）三三一頁。
(31)高知地判平成二七年三月一〇日判時二三二二号四九頁は、第三セクターの株主である町の代表者である町長が、第三セクターの財産を第三者に売却等する旨の議案を承認したことにつき、その売却価額が不相当に安価であり、この議案を承認すべきではなかったのに、その承認をしたことにより、第三セクターの財産的価値が減少し、町に損害が生じたから、町長に損害賠償を請求せよと主張して提起された四号請求の住民訴訟について、町長の行為が財務会計行為であるとはいえないとして、訴えを却下した。東京地判平成二七年七月二三日判時二三一五号三七頁も、特別区が発行済株式の全部を保有する株式会社の元代表取締役に対して区長が株主代表訴訟を提起しないことは、違法に財産の管理を怠る事実に該当しないとしている。

(32) なお、自治体が株主であることを根拠として、その住民が住民訴訟を通じて株主代表訴権を代位行使することは認められない。金沢地判平成一二年一月二〇日裁判所HP、名古屋高金沢支判平成一二年八月三〇日裁判所HP。田中・前掲一一一頁。

(33) 損失補償契約とは、たとえば第三セクターが銀行から受けた融資について返済不能となった場合に、地方公共団体が第三セクターに代わって銀行の損失分を補償する契約をいう。保証契約（民法四四六条以下）とは、主たる債務への付従性・補充性・随伴性が認められない点で異なるとされる。しかし、損失補償契約は、経済的な機能は保証契約と何ら変わらないことから、脱法行為ではないかという批判が根強く存在した。

(34) 礒崎・前掲注（24）三四九頁。

(35) 福岡高判平成一九年二月一九日判タ一二五五号二三二頁は、熊本県荒尾市が経営難に陥っていた第三セクター「アジアパーク」に対して行った①補助金の交付と②同社に融資していた銀行との間の損失補償契約の締結および③補償の支払いについて、同会社を破綻させた場合に出資者である国、県、地場企業との間で信頼関係が喪失することによる悪影響や、市の今後の地域振興対策事業に対する国・県の支援・協力に支障が出るおそれ等を考慮すると、裁量権の逸脱・濫用は認められないとしている。碓井・前掲三四五頁以下。

(36) 将来負担比率を超えると、その自治体は早期健全化団体に指定され、健全計画に基づいて歳出等の削減を進めなければならなくなる。そのため、平成二一年四月の地方公共団体財政健全化法の全面施行を前に、赤字の第三セクターについて、民事再生法や会社更生法に基づく法的整理や「特定債務の調整の促進のための特定調停に関する法律」に基づく特定調停を用いた債務整理が進められた。宮脇・前掲一四八頁（中島弘雅）。「第三セクター等の抜本的改革の推進等について」（総務省自治財政局長平成二一年六月二三日総財公第九五号）も参照。その後、平成二一年度から二五年度にかけて、第三セクターの債務整理のための財源として自治体に特別な起債を認める第三セクター等改革推進債の発行が認められている。田中・前掲一一二頁。

(37) 詳細は、板垣勝彦『保障行政の法理論』弘文堂（二〇一三）。

(38) 指定確認検査機関への指定が行政処分であることから、指定の取消しは、講学上の「撤回」であると理解される。

(39) 指定確認検査機関が行った個別の建築確認の案件ごとに特定行政庁が再審査していたら、単なる二度手間となって負担は少しも軽減されず、建築確認事務を民間開放した意味がないといわれる。金子正史『まちづくり行政訴訟』第一法規（二〇〇八）二七六頁、阿部泰隆『行政法解釈学Ⅱ』有斐閣（二〇〇九）四四七頁。

(40) 塩入みほも「個人情報保護法制の体系と地方公共団体における個人情報保護の現状」駒澤大学法学部研究紀要七六号（二〇一八）一頁。そのように考えると、指定法人は「個人情報の保護に関する法律」による民間事業者の規制に服するにとどまる。指定管理者の運営する図書館の貸出リストの管理は、「個人情報保護の法律」にしたがって行われるために特に問題は生じないが、もし指定管理者が変更されて、別の民間事業者に対し貸出リストを引き継ぐ必要が生じた際には、委託者である行政の保有個人情報として扱うなど、一工夫必要である。

(41) 三野靖「公の施設における指定管理者制度と公共性確保ルール」自治総研四四〇号（二〇一五）一頁（四〇頁）。

(42) 宇賀・前掲注（1）三四〇頁。

(43) 斎藤誠『現代地方自治の法的基層』有斐閣（二〇一二）五〇〇頁。

(44) 大橋洋一『都市空間制御の法理論』有斐閣（二〇〇八）一六七頁。同一七一頁では、自治体からの一〇〇％

出資を受けていることと役員が自治体により任命されることという二点から、地方三公社は自治体の一部を構成するとみられるほど自治体に従属した法人であるとして、「実施機関」であることを根拠付ける。

(45) 三野・前掲四一頁も、対応を指定管理者等に任せきりにするのではなく、指定管理者等が保有する文書を情報公開条例の対象文書に含めた上で、自治体が責任をもって情報公開に関する事務を実施するのが望ましいとする。

(46) 石龍潭「いわゆる第三セクターに関する行政法学的考察（三）」北大法学論集五六巻二号（二〇〇五）八〇一頁（八〇六頁以下）によると、かねてより職員派遣には、(a)退職による場合、(b)休職による場合、(c)職務専念義務を免除する場合、(d)職務命令による場合という法律構成がとられていた。(a)退職は、自治体からすれば最も問題は少ないが、職員からすると復職される保障がなく、退職手当や年金が通算されないおそれがあるという難点がある。(b)休職は、職員としての身分は保証されるものの、派遣の場合には分限処分としての休職はなし得ないのではないかという法律構成上の問題がある。(c)職務専念義務の免除は、職員にとっては最も不利益が少ないが、長期にわたる派遣を職務専念義務の免除という形で行うことは難しいという難点がある。(d)職務命令は、やはり職員にとっては全く問題がないが、第三セクターの事務を自治体の事務と同一視できるかという問題がある。

(47) 当該地方公共団体が出資している株式会社のうち、その業務の全部又は一部が地域の振興、住民の生活の向上その他公益の増進に寄与するとともに当該地方公共団体の事務又は事業と密接な関連を有するものであり、かつ、当該地方公共団体がその施策の推進を図るため人的援助を行うことが必要であるものとして条例で定めるものをいう（公益的法人等への一般職の地方公務員の派遣等に関する法律一〇条一項）。

(48) 小川一茂「公営競技廃止に伴う損失の補塡と競技場跡地の利活用」都市問題二〇一五年四月号五一頁。神戸地判平成一六年一二月一六日裁判所ＨＰは、競輪事業の廃止に伴い被った損害賠償の支払いを求めて競輪選手らが運営主体である一部事務組合を訴えた事案において、選手と組合との間には競輪出場につき法的義務を伴う継続的契約関係が成立しているとは認められず、その他、宜野座村事件（最判昭和五六年一月二七日民集三五巻一号三五頁）が示唆するような信義則上の義務もないとして、請求を棄却した。競輪事業からの撤退をめぐる法的問題の包括的検討として、碓井光明「地方公共団体の競輪事業撤退をめぐる紛争」明治大学法科大学院論集七号（二〇一〇）五〇七頁。

(49) 茨木市事件にかかる最判平成二二年九月一〇日民集六四巻六号一五一五頁は、非常勤職員であっても職務内容の性質からみて常勤職員に準ずるものとして評価できるような場合には、期末手当を支給しても給与条例主義には反しないとみる余地があるという一般論を提示している。茨木市事件とは異なり、鳴門市競艇事件の場合には、日々雇用である以上、常勤職員に準ずるものとみる余地はないということであろう。

(50) 阿部泰隆「鳴門市競艇従事員共済会への補助金違法支出損害賠償等請求事件（特集　最高裁判決二〇一六：弁護士が語る）」法学セミナー六二巻三号（通号七四六）（二〇一七）五三頁。

(51) 公権力の行使の性質を帯びる活動（行政処分や権力的事実行為）のほか、行政指導や学校での教育活動についても、国家賠償法一条が適用されるという説。宇賀克也『行政法概説Ⅱ［第六版］』有斐閣（二〇一八）四一六頁。

(52) 広義説に対して、私経済活動も含めて、およそ国・公共団体の行う一切の活動が国家賠償法一条の対象となる最広義説も唱えられているが、少数にとどまる。

(53) 自治体が出資した会社が実際には形骸化したペーパー・カンパニーであったり（法人格の形骸化）、あるいは自治体が負うべき多額の損害賠償債務を免れることを主な目的として会社が設立されていたような場合（法人格の濫用）を指す。

(54) 板垣勝彦「保障国家における私法理論」行政法研究四号（二〇一三）七七頁（一〇四―一〇八頁）。

(55) 板垣・前掲注（54）一一〇―一一一頁。

(56) 板垣・前掲注（15）七二頁以下。

(57) ただし、指定確認検査機関の職員を「公務員」とみて、その給与を負担する指定確認検査機関と自治体をともに共同不法行為責任を負う「公共団体」とみることで、「公共団体」同士で費用負担に応じた求償（国賠法三条二項）を行えば、分離的把握と同様の結論を導き出すことは可能である。米丸恒治「行政の多元化と行政責任」磯部力＝小早川光郎＝芝池義一（編）『行政法の新構想Ⅲ』有斐閣（二〇〇八）三〇五頁（三一九頁以下）、板垣・前掲注（15）八六頁、宇賀克也＝小幡純子（編著）『条解国家賠償法』弘文堂（二〇一九）四七頁以下（板垣勝彦）。

(58) これに対して、指定管理者が恣意的な施設の使用不許可処分を行うなど、国家賠償法一条が問題になる局面では、損害賠償責任を負うのは同条の「公共団体」である指定管理者ということになろう。

(59) 田村達久「地域公共事務事業における「市場」の可能性と「公共性」」公法研究七〇号（二〇〇八）一六三頁（一六五頁）。

（いたがき　かつひこ・行政法、地方自治法）

2　官と民が担う合法ギャンブルの変遷
――官の独占供給から3Ｐそして4Ｐｓへ――

萩野寛雄
（東北福祉大学）

はじめに

二〇一六年一二月、衆議院にて特定複合観光施設区域の整備の推進に関する法律（通称「カジノ法案」）が成立した。衆議院内閣委員会での審議は僅か六時間弱。般若心経や文学論を語っても質問時間が余り、審議不十分とも批判された(1)。唐突との批判を招いたこの平成のカジノ構想だが、実は長い熟成期間があった。ジョン・キングドンの「政策の窓モデル」(2)で政策過程を分析するなら、一九九〇年代の長期不況や地方の凋落などの「問題」を背景に、カジノは主に地域活性化や独自財源の視点から約二〇年以上に渡り議論されてきたのである。その「政策代替案」は二〇年以上かけて準備・検討され、熟成していた。しかしカジノが公営競技や公営ギャンブル(3)の様に主に財源目的で検討されていた当時は、我国の賭博アレルギー(4)もあって大きな進展が見られなかった。そこに今回、「政治的流れ」が合流して「政策の窓」が開き、カジノ法案は大きく前進した。従来の観光立国事業が、アベノミクスの成長戦略における有力カードとして改めて脚光を浴びたのである。ビジットジャパン(5)などのグローバル観光戦略やクールジャパン戦略⑹など国策推進の有力コンテンツとして、カジノを伴う「統合型リゾート」（IR：Integrated Resort）が着目された。これに東京オリンピック誘致成功が加わり、「政策の窓」オープンの条件を満たしたのである。周到な準備と長い時間を費やしながら、カジノ法案は雌伏して時を窺っていた。カジノには様々な反対意見がある故に、慎重に動くことを強いられたからである。故に今回の法案成立を唐突と受けとめる声も大きく、カジノをめぐる様々な議論が巻き起こった。

同法は即座にカジノを合法化するものではないが、合法ギャンブルとしては一九九八年のスポーツ振興投票（通称 toto）以来一八年ぶり、二一世紀以降では初めての合法ギャンブル新設に向けた契機となるものだった。その後、二〇一八年七月には同法を具体化した「特定複合観光施設区域整備法」が成立し、その概要が明らかになった。所謂「公営ギャンブル」と「合法ギャンブル」との違いは後に触れるが、公営ギャンブルについては戦後の長きに渡って議論が続いている。戦災復興財源として緊急避難的に成立した公営ギャンブルだが、我国の経済発展とともにその社会的弊害が叫ばれ、東京都が「財政戦争」の象徴として後楽園競輪、大井オートを廃止したことは広く知られている。その後、レジャー多様化の中で公営ギャンブルは以前の「打出の小槌」ではなくなり、各地で廃止問題が多発した。これらの流れは前記の『都市問題』の拙稿にまとめているが、その後はアベノミクス以降の好況と、ネット販売の導入で地方競馬は顕著に売り上げを回復している。

我国や諸外国の「合法ギャンブル」には、行政と民間の多様な関係がみられる。従来の我国では、ギャンブルに付随する「公」の部分を官が独占し、その関係性も基本的には画一的であった。その後、平成不況と新自由主義改革の流れの中で、窮地に陥った公営ギャンブルでも3P（Public-Private Partnership）に基づいた民間活力導入で効率化が図られてきた。そしてこの度のIR法（カジノ法）

表1　公営競技、公営ギャンブルの定義

最狭義	地方自治体が、ギャンブルの為にスポーツ競技を運営し、それに対する投票券を発売して収益を得る事業	公営競技（競輪、地方競馬、競艇、オートレース）
狭義	地方自治体が上記に加え、ギャンブルの為の証票を発売して収益を得る事業	上記＋宝くじ
広義	政府に類する団体が、特別法に基づいて上記の投票券や証票を発売して収益を得るための事業	上記＋中央競馬、toto

（前掲、萩野2015）

は、二一世紀の合法ギャンブルにおける新たな官民協働に向けた嚆矢となるかもしれない。しかしそれには、依存症などの社会的弊害への対策が不可避である。合法ギャンブルの官民協働を考えるには、単なる雇用政策や観光政策などの効率化、経済面での3Pに加え、顧客でもあり弊害を被る被害者ともなりかねない市民を巻き込んだ本当の4Ps（Public-Private-People Partnerships）が求められるであろう。

一　「合法ギャンブル」とは

我国では一般的に「公営ギャンブル」「公営競技」などの語句が用いられるが、(7)実はこの用語では現行制度の全てを正確には網羅できない。表1は一般的に「公営ギャンブル」として表現される用語法を分類したものである。「公営ギャンブル」という用語は、最狭義にはいわゆる「三競オート」と呼ばれる地方自治体（及びその組合）が胴元となる「公営競技」の意味で用いられる。しかし、地方自治体が胴元でありながら、「競技」を対象としない当せん金付証票を発行する「公営くじ」（いわゆる「宝くじ」）も現実に存在する。

更には、中央競馬やtotoのように、地方自治体ではない特殊法人やそれに類するもの（特殊法人 日本中央競馬会や独立行政法人日本スポーツ振興センター）が胴元になるものもある。表2は二〇一五年現在の「合法ギャン

表2　合法ギャンブルの分類

競技名	根拠法	成立年	監督官庁	控除率	分類
地方競馬	競馬法	1948年	農林水産省	約25%*	公営競技（公営ギャンブル・合法ギャンブル）
競艇	モーターボート競走法	1951年	国土交通省	25%	公営競技（公営ギャンブル・合法ギャンブル）
競輪	自転車競技法	1948年	経済産業省	25%	公営競技（公営ギャンブル・合法ギャンブル）
オートレース	小型自動車競走法	1950年	経済産業省	25%	公営競技（公営ギャンブル・合法ギャンブル）
宝くじ	当せん金付証票法	1948年	総務省	約55%	公営ギャンブル（合法ギャンブル）
toto	スポーツ振興投票法	1998年	文部科学省	50%	合法ギャンブル
中央競馬	競馬法	1954年	農林水産省	約25%*	合法ギャンブル

（前掲、萩野2015）

＊競馬は二段階控除のため、競走結果により控除率が異なる。また、主催者、投票方式、競走によっても控除率が異なる。

表3　2015年度合法ギャンブル売り上げ

区分	競馬	競輪	オート	競艇	宝くじ	中央競馬	toto	合計
車馬券等売上額（億）	4,331	6,309	680	10,032	9,048	25,886	1,084	57,370
施行団体数	50	58	7	105	67	1	1	287
都道府県	11	7	1	1	47	0	0	67
市町村	39	51	6	104	20	0	0	220
割合	7.5%	11.0%	1.2%	17.5%	15.8%	45.1%	1.9%	100.0%

（『地方財政白書』『スポーツ振興くじ toto 販売状況』JRA『事業報告書』より筆者作成）

ブル」を分類したものだが、これを見ても「公営競技」「公営ギャンブル」以外にも我国には合法的に執り行われる「合法ギャンブル」があることがわかる。

表3は、二〇一五年度の「合法ギャンブル」の売上高をまとめたものである。二〇一五年度の合法ギャンブル売上高総計は五兆七三七〇億円に及び、飲食サービス業（五兆五六六三億円）や印刷、印刷関連業（五兆一一二一億）円よりも大きな産業となっている[8]。その中で旧来の「公営競技」の割合は三七%に過ぎず、「宝くじ」を加えた「公営くじ」を含んでもでも五三%にとどまる。従来の「公営ギャンブル」の割合は、現在日本で合法的に運営されているギャンブル全体では半分に過ぎない。そこで本論文では、より広い定義である「合法ギャンブル」の用語を用いて論を進める。

我国ではこの枠組みからも洩れるが、実質的に換金が行われているギャンブルに「ぱちんこ」がある。「ぱちんこ」の売り上げは最盛期の二〇〇六年度には全合法ギャンブル総売り上げの五倍以上になる三三兆六四二〇億円、下降した二〇一五年度でも二三兆二二九〇億円の市場規模である。(9)地下カジノなどアンダーグラウンドなギャンブルの市場規模は正確に推計できないが、「ぱちんこ」だけを見ても本来は非合法なギャンブルが長きに渡って公然と運営されているのが実情である。官民協働に関して言えば、我国の合法ギャンブルは基本的に官によって独占的に施行されていることとなっている。しかし実際には、ギャンブルの多くは既に民間によって施行されているのが実態である。

二　我国の合法ギャンブルの合法性と歴史

一九〇七年公布の新「刑法」公布以降、我国はギャンブル、賭博一般を禁じており、それに該当する行為は違法行為となる。参考に刑法の「賭博及び富くじに関する罪」（一八五―一八七条）を掲示しておく。

（参考）刑法　第二十三章　賭博及び富くじに関する罪

（賭博）

第百八十五条　賭博をした者は、五十万円以下の罰金又は科料に処する。ただし、一時の娯楽に供する物を賭けたにとどまるときは、この限りでない。

（常習賭博及び賭博場開張等図利）

第百八十六条　常習として賭博をした者は、三年以下の懲役に処する。

2　賭博場を開張し、又は博徒を結合して利益を図った者は、三月以上五年以下の役に処する。

（富くじ発売等）

第百八十七条　富くじを発売した者は、二年以下の懲役又は百五十万円以下の罰金に処する。

2　富くじ発売の取次ぎをした者は、一年以下の懲役又は百万円以下の罰金に処する。

3　前二項に規定するもののほか、富くじを授受した者は、二十万円以下の罰金又は科料に処する。

我国の合法ギャンブルも、原則的にこの刑法に抵触する。一九九五年の刑法条文改正で「賭博をした」と改定された一八五条は、以前は「偶然ノ輸贏ニ関シ財物ヲ以テ博戯又ハ賭事ヲ為シタル者」とされていた。この定義に対する最高裁の画一的、一般的判例はないが、一般的に金銭を授受した場合は少額であったとしても賭博罪を構成するとされている(10)。しかし資本主義社会では投資などの経済行為自体が偶然性に基づき、先物取引や近年盛んなＦｘ取引(11)など、投資と投機の峻別も困難である。

表4には、現行合法ギャンブルと今回のＩＲ法で想定される合法カジノ、そして参考にぱちんこの刑法抵触部分をまとめた。現行の合法ギャンブルは全てパリミュチュエル方式(12)で営まれており、ゲーム結果と施行者のリスクは無関係である（売上不足により運営コストが下回る赤字リスクは有る）。従って胴元のゲーム結果への介入の疑いが低く、アメリカのゲーミングではこれらを「クラス二」のカジノに分類する(13)。この場合、現行刑法では一八七条の「富くじ等発売」に抵触する。因みに合法カジノの場合、パリミュチュエル方式のスポーツベッティング等では上記と同じだが、ゲーム結果によっては施行

表 4　事業別刑法抵触部分

事業名	賭博の方式	施行者の刑法抵触部分	カジノのクラス
既存の合法ギャンブル（公営競技、公営くじ他）	パリミュチュエル	187条（富くじ発売等）	クラス 2
合法カジノ（パリミュチュエル式スポーツベッティング等）	パリミュチュエル	187条（富くじ発売等）	クラス 2
合法カジノ（テーブルゲーム、ブックメーカー式ベッティング等）	ブックメーカー	186条 2 項賭博場開張等図利	クラス 3
（参考）ぱちんこ、違法カジノ	ブックメーカー	185条（換金の場合） 186条 2 項賭博場開張等図利	クラス 3

表 5　合法ギャンブルの雛形

分類	事業例（通称）	プロトタイプ	根拠法
公営競技、中央競馬	三競オート、中央競馬	競馬	（旧）競馬法　1923年
公営くじ	宝くじ、toto	勝札	臨時資金調整法　1937年
合法カジノ	カジノ	IR	特定複合観光施設区域整備法 2017年

（筆者作成）

者にもリスクが生じるブックメイカー式[14]のベッティングやテーブルゲームは、よりリスクの高い「クラス三」のカジノとされる。我国の違法カジノの場合は、更に刑法一八五条の単純賭博罪、一八六条二項の賭博場開帳図利も加わることとなる。現在、「ぱちんこ」は三店方式[15]によりギャンブルではないとする者もあるが、実態としてはギャンブル（クラス三）であると指摘するものも多い[16]。

現行合法ギャンブルの場合、表2で記したような公益を目的とした特別法（競馬法を除き、第一条にその目的を明示）が「根拠法」として定められている。それにより、刑法に抵触する「富くじ等」の発売が法令に基づく「正当行為（法定行為）」とされ、違法性阻却事由が成立して犯罪を構成しなくなることで、合法性を担保しているのである。

表5に我国の合法ギャンブルを三類型に分類し、その雛形をまとめた。表4にも記した

ように、現行合法ギャンブルは競馬でもモーターボートでもサッカーでもその仕組みは同一で、刑法一八七条に抵触する「富くじ等」である。そして、その雛形が出来上がったのは一九二三年の（旧）競馬法であった。その後に成立した合法ギャンブルは全て、これに類する形で合法的に施行されている。一九九八年の toto の際にもこの枠組みは揺るがなかった。[17] しかし今回の合法カジノでは、テーブルゲームなどでは賭けの結果によって胴元にリスクが生じるために一八七条「富くじ」ではなく一八五条「単純賭博」、一八六条「賭博場開帳図利」に抵触し、新しいスキームが必要とされていた。

三　我国の合法ギャンブルの成立過程

合法ギャンブルのように、政府やそれに準ずる団体がスポーツ競技をルーレット代わりにした富くじを発売して租税外に財源を求める制度は、戦前の競馬を嚆矢とする。[18] 日本の近代競馬は、一八六〇年に横浜の居留地で外国人のレジャーとして始まった。近代競馬の母国イギリスでそうあるように、競馬は純粋な楽しみ、社交の場として開催された。そしてその場に日本人も参加していくが、明治政府は確たる目的をもって競馬に参加した。各省の目的は表6にあるように様々だが、政策目標を持ち、国策として競馬が遂行されたことが特徴である。外務省は鹿鳴館外交の一環として競馬に積極的に関与し、競馬場で社交を通じた外交を行った。宮内省も、昭和に成田空港用地とされた下総御料牧場で軽種馬を生産し、同牧場は第一回東京優駿馬ワカタカなど多くの優駿を生産した。馬車や乗馬は西洋文化の象徴でもあり、国家元首の乗馬馬や馬車馬を国産馬でまかなうことは、帝国主義時代において文明国を証明するためにも必要だった。[19] これらは、不平等条約改正、富国強兵、近代国家形成に向けた明治政府による国策の一環だった。

表6　明治初期に競馬を推進した省庁

省庁名	目的	施策	開始年
外務省	不平等条約改正	上野不忍池競馬	1884
宮内庁	天皇制度の近代化	吹上御苑競馬	1875
内務省（農商務省）	活機械の改良	三田育種場競馬	1877
兵部省（陸軍省）	馬匹改良	招魂社競馬、戸山学校競馬	1870
（参考） 居留地競馬	レジャー	横浜根岸、神戸　他	1860

（筆者作成）

当初の競馬はイギリスに範をとり、各地に名士による民間団体の競馬会が設立されて運営されていた。その後、その運営資金獲得策として、英国人によって根岸競馬で始められていた「馬券」に注目が集まる。しかし旧刑法下でも、公衆の面前で公然と行う博打である馬券は（旧）刑法第二六一条に抵触した。治外法権時代の残滓たる根岸競馬はともかく、日本人の競馬倶楽部での馬券発売には問題があった。しかし、競馬の振興は国益を目的として政府一丸となって進めた政策であったため、上記の競馬を推進する農商務・陸軍・内務・司法の四大臣による合議書「馬券に関する内閣決議書」に基づいて公然と馬券が発売（馬券黙許）されたのである。一九〇六年一一月には池上競馬で馬券発売が公式に始まるが、そこでは競馬の運営だけでなく馬券発売も完全に民間会社が行い、営利会社もこれに参加可能だった。このように、当初はギャンブルも民営で行われており、政府もそれを黙許していた。

だが、当時は国民自体の教育水準がまだ低くて賭博との対峙の仕方が未熟だったこと、営利会社が収益の為に競馬を濫立させたことなどが重なって多くの問題が発生し、馬券がその社会禍の象徴とされた。ここに、戊辰証書に代表される民意引き締めの方針と新刑法施行が合わさり、結果として馬券は禁止されることとなった(20)。その後、軍事用途や産業用途目的から、馬匹改良のツールとして競馬自体は必要だったため、馬券発売を伴わずにその運営資金を政府補助金に頼る「補助金競馬」として施行された。しかし、馬券を伴わない競馬には人気が無かった。その結果、不平等条約改正後の競馬のレゾンデートルであった馬匹改良も遅遅として進まなかった。

それが一九二三年、青島出兵で日本産馬匹の低性能に苦労して馬匹改良の必要性を痛感した陸軍の尽力、戦後恐慌下での補助金競馬の財源不足、教育の普及による日本国民の素養の向上などを背景として、ようやく特別法たる「（旧）競馬法」が成立し、我国初の合法ギャンブルが成立したのである。これは先の反省を踏まえて、制限の多いものであったが、その後、昭和不況下における「救護法」の実施財源として注目されたこと[21]、戦時体制で軍事用途、財源用途が更に高まったことなどの要因で競馬の制限は徐々に緩和され、拡充されていった。

当時の競馬は民間会社によるもので、現行制度のような官による施行、地方自治体による「公営ギャンブル」ではなかった。また純粋な財源目的でもなかった。政府が租税外に財源を求める「収益事業」としての役目は、むしろ地方自治体の市営事業の収益主義的経営にその端緒が見られた[22]。しかし大正期に全盛を見た市営事業は、第二次世界大戦によるインフラの破壊や第二次世界大戦後の政治体制の変革により、戦後は大変革を強いられる。その結果、第二次世界大戦後の財政窮乏期には、市営事業による財源獲得は許されず、その代替財源が逼迫して求められていた[23]。

一方で競馬の方は、その誕生以来民間によって施行されてきたものの、大正末から昭和初期にかけて軍部との関係を強めざるを得なかった。競馬法制定や諸制限の緩和など、競馬施行に陸軍の庇護が不可欠だったのである。戦中期には、従来は個別の民間団体だった競馬倶楽部が戦時体制の一環として官の統制が強い「日本競馬会」に統合され、また現在の地方競馬の前身も軍事色が強い軍馬育成の「鍛錬競馬」として制度化された。この過程において、競馬への官の統制が強化されたのである。その結果、「日本競馬会」や各地の「鍛錬競走」の中央組織だった「日本馬事会」は戦後、戦争協力団体として閉鎖機関に指定され、独禁法の抵触機関とされて解散させられた。

「競馬はレジャーとして民間で営まれるもの」というアメリカ文化に親しんでいるGHQにとって、ギャンブルや競馬を国家が独占して半官営で実施するのは奇妙であり、戦時体制の残滓に思われた。民生局では「競走は民営、馬券はモノポリー」という思想が強かった。(24) しかし明治期の競馬完全民営化でおきた混乱状態への懸念や官営信仰の強い我国では、各公営ギャンブルの特別法第一条に謳う公益目的を名目に、ギャンブルの官営化、公営化を選択した。かつて民間の「日本競馬会」によって営まれていた公認競馬は、世界でも稀な「国営」競馬として執り行われるようになった。地方競馬も、馬事振興をお題目として設定した根拠法を得て公営化された。しかしその実は、先に触れた地方自治体による戦災復興財源としての渇望と、地域経済に根ざした競馬事業の存続を目的とした。各地にあった鍛錬競走の試行団体が戦争協力団体として解散させられて開催不能に陥っていた競馬にとって公営化は渡りに船であり、地方自治体にとっても市営事業に代わる代替財源となるために大歓迎であった。GHQにとっても、日本の軍事体制を支えた強力で中央集権的な競馬に代わって、地方分権的な競馬となることから好都合だった。その結果、現行制度である地方公共団体が主催者兼施行者となる体制での決着を見た。その後、同じように戦災復興期の財政窮乏を背景に、租税外に財源を求める各地の地方自治体の声に応えるため、競馬に範を取った競輪、競艇、オートレースなどの公営ギャンブルが続々と新設された。こうして、租税外に財源を求める収益事業という制度のコンテンツにギャンブルが導入され、全国に拡大していった。

四　合法ギャンブルの官民協働―効率性のための3P―

合法ギャンブルには、根拠法に謡う目的以外に財源としての使命が課されており、これこそが真のレゾンデートルであることは論を俟たない。かつては、射幸心という半ば人間の本能に近いものを刑法によって私人間にまで亘って全面的に取り締まり、その一方で法律に基づく合法行為として合法ギャンブルを創出し、それを射幸心の安全な捌け口として独占供給することで専売的利益を得ることが可能であった。この枠組みによって、公益目的増進の為の豊富な財源が獲得可能になったのである。これは自発性に基づいた負担で、希望者のみ、利用者のみが支払う税外負担であり、痛税感の少ない財源でもあった。今回のＩＲではそこに観光振興、雇用創出効果が加わるが、基本的には財源としての熱い眼差しが主なことは疑い得ない。(25)

税源とする視点からすればその売上げ確保は極めて重要であり、その点では我国の国民性から判断して官による供給がプラス効果を発揮しうる。「八百長」に代表される不正行為、特に胴元の不正行為への関与に疑義が生じる場合には顧客は安心して賭けを行えず、その市場は縮小していく。(26)我国の官への信頼は、安心して賭けられる場としての品質保証効果がある。法令による罰則を含めた厳しい公正確保が官の後ろ盾によって保証されることは、顧客安心度を高め、日本の世界有数の合法ギャンブル売り上げを支えている。(27)

しかし、ここには同時に「政府の失敗」もあり得る。終戦以降、合法ギャンブル供給の政府専売によって、政府は「打出の小槌」のごとく収益を獲得できた。だが二〇世紀末には、バブル経済崩壊後の景気後退、レジャーの多様化、さらにはグレーゾーンとして成立してしまった「ぱちんこ」もあって、特に公営ギャンブルは売り上げを落としていった。従来の専売に甘えた高コスト体質[28]が故に経営状況を悪化させ、逆に一般財源からの補塡を必要とするまでになった。租税による赤字補塡を問題視され、廃止されていった競馬場、競輪場も多い[29]。その結果、公営ギャンブル存続のためにニューパブリックマネジメントの観点からの経営効率化、そのための官民協働が求められるようになった。諸外国では競馬やカジノが健全な営利事業として民間によって所有・運営されているし、我国でも民間による「ぱちんこ」が大成功を収めていたことからも、民間活力導入による効率化は十分に可能と思われた。そこで、ギャンブルの「施行者」が行う「施行者固有事務」自体は弊害予防のためにも官が独占するが、その「実施に関する事務」に関しては私人も含めて今まで以上に幅広く委託して効率化していく「3P（Public-Private Partnership）」的手法が、二一世紀初頭から従来よりもより一層導入されるようになった。

かつての国営競馬である中央競馬は、その売り上げが好調なこともあって自らで直接業務に当たり、私人委託の割合が低い。公正競馬確保を第一義に、特殊法人である日本中央競馬会が競技としての競馬の実施や馬、馬主、騎手、調教師等の登録、免許業務、更には馬の育成業務や補助金分配までを自ら行っている。しかし、他の公営競技では施行者である地方自治体が競技の運営に関する高度な専門性を要する事務を自ら行うのは非効率的である。そこで自ら行わずとも、他の地方自治体と一部事務組合を結成したり競技実施法人（機関）に委託できることが従来から法律に定められ[30]、実際に委託されていた。その意味では、当初から合法ギャンブルは官民協働で行われていた。また専門的業務以外でも、清掃業務や場内整備といった個別の事務のアウトソーシングは可能だった。しかしここでは、以前から行われていたこうした専門性を要する特殊な事務や単なるアウトソーシングとは異なり、「包括的民間委託」に類するものまでが可能になったのである。一連の新自由主義的改革の中で、委託先が他の地方自治体や各種競技の中央団体だけでなく、更に民間営利会社も参加可能な公益法人へと拡大された。3Pとして、特に投票券の発売に関する包括的な「私人委託」が進むようになった。場外投票権発売に関しては、従来は民間の関与といっても施行者に対して民間で建設した施設を貸与して賃料を得るだけのもの(施行者管理型)が殆どだった。これが、営利会社などが参加する私人の公益法人が場内の警備、清掃、広告に留まらず、投票業務や公金の取り扱いなどを包括的に行うことが可能となった。(設置会社委託型)。その結果、全国に民間事業者による場外発売所が増え、その売り上げも増加していった。これにインターネット投票が加わり、全国的マーケティングも可能となったことで、地方競馬では売り上げが劇的に好転した(31)。

また、合法ギャンブルの中でも「競技」を対象としない事業については、従来から民間委託が主流であった。「宝くじ」「toto」などの「くじ」がそれで、当選確定の為の事業が少なく、結果への疑義を挟まれにくく、そのためにコストが少なくて収益性も高い。当初より第一勧業銀行によって整備されていった宝くじは、その小売網を含めて民間によって発展された事業である。主催者たる地方自治体は(32)、経済動向をよみながら年間の販売計画を定めるが、その他の実務は受託銀行に委託されている。このように、合法ギャンブル内でも官民協働の実態は異なるし、公営競技内ですらも「地方競馬」のように広い土地や馬産業など多くの周辺産業、従事者を必要とするものとそれ以外では違いが生じる。

かくのごとく、二一世紀に入ってからの合法ギャンブルでは効率性の観点からの官民協働、特に民間委託がすすんでいる。業務効率化や販売額の上昇などで著しい効果が見られ、これに伴う競技の公正性の問題は発生していない。この点では、従来は半ば常識とされていた「公正確保」には「官による施行」が不可欠との主張は説得力を失いつつある。先に述べたように、我国では民間による非合法な「ぱちんこ」の公正性が信用され、合法ギャンブルの六倍近い売り上げを収めている。諸外国の事例を見ても、民間供給の競馬やカジノでも十分に信用が得られて、巨額の掛け金が投資されているのである。

しかし、販売額の上昇は諸刃の剣である。そこには合法ギャンブルの官の独占（少なくとも施行権）とその体制化での官民協働の必要性が残されているが、それについては六節で触れることとする。次節では、官民協働が更に発展した次のステージとして実施される、カレントなトピックであるＩＲ（Integrated Resort）を取り扱う。

五　Integrated Resort の官民協働

今回の所謂ＩＲ法（特定複合観光施設区域整備法）に基づく合法ギャンブルは全く新しい合法ギャンブルに見えるかもしれないが、既存事業と同じ面も多数ある。ＩＲ法第一条に謳う法目的「観光及び地域経済の振興に寄与するとともに、財政の改善に資する」は、モーターボート競走法にみられるし[33]、政府や都道府県に対する納付金を持つ点でも旧来の合法ギャンブルと同じである。しかしギャンブルと言う点では同じかもしれないが[34]、制度としては既存のものとは全く異質である。既存の合法ギャンブルで最新なものは、今から二〇年前の一九九八年に成立した「スポーツ振興投票の実施等に関する法律」に基づく toto だった。これは根拠法に基づく法定行為として、文部科学省の外郭団体「日本学校・体育健康センター」（現 日本スポーツ振興センター）がスポーツ振興投票券を発売するものである。本制度の成立には既に触れたような紆与曲折があったが[35]、最終的には政府への納付金を伴う既存の合法ギャンブル（「競技」ではなく「くじ」を種目とする点では「宝くじ」に類し、地方自治体ではなく政府外郭団体が主催者となる点では「中央競馬」に類する）として成立した。官による専売という意味では、totoは既存事業と全く同じ枠組みであった。

しかし今回のＩＲは、カジノ施設、会議場施設、レクリエーション施設、展示施設、宿泊施設その他の観光の振興に寄与すると認められる施設が一体となった施設を、民間事業者が設置・運営するものである。従来は、ギャンブルは刑法に抵触するために官による施行が半ば聖域とされていたが、二一世紀の規制緩和の潮流の中ではこの分野でも民間活力の導入が行われようとしている。これは四節で触れた合法ギャンブルにおける従来の３Ｐを更に一歩進めたものである。そこではホテルやコンベンションホールを含めた総合的な観光事業を行う必要があり、カジノはそのための集客手段、収益手段と位置づけられる。こうした極めて専門性の高い事業を、従来のように官が自ら施行しようとしてもそれは不可能である。バブル期以降に見られた第三セクターによるリゾート開発失敗は記憶に新しい(36)。これらの轍を踏まぬべく、ＩＲは第三セクターではなく第二セクターが主体である。設置場所となる自治体、官はあくまでも脇役であり、主役は民である点が従来の３Ｐとは大きく異なる点である。近年よく見られた合法ギャンブルの３Ｐが「指定管理者」に類するのに対し、今回のＩＲはＰＦＩの中でも「コンセッション」に類するものとなっている。

こうしたギャンブルをソースとするＰＦＩは、アメリカではよく見られる。特に先住民保護や過疎地域、低開発地域振興に際して、税金による再配分の代わりにカジノの独占施行権を与え、主催者はその運営を民間営利企業に全面委託するケースが多い。アメリカでは、過疎地だったチュニカ郡にこの形式で多くの雇用と経済的利益がもたらされ、それは「チュニカの奇跡」と呼ばれていた(37)。しかし、こうした過疎地振興や所得の再分配は、社会正義の観点からも税などの他の手段を主に用いるべきとの主張も強い。カジノにそれを代替させることは問題が多く、経済的にもカジノに全面的に頼る地域振興は諸刃の剣である。アトランティックシティやチュニカも地域経済がカジノに振り回されることとなったし、ＩＲ成功例とされるシンガポールでも主な顧客である中国からの観光客が中国経済の動向に大きく依存するために常にカジノ収益が確保できるわけではない。ＩＲはコンベンション施設などと複合化することによってその触れ幅を抑制するものであるが、それでも課題は大きい。カジノ経済に対する批判[38]はおいておいても、経済波及効果を除いた場合のギャンブル自体はゼロサムゲームであることは否定できない。カジノやギャンブルの売り上げが伸びれば伸びるほど、勝った人が増えれば増えるほど、負けた人も発生する。韓国のカンウォンランドの事例は、低発達地域の地域社会におけるこの問題の深刻さを物語っている[39]。資本主義経済ではこうした問題の発生は不可避だからこそ、社会福祉や所得再配分などでその是正がはかられる。民間が主役とはいえ、ＩＲでも政府に全く責任が無いと言うわけにはいかない。そこには、経済的側面からだけの官民協働だけではなく、時には受益者とも犠牲者ともなる可能性を秘めた市民を加えた４Ｐｓ（Public-Private-People Partnerships）が必要となる。地域社会にグロスでプラスになるからとの理由だけで正当化することなく、実際に苦しむ可能性のある市民の声をくみ上げ、共によりよい社会を作っていく姿勢が、合法ギャンブルであるからこそ余計に必要ではないだろうか。

六　今後の合法ギャンブルの官民協働―社会的弊害抑制に向けた４Ｐの必要性―

三節までに整理した経緯を経て、現行の合法ギャンブル制度は確立している。ＩＲを含めた今後の合法ギャンブルにおける官民協働も、これを踏まえなくてはならないであろう。税源適格性議論は置くとしても、我国の法規範は明らかにギャンブルを禁止（「ぱちんこ」を含めると整合性が失われるので、これについては敢えて判断停止する）している。勿論、ギャンブルのメリットとして四節で整理したようにギャンブルを通じて通常では確保しにくい財源が獲得でき、それによる社会貢献も間違いない。我国の広範な社会福祉制度の第一歩とされる「救護法」は、財源不足から法案成立後も棚上げされていた。それを実施可能にしたのは、既述の様にギャンブルである競馬とのコラボレーションだった。また財源効果にとどまらず、ＩＲの様に大きな経済波及効果、雇用創出効果への期待もあれば、健全なレジャーとして明日への活力を生むこと、射幸心の適度な発散の場を作って健全に善導できるなどで社会の活力、公序良俗に益するとの考えもある。

しかし同時に、明治末期の馬券禁止の状況のみならず、勤労意欲喪失などの淳風美俗の破壊、依存症、犯罪惹起などの弊害も想起される。ギャンブル依存症の問題は近年注目されているし、ギャンブルに関連する犯罪も多い。なので現行制度でもギャンブルを全面的に禁止し、推進すべき公益にかなうものに限定して特別法を制定し、法令に基づく行為とすることで違法性阻却事由としているのである。民間が施行者となっていた明治期とは異なって、各種弊害を考慮し、ギャンブルの試行者を「地方自治体」（公営競技や公営くじ）或いはそれに類する「特殊法人」（日本中央競馬会や独立行政法人　日本スポーツ振興センター））に制限して官による独占供給としているのにも、こうした背景がある。真にリスクを理解して、分別持ってギャンブルを楽しめる顧客だけならば問題はないが、野放図な自由化は営利目的の民間事業者による過度の掘り起こし、それによる不必要な被害者の発生の可能性がある。過去の歴史を見ても、ギャンブルは社会的弊害、外部不経済を多数有するため、不用意な「民営化」に対しては慎重な意見が今も強い。世界でもギャンブル非犯罪化の流れがあるが、我国の歴史的経緯や国民性を考えると官の独占も正当性を持ちえる。

先に記したように、こうしたギャンブルを官が独占供給する仕組みは、戦後になって新しく出来たものである。これには、適度に射幸心を発散させる合法の場を用意することでギャンブルの過度の濫立や射幸心の煽動を防いで社会を善導するという牧民官的思想も見受けられる。それによってアングラ賭博抑制などの地下経済縮小効果も期待できよう。また官の独占には、ギャンブルの持つ外部不経済をピグー税的に内部化する効果も期待されるという説もある(40)。官営化で税に類した負担をギャンブルに賦課すると、結果的にギャンブルの「価格」が上昇し、ギャンブル全体の需要を縮小させるというものである。その負担を各根拠法の定める公益に加えて、依存症予防や予防的教育、治療に充当するには、施行者を官に限定することが必要であり、ギャンブルにおける「市場の失敗」を抑制するのにも有効であるとされる。

しかしながら、煙草や酒類は民営(41)でも課税を通じて需要抑制効果を働かせているので、これだけでは説得力が薄い。アメリカのラスベガスのように、ギャンブルを民間で公正に安定的に成功裏に提供している事例もある。更には、ギャンブルを健康的に消費する層にとって奢侈品であるギャンブルは、真に対策の必要な層には必需品であって価格上昇の抑制効果があまり働かず、むしろ彼らの負担を強める逆効果になる可能性も高い。本稿でも触れたように、もはや「官による供給」をもってしか公正、信用を得られないわけではない。しかも、現行制度において十分な依存症対策が各種合法ギャンブルの中央団体によって取られているとはいえないのである(42)。従って、官の独占供給がこれらの社会的弊害の抑制を担保するものではない。

今後も施行権における官の独占を継続するのなら、再度の理由付けが求められよう。その際に考えられるものの一つは、官が主役になるのではなく、官が音頭を取って民にウイングを広げた、社会的弊害を極小化した節度ある合法ギャンブルの供給、そのための予防策の開発などを官民協働で作っていく枠組み構築があげられる。寄本勝美は『公共を支える民』[43]の中で、「公共」を「官」と共に担う「民」として、二つの民に注目した。最近の用語法で言う、第一セクターとしての「パブリックセクター（官）」、第二セクターとしての「企業（民）」、そして第三セクターとしての「市民、NGO等（民）」である。合法ギャンブルの官民協働を語る際、いままで注目されていたのはもっぱら第一、第二セクターのみであった。しかし、実際に痛みを被る可能性のある「市民」を巻き込んだ官民協働も必要ではないだろうか。

今回のIRでも、ギャンブル等依存症対策基本法が定められた。ギャンブル依存はアメリカ精神医学医学会の診断基準である「精神疾患の分類と診断の手引き」（DSM-V）でも「ギャンブル障害」と分類される深刻な病である。依存症患者は、ギャンブルをするためには犯罪をも厭わなくなるくらいに必死になり、防止規定を設けてもあの手この手で抜け道を探す。マイナンバーと紐つけて一人当たりの年間掛金を制限しようとしても、今度はその枠が売買対象となるリスクがあり、永遠に終わらない鼬ごっこである。営利企業の自由な経済活動をそのまま許せば、こうした抜け道は更に作られていく。夏季にギャンブル場の駐車場に停められた自動車内で、乳幼児が死亡する痛ましい事故が毎年発生している。ギャンブル依存では本人が財産や仕事を失うだけではなく、その家族の損失も甚だしい。これらは依存症一般にも言えることでギャンブルに特化したことではないことを留意すべきだが、官が関与する公共領域ではそれを全て自己責任に帰するのも問題である。IRが生まれつつある今だからこそ、こうした合法ギャンブルの効果を最大限活用、善導しつつ、社会的弊害を官民協働で実行していく4Ps

(Public-Private-People Partnerships) が求められ、官はそれを下支えすべきである。

しかしそのためには、市民の側も従来の「ギャンブルはとにかくダメ」という、価値観の多様性を認めない姿勢では協働の仕様が無い。残念ながら今回のＩＲを巡る論争でも、相手の多様性を認めない二〇世紀までと同じ神学論争が多く行われた(44)。特にカジノ関連では、谷岡一郎が二〇年前に「思想的拒否グループ」「功利的拒否グループ」と分類(45)したような同床異夢からの反対意見が混在して見られた。その多くは、互いの主張を声高に叫ぶだけで、共により良い社会を構築するための合意形成型の建設的議論ではなかった。寛容性の基での共生がテーマとなる二一世紀の社会においては、価値観の異なるものとの共存の為に、その対話を欠かしてはならない。ＩＲ推進派も、経済、雇用を錦の御旗に掲げるだけでなく、現に困っている当事者の声に真摯に向き合ってその予防策、治療策を考え、不安を払拭するように努めねばならない。真に有効な依存症の予防、治癒策を考えるのには、実際に困っている市民、家族、支援に当たっているＮＰＯ／ＮＧＯや医療、福祉関係者、その研究者を含めた全ての英知を結集して当たらねば不可能であり、まさに４Ｐｓが必要とされるのである。

おわりに

高寄昭三がかつて「ギャンブル問題は、財源の問題、道徳の問題でなく行政『哲学』の問題である」(46)と述べたように、これについては個々の哲学、価値観によって意見が大きく分かれる。ここに「ぱちんこ」というグレーな領域が加わるとさらに複雑になる。首長の中にも、石原慎太郎元東京都知事や橋下徹大阪市長のように地域振興策としてカジノに期待する者がいる一方、井戸敏三兵庫県知事のように「そこまで、落ちぶれたくない」という見識を持つ者もいる。この度のＩＲは、シンガポールをベンチマークした統合的リゾートプログラムの一つとしてカジノに着目するものであり、その設計や運営には民間会社のノウハウや知見が不可欠で、最初から民が主力、官は脇役にある。また本法の狙いは観光振興、経済・雇用政策に力点があり、直接的なカジノ収益だけに期待してのものではない。これも、過去の合法ギャンブルとは大きく違うところである。その点からも、今回のカジノ関連法は二一世紀の新たな型の「合法ギャンブル」であり、そこに今後見られる官民協働も新たなものになるであろう。

今回のIRは、官民協働の点では二一世紀の新しい枠組み、新しい供給体制の第一歩となった。だがギャンブルとしての性質に注目すると、その枠組みは政府納付を伴った旧来型の合法ギャンブルと同一である。ICT技術の発達により、今後これを双方向性をもった新たな公共選択のツール、新たなチャリタブルギャンブリングへと発展させていく可能性もまだ残されたままである。「賭け」を「寄付」とみなせば、現行の「ふるさと納税」のような活用の仕方も考えられるし、クラウンドファンディング的な展開も想像できる。そうした新しい合法ギャンブルの可能性をIRには期待するが、その際も4Psが重要となるのは論を俟たない。

注

（1）朝日新聞二〇一六年一二月日朝刊「カジノ審議中、『般若心経』唱え時間消費　自民・谷川氏」、同年同月六日朝刊「カジノ法案、衆院通過　与党内の対応割れる異例の展開に」、毎日新聞同年同月一二日朝刊「カジノ法案　質問時間に般若心経　谷川氏、批判意に介さず」、同年同月二日朝刊「カジノ法案　課題山積　衆院委可決、審議六時間」など。

（2）J・W・Kingdon, *AGENDAS,ALTERNATIVES,AND,PUBLIC POLICIES* 2nd/ e, Longman, 1995, P90.

「政策の窓モデル」は、宮川公男『政策科学入門』、東洋経済新報社、一九九五、一八〇頁〜や草野厚『政策過程分析入門』、東京大学出版会、一九九七、一四六頁〜に詳しく紹介されている。

（3）「公営競技」「公営ギャンブル」等の定義や歴史は、萩野寛雄「公営競技の歴史と現状」後藤・安田記念東京都市研究所『都市問題』106号、二〇一六、四二―五〇頁参照。

（4）平成に成立した最新の合法ギャンブルである「スポーツ振興投票」（toto）の政策過程でも、ギャンブルには強い抵抗が見られた。萩野寛雄「『toto』の政策過程」『Gambling&Gaming』第五号、大阪商業大学アミューズメント産業研究所、二〇〇三、三九―六五頁。

（5）在外外国人に観光旅行先として日本に関心をもたせ、観光意欲を湧き立たせる日本の新たなイメージ・テーマ、魅力ある観光資源、旅行情報等をメディア、手段を活用しながら集中的にPR、情報提供し、それが意欲の増進だけで終わらぬよう、商品を容易に購入できる環境づくりとして海外の旅行会社、インターネット等での商品の販売を促進すること。重点市場に向けてこれを戦略的・効果的に行うこと。国土交通省パンフレット『グローバル観光戦略』、二〇〇三。http://www.mlit.go.jp/kisha/kisha03/01/010129/010129.pdf

（6）アジア新興国の追い上げで激しいコスト競争にある工業製品の他に、ファッション、コンテンツ、デザイン、伝統工芸品などの分野で〝クール・ジャパン〟とされるものの魅力を産業化し、世界、特にアジアへ売り込み、アジアから観光客を呼び込んで新たな成長エンジンを獲得し、雇用を創出する戦略。経済産業省『通商白書二〇一二年版』、四章二節二項。

（7）Googleキーワード検索では「公営ギャンブル」五七万四千件、「公営競技」四一万三千件が該当したのに対し、「合法ギャンブル」は僅か六三七〇件に過ぎなかった。（二〇一七年九月六日閲覧）

（8）経済産業省『平成二八年企業活動基本調査確報』による。

（9）例えば門倉貴史『日本の「地下経済」最新白書　闇で蠢く二六・五兆円の真実』（SBクリエイティブ、二〇一八）。

(10) 大審院大正一三年二月九日「金銭はその性質上一時の娯楽に供する物ではない」(『大審院刑事判例集』三巻、九五頁)にあるように、金銭授受に関しては少額でも犯罪を構成する。しかし一方、大審院大正二年一一月一九日「敗者に一時の娯楽に供する物の対価を負担させるために一定金額を支払わせた場合は、賭博罪を構成しない」(『大審院刑事判決録』一九巻、一二五三頁)では、即座に購買する飲食物の代金などでは賭博に相当しないとされている。人気テレビ番組で、高額の飲食代をめぐって行うゲームなどはこれに該当する。

(11)「外国為替証拠金取引」(Foreign Exchange Margin Trading)を略してFxと呼ばれる。株式取引の信用取引と同様、レバレッジ(Leverage)によって原資を越える多額の取引が可能となり、その差額を目指して投機的に投資がなされることが多い。以前は原資の何百倍もの取引が可能だったが、現在は規制が入って最大二五倍までに制限されている。

(12) 賭けを行う者同士が金銭を賭し、そこから胴元が一定の経費を控除し、その残りを賭けの勝者で分配する賭博の仕組み。必要経費を賄える以上の掛金が集まれば、ギャンブルの結果と無関係に胴元の収益が得られるため、ゲームの結果への胴元の関与が疑われにくい。いわゆる「富くじ」と同じ仕組みで、これを競馬などに応用している。掛金を集計する機械の名称から、「トータリゼータ」方式とも呼ばれる。

(13) 谷岡一郎『カジノが日本にできるとき』(PHP新書、二〇〇二)三六―三九頁。

(14) 主に主催者がオッズを事前に掲示し、それに賭け手が個別に応じて行われるギャンブルのスタイル。スポーツベッティングでしばしば見られるが、対象種目の結果次第で胴元のリスク(ポジティヴ、ネガティヴの双方)が大きくなるために、胴元の対象競技への介入(所謂「八百長」)の危険性やその懸念が発生する。

(15) 大阪府警の指導で全国化された、遊技場営業者、古物商たる景品交換所、特殊景品問屋(場合によっては集荷業者を挟んだ卸売業者を分ける四店方式)を独立させることで換金をうやむやにする方式。

(16) 例えば鍛冶博之「ぱちんこホール業界の現代的課題と対策(Ⅱ)」同志社大学人文科学研究所『社会科学』七九巻、五九―八二頁、二〇〇七や谷岡一郎前掲書、五〇頁。

(17) 詳しくは、萩野寛雄「スポーツ振興投票法の政策過程」谷岡一郎、菊池光造、萩野寛雄編著『《日本体育・学校健康センター委託研究プロジェクト》スポーツ振興投票くじ（toto）の研究』、大阪商業大学アミューズメント産業研究所、二〇〇二。

(18) アレン・グットマンの「伝統競技」と「近代―スポーツ」の定義（アレン・グットマン（谷川稔他訳）『スポーツと帝国―近代スポーツと文化帝国主義―』（昭和堂、一九九七）を引くと、日本の競馬は日本伝統の「古式競馬」と明治以降の「近代競馬」に分類できる。萩野寛雄「競馬」谷岡一郎、宮塚利雄編著『日本のギャンブル―公営・合法編』（大阪商業大学アミューズメント研究所、二〇〇二）。

(19) 後にあげる立川健治の諸研究や萩野寛雄「日本型収益事業の形成過程～日本競馬事業史を通じて～」（二〇〇四年 早稲田大学提出博士論文、早稲田大学リポジトリ）を参照。

(20) この辺りの詳細は、立川健治「日本の競馬観（一）～（三）」『富山大学教養学部紀要』第二四巻一～二号、第二五巻一号（富山大学教養学部、一九九一～二）。

(21) 萩野寛雄「「救護法とその財源―社会福祉財源としてのギャンブル収入の先駆け―」『早稲田政治公法研究』第65号、一三三―一五八頁（早稲田大学大学院政治学研究科、二〇〇〇）。

(22) 萩野寛雄「収益事業の経営思想―収益主義的経営を巡る論争を通じて―」『早稲田政治公法研究第63号』、二〇〇〇。

(23) 「地方財政の困窮から事業経営で財源を獲得しようとする地方自治体の要請は、戦後においては宝くじ、地方競馬、地方競輪などの収益事業に向けられた」大坂健『地方公営企業の独立採算制』（昭和堂、一九九二）二五―六頁。

(24) 福山芳次「敗戦と馬と競馬」『競馬法の変遷30年史』（日本中央競馬会、一九九二）。

(25) 大戦中の馬券税法は一九四八年に廃止されているので、ギャンブルに関する税法は存在しない。

(26) 各種根拠法には、公営確保の視点から通常の法律以上の重罪が罰則として制定されている。例えば、競馬法

第五章　罰則、自転車競技法第六章　罰則　等。

（27）我国には合法カジノが無いので比較可能な競馬でみると、二〇一六年の世界の馬券売り上げの第一位が日本で、世界全体の1/4以上を占めている。（ジャパンスタッドインターナショナル資料より）http://www.jairs.jp/contents/w_tokei/2016/5.html（二〇一八年九月一〇日閲覧）

（28）かつての戦災未亡人支援策や公正性確保などの視点から、従来は開催に際しての高額人件費が問題視されていた。近年はマークカードの導入や各種投票方式の技術革新、民間委託の拡大などもあって、この高コスト体質も改められている。

（29）昭和末には一一〇場（地方競馬三〇（ＪＲＡ競馬場開催含む）、競輪五〇、競艇二四、オートレース六）が開催されていたが、二〇一七年現在では地方競馬一五、競輪四三、競艇二四、オートレース五の計八〇場になり、約三割減となっている。施行者数も昭和六一年度の五四三団体（地方競馬七一、競輪二五五、競艇一五二、オートレース八、宝くじ五八）に対し、平成二七年度には約半分の二八七団体（地方競馬五〇、競輪五八、競艇一〇五、オートレース七、宝くじ六七）である。

（30）例えば「自転車競技法」では、「競輪の実施事務の委託」において委託可能な事務を列挙している。「第三条　競輪施行者は、経済産業省令で定めるところにより、次に掲げる事務を他の地方公共団体、競技実施法人又は私人に委託することができる。この場合においては、同号に掲げる事務であつて経済産業省令で定めるものは、一括して委託しなければならない。（1）競輪に出場する選手及び競輪に使用する自転車の競走前の検査、競輪の審判その他の競輪の競技に関する事務、（2）車券の発売又は第一三条の規定による払戻金若しくは第一四条第六項の規定による返還金の交付（以下「車券の発売等」という）に関する事務、（3）前二号に掲げるもののほか、競輪の実施に関する事務（経済産業省令で定めるものを除く）」。

（31）もちろん景気回復がその背景にあるとはいえ、一〇年前の二〇〇七年度と比した二〇一六年度の売り上げは地方競馬全体で二八％も増加した。特に存続の危ぶまれた高知競馬では、売り上げが六倍以上になっている。

全国規模の私人委託によってマーケティング効果が高まるとともに、各種スケールメリットも働いている。

(32) 政府くじの発行が中止されている現在、現行「当せん金付証票法」で施行者となれるのは都道府県と政令指定都市、戦災による財政上の特別の必要を勘案して総務大臣が指定する市だけである。

(33) モーターボート競走法 第一条「この法律は、モーターボートその他の船舶、船舶用機関及び船舶用品の改良及び輸出の振興並びにこれらの製造に関する事業及び海難防止に関する事業その他の海事に関する事業の振興に寄与することにより海に囲まれた我が国の発展に資し、あわせて観光に関する事業及び体育事業その他の公益の増進を目的とする事業の振興に資するとともに、地方財政の改善を図るために行うモーターボート競走に関し規定するものとする」。

(34) 特定複合観光施設区域整備法第九条には、国庫と都道府県への各一五％ずつの納付金を定めている。

(35) 萩野、前掲「スポーツ振興投票法の政策過程」、二〇〇二を参照。

(36) 例えば平成一三年の宮崎シーガイア、平成一五年の長崎ハウステンボス、平成二〇年の倉敷チボリ公園、近年でも平成二六年のラグーナ蒲郡、平成二八年の南アルプス完熟農園など枚挙に遑がない。

(37) 一九八〇年後半に一人当たりの所得がほぼ全米最下位だったミシシッピ州チュニカ郡は、カジノ誘致で町に産業が生まれ失業者も減り、郡収入が十年間で十数倍になり、「チュニカの奇跡」と呼ばれた。他にも、インディアン自治区への補助の代わりにカジノ経営権を与えて成功した事例も多数ある。谷岡一郎『カジノが日本にできるとき』、ＰＨＰ新書、二〇〇二。

(38) カジノによる経済効果を見込む説（例えば、佐和良作 他「カジノ開設の経済効果」『大阪商業大学論集』5（1）、六五―七八頁、二〇〇九）がある一方、カジノはギャンブラー同士の金銭のやり取りだけのゼロサムゲームで何の価値も創出しない、とその経済効果を否定する説（例えば、鳥畑与一『カジノ幻想』（ベストセラーズ、二〇一五））。もある。

(39) 藤原夏人「韓国のギャンブル依存症対策」『外国の立法：立法情報・翻訳・解説』国立国会図書館調査及び

立法考査局、二〇一六。

(40) 例えば、関口尚『地方競馬の一般理論』（自費出版、一九九七）。「ピグー税」（Pigouvian tax）とはフランスの経済学者ピグー（Pigouvian）によって提唱された概念で、環境問題を外部不経済に起因するものと考える。社会的限界排出削減費用曲線と社会的限界損害費用曲線から最適税率を決定し、課税或いは補助金によってパレート最適達成のための水準に導く。こうする事で外部不経済を生じさせる対象に対して、本来追うべき負担を内部化せしめ負担させることができる。但し、実際にはその最適水準を正確に測定することは不可能である。ギャンブルの場合、それが引き起こすであろうとされる勤労の美徳の破壊といった公序良俗に対する費用やギャンブル依存症患者の増加等の社会的コストを負担させるため、或いはそれを価格に転嫁する事で総需要を抑制するために公営で行うとの考えが、関口前掲書五六頁〜に見られる。

(41) スウェーデンやフィンランドなど北欧諸国のように、酒類の小売を国の専売としていることもある。

(42) 日遊協遊技産業の在り方特別委員会編集『パチンコ遊戯と依存に関する調査 最終報告書 二〇〇二年三月』（(社) 日本遊戯関連事業協会、二〇〇二）の調査によれば、公営競技団体でギャンブル依存症に対する活動を行っているものは皆無で、宝くじ事業やサッカーくじ事業においては「宝くじ（サッカーくじ）はギャンブルでない」との冷酷な回答であった。

(43) 寄本勝美『公共を支える民―市民主権の地方自治』（コモンズ、二〇〇一）。

(44) 詳しくは、萩野寛雄「危機の時代における社会科学者の良心――カジノ議論を通じて思う「知識人」のありかた」照屋寛之、萩野寛雄、中野晃一編著『危機の時代と「知」の挑戦（上）』（論争社、二〇一八）参照。

(45) 谷岡一郎『ギャンブルフィーヴァー』（中公新書、一九九六）一〇六―一二八頁。

(46) 高寄昇三『地方自治の財政学』（勁草書房、一九七五）三一一〜三一二頁。

（はぎの　ひろお・政治学）

3　教育政策における議会の役割
――自治体議会の事例から――

坂野喜隆
（流通経済大学）

はじめに

近年、議会改革の流れにより、「身近な議会」を指向する自治体議会は多く、その結果、自治体議員の政策立案能力も全体として高まっている。くわえて、二〇一五年六月、改正公職選挙法が成立し、選挙権年齢が一八歳以上へ引き上げられたこともあり、主権者教育なども積極的に行っている。このように、今まで遠く離れた存在であった自治体議会は住民に寄り添うようになり、まさに「身近な議会」に変貌しようとしている。

自治体議会は、その構成員である自治体議員自身の政策形成能力の切磋琢磨などが若い議員を中心に行われるようになってきた。そして、それを支持する古参、いわゆるベテランの議員の方々の理解も高まっているように感じる。かつては、自治体議会にも首長との間でさまざまな悪しき慣行が存在していた(1)。しかし、市民の目が厳しくなり、議会改革などを実施している中で、おのずとその風土も変わっている。

本稿では、このような自治体議会が、現在、教育政策においてどのような役割を果たしているのかを整理することを課題とする。そして、今後、いかなる役割を果たすことが求められるのかということをみていきたい。やや結論じみたことをいえば、基本的には、自治体議会は市民の声に耳を傾け、教育政策課題の発見に努め、行動することが多い。教育政策の場合、自治体議会の役割は行政部門に対する監視機能が一般的となる。そこで、教育の専門家でない議会または議員たちが、教育の専門性をどのように考え、どの程度まで教育の専門性とこれを所管する教育委員会および教育委員会事務局に対する統制を行っていくかが今後の課題となろう。

一　問題の所在

自治体における教育行政または教育政策は、首長部局によって実施されている一般の自治体行政・政策とは異なる扱いを受けてきた。しかし、この先は、教育行政・政策も一般行政・政策と同様に自治体内で扱われるようになるのではないかという懸念が生じてきた。地方分権改革の流れの中で自治体行政の一体性・総合性といわれてきたこともある。その傾向を二〇一四年六月の地方教育行政の組織及び運営に関する法律（「地方教育行政法」、以下「地教行法」と略称する）の改正が加速させる可能性がある。なぜならば、従来は、教育の独立性が掲げられ、原則として、教育行政には首長が関与できないとされてきたが、二〇一五年四月の改正地教行法施行により、首長は教育大綱の策定や総合教育会議の主催などで教育行政に関与できるようになったからである。(2)その結果、地方教育行政における首長、そして二元代表制において、両輪とされる自治体議会の役割がいっそう注目されるようになろう。本稿では、こうした状況の中における議会の教育政策、教育行政における役割を行政学的に考察する。そして、教育行政における首長の権限強化に対し、議会の役割とはどのようなものであり、あるべきなのかを検討していく手掛かりになればと考えている。

行政学・地方自治論等の分野では、自治体の首長や議会の役割に関する研究が多くなされている[3]。現在も根強くある見解として、自治体議会は自治体行政において「無能」「無力」であり、首長に対抗できないというものがある。だが、一九八〇年代、村松岐夫らが自治体議会を「準主役」の位置にあることを主張した（村松・伊藤 一九八六：一六八）。その後、彼らの主張を裏付けるようなかたちで多くの研究がなされてきた。ただし、自治体における首長部局が所管する行政、すなわち自治体の一般行政と首長および議会との関係がほとんどであり、教育分野に限定した研究はあまりみられない。また、教育行政の分野では、文部科学省、教育委員会、教育関係団体などの教育関連の主体が中心であり、首長や議会などの研究は比較的少ないようである[4]。その理由は二つ挙げられている。まず、教育行政は文部科学省（旧文部省）を頂点とし、都道府県教委、市区町村教委などの高度なタテ割りとなっており、中央集権体制を採っているとされることである。つぎに、地方教育行政は一般行政から独立しており、教育委員会のフレームで研究が行われる傾向が強いということである（村上 二〇〇一：一三九―一四〇）。

以上のように、自治体議会が教育政策ないし教育行政にどのような影響を及ぼしているかという研究はあまりない。本稿では、著者が約七年間連載してきた『日本教育新聞』の記事で取り上げた事例を用い、自治体議会・議員が教育においてどのような機能を果たしてきたのかということをみていく。その際、自治体議会の通常果たしているとされる機能を中心に、各事例において議会が果たした役割がどの区分に該当しているかを分類する。そして、その分類の特徴を考察することにより、現在の自治体議会の教育政策における役割に特筆すべきものをとらえようというねらいがある。そのため、本稿で対象となる事例は、都道府県および市区町村における自治体議会および議員が教育政策に影響を及ぼしてきたものが大部分である。

二　自治体議会の役割とは

自治体議会・議員は自治体の政策に少なからず影響力をもっている。その力の源泉は、行政監視と政策立案の二つの機能である。住民をはじめとした利害関係者の多種多様な意見をキャッチするという合議制ならではの代表機能もある。自治体は、国政とは異なり、議会と首長が抑制と均衡の関係にある。これを二元代表制といい、首長制ともいう。首長は、制度的に議案提出や予算の調製・執行などの権限をもつ。首長と対等な権限をもっているといわれている自治体議会に対して、首長は再議権などを保持しており、自治体の統轄代表者として位置づけられる。そのため、日本の首長は「強い首長」といわれる。(5)

条例など議案のほとんどが首長提出であり、議会はその承認を行う機関に過ぎないという説が唱えられたことがある。現実には、このような主張とは異なるようである。自治体における議員の力は首長に準ずるとされる（村松・伊藤　一九八六）。それは議会の監視機能によるものである。議会は、所定事項の議決権、監査・検査および強力な調査権を持つ。首長の特別職公務員の任命に対する同意権もある。ことに、一九九九年の分権改革、すなわち地方分権一括法制定以降は、自治体の事務すべてに、自治体議会の条例制定権や調査権（いわゆる一〇〇条調査権）などが及ぶこととなった。自治事務のみならず、法定受託事務にも、自治体議会の関与する余地が生まれ、自治体独自の政策を展開することができる。こうした状況の下、自治体議会は、自治体の政策における責任が問われる。自治体の政策に関するほとんどの重要事項は、議会の議決事項だからである。首長は条例などの議案を議会に提出しなければならない。そして、議会はそれを審議し可決したのち、政策は実施される。議会は、首長の提案する政策の是非を審査し、それを議決するという責任が生じるのである。つまり、自治体議会は、その責務である議会活動を通して、政策決定に大きく寄与する。具体的には、議員質問・質疑をはじめとした審議、修正を含めた議決、自らの条例制定などで、自治体の政策形成を行っている。ときには、政策実施や政策評価などの過程にも影響力を発揮しているかもしれない。

以下、こうした観点に立ちながら、自治体議会の機能をまず監視機能、つぎに政策立案機能という順を追いながら整理していく。

1　監視機能

従来から、自治体議会の役割の中心とされたのは、執行機関に対するチェックの役割、すなわち監視機能であった（大森（二〇〇二：六五）など）。執行機関の監視を通し、自治体における適正な行政を確保することを主眼とする。その手段として、地方自治法では、①議決権（九六条）、②検閲・検査権・監査請求権・調査権等（九八条・一〇〇条）、③意見提出権（九九条）、④請願・陳情の審査・調査権（一二四条・一二五条）、⑤同意権（一六二条・一九六条）、⑥不信任議決権（一七八条）などが挙げられている。

①議決権

自治体の議決事項に該当する案件については、首長は議会の賛成の決定がない場合、それらを実行することができない。たとえば、条例の制定・改廃（地方自治法、以下「地自法」九六条一項一号）、予算の決定・決算の認定（同項二号・三号）、大規模な工事や高額な物品の購入等の重要な契約の締結（同項五号）などを挙げることができる。また、議決事項以外の案件においても、条例で追加することができる（同条二項。ただし、法定受託事務を除く）。

②検閲・検査権・監査請求権・調査権等

自治体議会が議決した通り、執行機関がその実施をしているか、検査・調査するものである（地自法第九八条・第一〇〇条）。

③意見提出権

自治体議会は、自治体の公益に関する事案について、意見書を国会または関係行政庁、すなわち国や都道府県などに提出することができる。自治体議会は、国や都道府県などにその意思表示をすることができるのである（地自法九九条）。

④請願・陳情の審査・調査

自治体議会は、市民から提出された請願を審査・調査し、市政に反映させるよう努める（地自法一二四条・一二五条）。請願は紹介議員を必要とする（地自法一二四条）。これに対し、陳情は紹介議員を必要としない。

⑤同意権

首長から提案された副首長（地自法一六二条）・監査委員（同法一九六条）の選任、教育長・教育委員（地教行法四条）の任命などは、自治体議会がそれらに同意するかどうかを決定する。

⑥不信任議決権

議員数の三分の二以上が出席する自治体議会の本会議において、四分の三以上の賛成により成立する

（地自法一七八条）。

⑦その他

地教行法二六条は、「教育委員会は、毎年、その権限に属する事務の管理及び執行の状況について点検及び評価を行い、その結果に関する報告書を作成し、これを議会に提出するとともに、公表しなければならない」と定める。これは、教育行政を議会の監視下に置くことを想定した規定である。

上記のほかにも、条例などで定め、議会の監視下、すなわち統制が及ぶようにすることもできる。このように、自治体議会には、行政統制としての監視機能が与えられている。首長をはじめとした行政は、自治体議会・議員が日常的に行う活動、議会における代表質問、一般質問や質疑などの発言、首長提案に対する修正・否決などを懸念し、できるだけ穏便に進めることを希望する。その結果、議会および議員は、首長部局等やその職員らにフォーマル・インフォーマルな影響力を持っているといえる。

2　政策立案機能

政策立案機能とは、一般的には、自治体議会がその条例を提案することをいう。地方自治法では、議案提出権（一一二条）、議決権（九六条）などを根拠とする。監視機能の一環としてとらえられる首長提出の条例案の修正などを行う際にも、議員提出の条例案が出されることもある。また、自治体議会の決議などは、後述する大分県議会の決議などのように政策決定に大きな影響を及ぼしていることもある。これらの事例は、政策立案機能とすることができる。自治体議会および議員の自律的な定めを規律した条例ではない政策条例の議員提案は少ない。しかし、これをもって、議会の政策立案機能はほとんど行われていないとはいえない。自治体議会は、上述したように、質問・質疑、各担当課への要望などを通じ、あらかじめ首長提案の政策の中に織り込まれている可能性が高い。議会に上程される議案も会派ごとの根回しが行われていることも多く、事前に議会各会派の了承が得られていることも少なくない。首長部局が議員の提案や要望に気を遣うことが、議員提案の条例が少ない理由であるとされる（村松・伊藤 一九八六：一二一―一二三）。この機能を条例提案に限定するのではなく、政策全般とし、政策過程における議会・議員の影響力をみながら、議会活動がこの機能に入るかどうかを検討する必要があろう。

三　教育政策における議会の機能

上述したように、自治体議会は通常の議会活動とされている監視機能、そして条例などを自ら作り上げる政策立案機能の二つが主なものである。そこで、以下では、このような自治体議会が教育政策において、どのような役割を担っているかを検討する。その際、著者が取材などを行った事例を自治体議会の上掲の二つの役割および教育直接の目的の事例かそうでないかの類型に当てはめ、それぞれの特徴を呈示する。そして、教育政策において、自治体議会が果たしている役割を具体的にみていきたい。

1　研究方法

本稿で分析対象とするのは、『日本教育新聞社』で筆者が担当してきたコラムにおいて取り上げた事例である。これは、「自治体議員への期待」全一四回（二〇一二年七月～二〇一三年二月）、「議会が教育を変える」全四四回（二〇一三年三月～二〇一五年二月）、「続・議会が教育を変える」全四五回（二〇一五年三月～二〇一七年二月）、「ローカル・ガバメントと教育」一回～一六回（二〇一七年三月～二

○一八年九月一七日現在）の中で、取り上げた自治体ないしその議会、議員らの活動を対象とする。[6] これらは、コラムの表題の通り、原則としては、教育政策における自治体議会・議員らの活動を中心に取り上げたものである。

上述のコラムを執筆する際には、自治体行政（担当課・教育委員会事務局）または自治体議会関係者（自治体議員・議会事務局）などに可能な限り、電話で直にヒアリングを行っている。また、自治体議会および委員会の会議録（議事録）・議会動画（YouTubeなど）にも目を通してきた。そして、これらの情報を把握するために、あらかじめ新聞やテレビのメディアなどにも注意を払った。近年は、議会改革の流れで、「開かれた議会」を指向する自治体議会が多くなっている。そのため、自治体議会および議員の活動状況なども比較的わかりやすくなっている。議会改革に関係する多くの方々のご尽力であろう。

2　事例の特性

上述した事例を概観すると、①連携（首長、行政）、②連携（教育委員会）、③連携（議会事務局）、④連携（その他）、⑤行政課題の克服（タテ割り行政など）、⑥継続性・安定性に寄与、⑦会派協調型（超党派）、⑧会派の必要性（単独会派）、⑨地域の実情、⑩議会の役割明文化、⑪具体的な政策提言、⑫市民意見集約・表出、⑬情報提供、⑭情報収集（他地域などから）、⑮議会改革、⑯分権的指向、⑰主権者教育、⑱首長との対立、という一八の特性を析出することができる。後述するように、教育政策だけでなく、環境・福祉・交通などの関連政策に付随した教育も扱っていることから、この傾向は一般行政にもみられると考えられる。この限りにおいては、一般行政と教育行政における議会の役割の差異もみることができる。

①から④は、自治体議会・議員と首長や担当課、教育委員会事務局、議会事務局などとの連携が強調された事例である。①首長や行政（教委を含む）の連携は、予算をはじめとした政策の実効性を高める際、必要不可欠なものである。②であえて、教委ないしは教委事務局を挙げているのは、事例が教育政策に関するものであり、比較的にそのような事例が多いためである。③では、通常、議会事務局は日程調整、議員間の連絡、場所の確保、議員提案条例などの際には担当課との折衝、条例素案・条例案のチェックといった補助機関としての役割を果たす。ここでは、議会事務局との連携がそれ以上に強いケースである。④のその他の組織の連携とは、町内会・自治会、小中高校・大学などの学校・教育機関、警察、検察などの上記以外の組織との連携がみられたものである。ときには、二〇一一年六月の茨城県守谷市議会のように、私立学校誘致のために、隣接市であるつくばみらい市議会と連携し、その決議を行うようなこともある。

⑤の行政課題の克服とは、本来、首長主導では担当課などがまたがったり（タテ割り行政）、政治課題が複雑であったりした際に、自治体議会が中心となって、特定の教育政策を実現した事例である。たとえば、二〇〇八年七月、議員提案で成立した新潟県歯科保健推進条例では、多くの行政課題がある中で、行政側がなぜ歯科保健なのかという疑念を抱き、当該条例案の首長提出はできないと考えられていた。県議たちはそれを見事に克服し、議員提案で当該条例を成立させた。県内の学校において、従来から進められていた子どもの虫歯予防を着実に実施できる法的担保ができ、二〇一一年度には、一二年連続で一二歳児一人平均むし歯数が日本一少ない県という快挙を達成している。

⑥継続性・安定性に寄与とは、上述の新潟県歯科保健推進条例の場合もそうであるが、既存の事業を

継続させるための法的担保をもたせるために、条例制定をしたりした場合である。国の高等教育予算の削減を止めるように、自治体議会が国に意見書を出したり、首長交代、すなわち政権交代による教育政策の変更を食い止める役割を果たしたりすることも自治体議会にはある。

⑦会派協調型とは、超党派で議案を提出したりすることをいう。⑫にある市民意見を首長や行政サイドよりも先にみつけ、それを現実のものとする際、会派を超えた議員連盟などを作り、政策形成することがある。[7] 自治体議会では、議決を伴うことから、究極的には過半数を採らなければ、政策は実現しない。そのため、議会で議案を提出し可決しようといえば、当然の結果ではある。だが、近年、議会改革の流れの中で、議会基本条例などが制定され、当該条例の中で、政策形成能力の向上などがうたわれ、政策立案などの超党派の検討会・研究会が立ち上がっている。

⑧会派の必要性（単独会派）とは、ある会派が政策課題の重要性を把握し、会派独自で政策形成を行うものである。この際、最終的に会派間調整を行う場合もあれば、そうでない場合もある。会派が教育政策に限らず、その属する自治体議員の政策形成能力向上に役立っているケースもかなり多くみられる。いずれにしても、元来、自治体議会では会派間における取引・交渉、いわゆる政治を行うことが予定されており、首長や行政幹部も会派には慎重に接している。

⑨地域の実情とは、⑫の内容よりも、より地域で教育を決めるようなことをいう。二〇一二年六月に議員提案で成立した「くまもと家庭教育支援条例」は、教育基本法一〇条の趣旨に基づき、地域における家庭教育支援のあり方を具体的に定めるものである。それ以外でも、自治体議員と教育委員会委員との懇談会も地域における教育政策のあり方を模索していることもあり、②の教委との連携だけでなく、その趣旨に照らし合わせ、この範疇に入れることもあり得る。二〇一四年一一月、岩手県一戸町議会と

教育委員全員が「学力日本一の村」、秋田県東成瀬村を教育視察で共に訪ねたことは、教委との連携ともいえるが、地域の実情に応じた教育をともに検討するという趣旨で同様な取り組みが行われている。

⑩議会の役割明文化とは、自治体議会の役割を条例等に明文化したものなどをいう。これにより、当該自治体における教育政策での議会の役割が明らかになる。二〇一一年三月、議員提案で成立した大分市子ども条例では、議会は子どもの育成に関する市の施策が効果的に推進されるように、監視・評価をし、必要に応じ、提言などをすることをうたった（一八条）。さらに、二〇一一年六月に議員提案で成立した大阪府の国旗国歌条例は旧来から行われてきた国歌斉唱における起立命令を自治体議会の制定法である条例により明確化した。この事例は法的安定性の確保ともいえる。当該条例本文には議会の役割は記載されていないが、その責任主体が議会になったことから、議会の役割が明確化したといえる。

⑪具体的な政策提言とは、自治体議会・議員から質問・質疑ないしは要望においてなされることもあろうが、ここでは、議員提案政策条例などが成立した後に、さらに具体的な施策などの提案を自治体議会が行うことなどをいう。また、二〇一四年九月、大分県において、議員提案で議決された「重光葵元外務大臣の国際連合加盟受託演説の学校教育における取扱いを求める決議」は、県教委が道徳教材に重光葵を掲載する際の決め手になっている。

⑫市民意見集約・表出とは、自治体議会・議員にとって重要な役割であり、その存在意義ともいえる。市民の声を拾うといった広聴（公聴）の機能であり、自治体議会が合議制または会議体を採っていることは、より多くの市民の意見を集約し表出することが求められるということである。独任制の首長とは異なり、合議制である議会の真髄ともいえよう。

⑬情報提供は、本来、政策形成上、市民ないし住民に政策形成の担い手、現代では行政機関が情報を

提供することが道理であろう。しかし、行政などは「お知らせ記事」のように決定した内容を広報紙誌などで、市民に情報を提供することが常である。⑫の市民の声を聞くうえでも、自治体議会は正確な情報を市民に提供し、彼らの意見を反映しようと努めている。議会報告会、学校規模適正化・学校再編計画、すなわち小中学校などの統廃合の際の自治体議員の市民への情報提供などが功を奏することもある。

⑭情報収集（他地域などから）は、自治体議会の近隣自治体への情報収集、他市への視察などがこれに該当しよう。これには、会派を通した情報収集は入れず、会派を通して市議会が他市や県、国などの情報収集をした事例は、⑧会派の必要性に分類した。

⑮議会改革は、上述したように、現在、多くの自治体議会が盛んに取り組んでいる。その結果、自治体議会は教育政策に影響を与えるような活動を探求することも多々ある。自治体議会により、先進的な政策が実践される場合、議会改革が掲げられていることがほとんどであるが、ここではあえて顕著な場合に限定した。

⑯分権的指向とは、二〇一三年九月、佐賀県が全高校一年生からの標準教材として、タブレット端末を当該の学生全員に購入してもらうことにした。その際、県内各地の自治体から反対の決議書が噴出した。こうした事例などを挙げることができよう。⑰主権者教育は、議会が中心となり、それを行っている例である。そして、⑱首長との対立とは、自治体議会が首長と対立し、結果的に、教育長・教育委員の任命同意を可決しない場合などである。また、二〇〇五年からの学テ不参加をめぐり、教委そのものが首長と対立した犬山市教委、二〇一六年一〇月の教育政策をめぐる市長選の結果、現職が敗れ、全教育委員が辞職した大阪府阪南市教委の例なども含めた。

3　教育政策における議会機能の類型

ここでの教育とは、学校教育、社会教育をはじめ、生涯教育をも含めた広い概念における「教育」を対象とする。また、政策の定義も通念上のものとし、その定義における議論は差し控えたい(8)。

自治体議会の機能は、監視機能（二・1）と政策立案機能（二・2）に分けることができる。ただし、すでに述べたように、いずれにも含まれる政策などがあるが、その際は、自治体議会・議員の実際の活動の内容により、事例をいずれかに分類する。

つぎに、これらの機能は、教育に直接的な目的において行われた活動か、そうでないかに分類できる。たとえば、議員提案政策条例の中にも、現行の地教行法以前で画期的とみられた二〇〇八年九月の北海道中頓別町の教育長身分選択条例や二〇一一年一二月の埼玉県私立学校助成審議会条例などのような教育政策における事例がある。これに対し、二〇〇六年の沖縄県「しまくとぅばの日に関する条例」のように、県の言葉を大切にすることが第一義的であり、そのために教育施策が展開される事例もある。前者のような事例を教育に直接的なものとして「直接的」、後者のような事例を教育目的からみれば第二義的ということで「間接的」とする。

上述したような監視と政策立案、直接的と間接的というそれぞれの軸を組み合わせると、以下のようなマトリックスをつくることができる。

表１　教育政策における自治体議会の役割

	監視	政策立案
直接的	Ⅰ	Ⅳ
間接的	Ⅱ	Ⅲ

Ⅰ　教育政策における直接的監視

第一のカテゴリーでは、教育政策を直接目的とする議案の審議・議決（修正・否決を含む）、監査・

検査および調査権、教育長・教育委員の任命同意、質問質疑、（予算・決算審議・議決）、陳情・請願の採決、意見書などが該当する。教育政策における自治体議会の基本的な機能ともいえるものである。

Ⅱ　教育政策における間接的監視

第二のカテゴリーは、教育政策に間接的に関わる議案の審議・議決（修正・否決を含む）、監査・検査および調査権、教育長・教育委員の任命同意、質問質疑、（予算・決算審議・議決）、陳情・請願の採決、意見書などが該当する。首長提案における自転車などの交通安全条例の議決において、交通安全教育の是非などを審議するなどもこのカテゴリーに入るものとする。

Ⅲ　教育政策における間接的政策立案

第三のカテゴリーでは、教育以外の議員提案政策条例・決議などに付随したものが該当する。教育政策は、従来、専門的で、一般行政からも自治体議会からも独立性の確保が叫ばれていた。その意味では、実際、政策立案の場合、このカテゴリーに入るものが多いのではないだろうか。

Ⅳ　教育政策における直接的政策立案

第四のカテゴリーは、教育を直接目的とする議員提案政策条例・決議などが該当する。Ⅲのカテゴリーも同様であるが、計画、議案そして条例案の修正などで、修正案条例の議員提案が行われたときも文脈によっては、これらのカテゴリーに入れるものとする。たとえば、二〇〇五年三月、長野県教委は高校改革プラン実施計画を策定し、全日制高校などの統廃合を翌年度から一斉に行う予定であった。長野県議会は高校再編の慎重な対応を求める決議も三度にわたり出したが、教委が再編を予定通り推進しようとした。そのために、二〇〇六年六月、高校設置条例一部改正条例の議員提案がなされ（ここでの詳細は差し控える）、結果として可決成立し、高校の統廃合には議会の同意を得なければならないとす

る条文（同条例三条）が加わった。(9)

4　事例から見た教育政策における議会の役割

上述した四つのカテゴリーに合計一四六自治体議会の一四九の事例を分類した。(10)そして、それぞれの事例から得られた上掲（三．2）の①～⑱の特性をカテゴリーごとに抽出してみた。一四九の事例における特性は必ずしも各々一つと断定することができないため、特性は複数とすることもある。その結果をまとめると、以下のようになった。なお、文中および表2～5の（　）内の割合は各カテゴリーの記事数に対する各特性数の割合を示すものとする。

Ⅰ　教育政策における直接的監視

このカテゴリーに該当した事例は五八自治体議会のものであった。教育政策における議会の役割としては、監視機能が基本的なものであることから、『日本教育新聞』のコラムで採り上げた事例の中でもっとも多くなっている。著者のコラム以外でも、多くの自治体議会での教育政策における役割は、このカテゴリーに該当するものであろう。右図をみると、多い順から、⑫市民意見集約・表出（三二・八％）、⑨地域の実情（一五・五％）、⑱首長との対立（一三・八％）、①連携（首長、行政）と⑥継続性・安定性と⑬情報提供とが同順位（八・六％）、であった。教育政策に限った監視機能であるため、市民の声を聞き、世論に従って、学校再編反対、教育政策の失敗における教育長に対する問責決議、教育長の任命不同意といったやや否定的な事例を多く扱っていた（坂野 二〇一五）。自治体議会の権能がもっとも大きいのは監視機能であることから、議会・議員の常日頃の活動も含め、このカテゴリーに入る事例は圧倒的に多いだろう。もちろん、一般質問などで、教育政策を首長・教育委員会とともに推進するものもみられるが、話題になる事例としては、行政叱責・責任追及型であることが一般的である。二〇一四年六月、改正地教行法が成立した。首長のみが執行機関とみなされていた感があったが、教育における執行機関である教育委員会にもスポットライトが当たった。それが原因かは不明であるが、教委にも関心がいき、首長の教育委員任命における議会不同意、すなわち人事案件の否決も意外に知られるようになってきた。二〇〇八年の北海道福島町の教育委員人事案件の否決が話題になって以降、あまりそのような事例はなかったように思われる[11]。しかし、教委制度改革の議論が活発となってきた頃から教委改革が実現した二〇一四年前後、二〇一三年九月は千葉県八千代市、二〇一五年九月は沖縄県大宜見村、二〇一六年には山口県美祢市などのように教育長および教育委員の人事案件否決が散見されるようになってきた。

表2　教育政策における直接的監視（Ⅰ）

事例の特性	特性数（率）
①連携（首長、行政）	5（8.6%）
②連携（教委）	3（5.2%）
③連携（議会事務局）	0（0.0%）
④連携（その他）	2（3.4%）
⑤行政課題の克服（タテ割り行政など）	1（1.7%）
⑥継続性・安定性に寄与	5（8.6%）
⑦会派協調型（超党派）	3（5.2%）
⑧会派の必要性	1（1.7%）
⑨地域の実情	9（15.5%）
⑩議会の役割明文化	1（1.7%）
⑪具体的な政策提言	2（3.4%）
⑫市民意見集約・表出	19（32.8%）
⑬情報提供	5（8.6%）
⑭情報収集（他地域などから）	2（3.4%）
⑮議会改革	2（3.4%）
⑯分権的指向	1（1.7%）
⑰主権者教育	2（3.4%）
⑱首長との対立	8（13.8%）
合計	71

Ⅱ　教育政策における間接的監視

当該カテゴリーで採り上げていた事例は、七自治体議会のものであった。首長提案のさまざまな条例や施策の中に教育に関するものがある。首長提案の地産地消条例では食育に関することであったり、防災や防犯などについての安全安心条例であれば、防災教育や防犯教育などの条項が入っていたりする。そのため、本来は、このカ

表３　教育政策における間接的監視（Ⅱ）

事例の特性	特性数（率）
①連携（首長、行政）	3（42.9%）
②連携（教委）	1（14.3%）
③連携（議会事務局）	0（0.0%）
④連携（その他）	1（14.3%）
⑤行政課題の克服（タテ割り行政など）	0（0.0%）
⑥継続性・安定性に寄与	0（0.0%）
⑦会派協調型（超党派）	1（14.3%）
⑧会派の必要性	0（0.0%）
⑨地域の実情	0（0.0%）
⑩議会の役割明文化	0（0.0%）
⑪具体的な政策提言	0（0.0%）
⑫市民意見集約・表出	1（14.3%）
⑬情報提供	0（0.0%）
⑭情報収集（他地域などから）	0（0%）
⑮議会改革	2（28.6%）
⑯分権的指向	0（0%）
⑰主権者教育	1（14.3%）
⑱首長との対立	0（0%）
合計	10

テゴリーに含まれる事例も多いはずだが、採り上げた媒体が『日本教育新聞』であり、首長提出の議案に対する自治体議会の監視では、Ｉのカテゴリーのような教育政策に直接関わるもののほうがわかりやすいという理由から、このカテゴリーは採り上げた事例がもっとも少なくなっている。少ないサンプルではあるが、特性の多い順に、①連携（首長、行政）（四二・九％）、⑮議会改革（二八・六％）、そして②連携（教委）と④連携（その他）と⑦会派協調型と⑫市民意見集約・表出と⑰主権者教育とが同順位（一四・三％）であった。自治体議会では、教育政策や子ども政策に関心を抱く議員も少なくない。そのため、教育政策においては間接的ではあるが、自治体議員が子どもたちの意見を収集し、行政に反映させようとするような事例が著者のこれまでのヒアリングでも明らかになっている。

Ⅲ　教育政策における間接的政策立案

議員提案政策条例をはじめとする間接的な政策立案機能を対象とする本カテゴリーは、四四自治体議会の事例があった。Ｉに次ぐ数であるのは、当該新聞においては、議員提案を中心に採り上げることを心掛けていた時期もあり、教育目的以外の議員提案条例に付随した学校教育などの事例が多かったことによる。また、このカテゴリーの事例は、一事例に特性が複数あることが特徴であり、捨象してもいくつかの特性を残さざるを得なかった。ここでの特性としては、多い順に、⑦会派協調型(四〇・九%)、⑫市民意見集約・表出(三四・一%)、⑮議会改革(二七・三%)、⑧会派の必要性(二五・〇%)、⑤行政課題の克服(一八・二%)となっている。前述したように、議会基本条例などを策定するような議会改革の流れは、「身近な議会」「開かれた議会」をスローガンに掲げ、全議員で取り組むことが一般的である。こうした事例は平成二〇年代に一気に加速し、自治体議会は行政の所管をまたぐような、行政がなかなか動けなかった政策を実現することがある(タテ割り行政の克服)。自治体議会は市民の声を拾い、その要望に応えるために、迅速に対応することもあれば、熟議で進めることもあった。二〇一三年三月、議員提案で成立した茨城県AED条例(「茨城県AED等の普及促進に関する条例」)は、本県の最大会派の青年局が県執行部の協力を得ながら策定していったものである。AEDを県内の学校に普及することを当該条例にうたい(同条例三条)、教委などとともに、県内の小中高における設置率を高めていったという点では、学校すなわち教育の場における子どもの安全安心な環境整備に果たし

表4　教育政策における間接的政策立案(Ⅲ)

事例の特性	特性数(率)
①連携(首長、行政)	7 (15.9%)
②連携(教委)	1 (2.3%)
③連携(議会事務局)	5 (11.4%)
④連携(その他)	7 (15.9%)
⑤行政課題の克服(タテ割り行政など)	8 (18.2%)
⑥継続性・安定性に寄与	3 (6.8%)
⑦会派協調型(超党派)	18 (40.9%)
⑧会派の必要性	11 (25.0%)
⑨地域の実情	4 (9.1%)
⑩議会の役割明文化	2 (4.5%)
⑪具体的な政策提言	1 (2.3%)
⑫市民意見集約・表出	15 (34.1%)
⑬情報提供	1 (2.3%)
⑭情報収集(他地域などから)	0 (0.0%)
⑮議会改革	12 (27.3%)
⑯分権的指向	2 (4.5%)
⑰主権者教育	1 (2.3%)
⑱首長との対立	1 (2.3%)
合計	99

表５　教育政策における直接的政策立案（Ⅳ）

事例の特性	特性数（率）
①連携（首長、行政）	3（7.5%）
②連携（教委）	3（7.5%）
③連携（議会事務局）	3（7.5%）
④連携（その他）	4（10.0%）
⑤行政課題の克服（タテ割り行政など）	2（5.0%）
⑥継続性・安定性に寄与	0（0.0%）
⑦会派協調型（超党派）	9（22.5%）
⑧会派の必要性	3（7.5%）
⑨地域の実情	6（15.0%）
⑩議会の役割明文化	5（12.5%）
⑪具体的な政策提言	2（5.0%）
⑫市民意見集約・表出	7（17.5%）
⑬情報提供	1（2.5%）
⑭情報収集（他地域などから）	1（2.5%）
⑮議会改革	5（12.5%）
⑯分権的指向	3（7.5%）
⑰主権者教育	9（22.5%）
⑱首長との対立	0（0.0%）
合計	66

ていく自治体議会の役割がみられる。このカテゴリーでは、児童・学生が安全安心に学ぶ環境整備やそのための教育に尽力しようと努める自治体議会の姿が浮かび上がった。

Ⅳ　教育政策における直接的政策立案

政策立案機能の核心といえるのが、このカテゴリーである。今回、四〇自治体議会の事例があった。この特性としては、多い順から、⑦会派協調型と⑰主権者教育が同数（二二・五%）、⑫市民意見集約・表出（一七・五%）、⑨地域の実情（一五・〇%）、⑩議会の役割明文化と⑮議会改革とが同数（一二・五%）となっている。Ⅲのカテゴリー同様に、議員提案政策条例に共通していることとして、議会改革（⑮）の流れで、市民の声を聞きながら（⑫）、超党派の議員で政策立案（⑦）という特性がある。議会改革については、政策条例を議員提案で策定することが目指されることが多い。議員たちにとっては、むしろ彼らのアピールの対象となる市民らにとっては、議会改革を推進していることは周知の事実になり、二〇一〇年以降には、特にそれを強調しない自治体議会もあった。[12] このような場合、自治体議会は議員提案政策条例に自らの位置づけを記載することも出てきている。このカテゴリーでの事例は比較的に新しいものが多いため、市民の声を聞

表6　教育政策における自治体議会の役割の代表的特性

	監視	政策立案
直接的	Ⅰ．教育政策における直接的監視 ⑫市民意見集約・表出 ⑨地域の実情 ⑱首長との対立 ①連携（首長、行政）、⑥継続性・安定性、⑬情報提供	Ⅳ．教育政策における直接的政策立案 ⑦会派協調型、⑰主権者教育 ⑫市民意見集約・表出 ⑨地域の実情 ⑩議会の役割明文化、⑮議会改革
間接的	Ⅱ．教育政策における間接的監視 ①連携（首長、行政） ⑮議会改革 ②連携（教委）、④連携（その他）、 ⑫市民意見集約・表出、⑦会派協調型、 ⑰主権者教育	Ⅲ．教育政策における間接的政策立案 ⑦会派協調型 ⑫市民意見集約・表出 ⑮議会改革 ⑧会派の必要性 ⑤行政課題の克服

くとともに、地域の特性に配慮しながら、時間をかけてよりよい政策立案をしようという自治体もあった。[13] 最近の傾向としては、議会改革の一環として、自治体議会が主導し、主権者教育を行う事例も増えている。その際、徳島県勝浦町のように自治体議会が議長を先頭に自らの意思で行動に移している。これらの事例も広い意味で、教育における政策立案ないし政策形成といってよいだろう。[14] 二〇一五年六月、改正公職選挙法が成立し、選挙権年齢が「一八歳以上」に引き上げられたことも、自治体議会が主権者教育へ関心を高めている一因にもなっている。選挙権行使をしない、つまり投票率が低いとされてきた若年齢層に選挙の重要性をわかってほしいとの願いから、児童・生徒・学生たちの意見に直接耳を傾け、自治体議会自身が彼らのための政策を実施するところもあった。[15] こうした努力の結果、地域によっては、主権者教育の効果が少しずつ出ているところもある。

5　結論

以上、『日本教育新聞』のコラムにおいて、著者が調査した自治体の事例からの四つのカテゴリーごとの特性を多いものを五つずつ列挙し、まとめたものが上の表である。

上掲の表を参照すると、大別して、以下のことがいえる。四つのカテゴリーに共通するのは、⑫市民意見集約・表出の特性の多さである（後述）。自治体議会は、市民の多種多様な意見を拾うことが大きな役割であるとされてきた（村松・伊藤 一九八六）。ことに、現代においては、行政が世代や住環境の異なる市民のさまざまな要望・意見を吸収することは難しい。その意味でも、自治体議会・議員が彼らに求められている役割を適切に果たしていることがうかがえる。

つぎに、⑦会派協調型が多いが、Ⅰのカテゴリーでは、その割合が低い。Ⅰは教育政策における直接的監視が議会の役割のため、他のカテゴリーよりも、議会内の会派を重視する以上に⑫のように市民目線を主眼とし、ときには⑱のように首長らとの対立も厭わない事例も多くみられる。議会・議員が教育政策において監視を行う際、首長や行政などとの連携よりも、むしろ⑨地域の実情をくみ取り、⑫市民意見に忠実に行動することを旨としていることに要因があるように思われる。

Ⅱのカテゴリーは事例数が少ないが、他のカテゴリーよりは、①首長・行政などとの連携の割合が高い。これは、一般行政の監視に付随したものである。ここで考えられることは、議会改革を実現するにしても、首長や行政部局の理解が必要であることを表しているのではないかということである。

Ⅲのカテゴリーは、Ⅳ同様、⑦会派協調型の割合が高く、Ⅳよりは⑧会派の必要性の割合も高い。Ⅲは、教育以外の行政分野の政策立案に付随した事例であり、全会一致で政策を立案することが自治体議会では一般的であることがここでは影響しているのではないだろうか。そのため、Ⅳよりは議会改革のインパクトが高いようである。

最後に、Ⅳのカテゴリーでは、Ⅲ同様であるが、教育政策に関する政策立案という意味でいえば、⑨

地域の実情を踏まえていること、⑰主権者教育の割合が高いことが特徴である。この点については、地域の学校・施設などの実情を踏まえた政策立案などが念頭に置かれる。今後、子ども議会などの主権者教育が盛んになることから、Ⅲよりも地域を代表した子どもたちを主眼とした政策展開が考えられよう。

ア　機能別特性

監視機能と政策立案機能という軸に着目すると、両者が大きく異なる点は、前者が首長らとの関係が深いことに対して、後者が会派や議会改革など議会内部に大きく関係していることである。それは、監視と政策立案との違いに由来するものであろう。

監視機能（Ⅰ・Ⅱ）では、⑫市民意見集約・表出（三〇・八％）を除けば、⑨地域の実情が多く（一三・八％）、①連携（首長、行政）と⑱首長との対立が多い（いずれも一二・三％）。これは、地域の実情を踏まえ、自治体議会・議員が首長・行政とともに教育などに関わる政策を推進していることを意味している。首長等と連携しながら政策を実現することもあれば、ときには対立をし、首長等の政策形成および実施の障害となることもある。まさに、議会の行う本来の監視の姿であろう。首長等と連携した例としては、二〇〇九年末、埼玉県吉川市では、埼玉県教委の県立高校の再編において、市内唯一の県立高校である吉川高校の全日制廃止案が浮上した。その折、市議会は、市民、関係団体、行政と一致団結して「協闘」し、その計画を覆した（坂野 二〇一五：九六―九七）。一般的に、監視機能を十分に発揮している自治体議会は多い。ただし、筆者が『日本教育新聞』のコラムで採り上げている事例は、紙面の性格上、自治体議会の監視についても、話題性の高いものが多くなっている。その観点からも、ここでは、極端な対立と連携を特徴としているかもしれない。

政策立案機能（Ⅲ・Ⅳ）では、⑫市民意見集約・表出（二六・二％）以外には、⑦会派協調型（三二・一％）、⑮議会改革（二〇・二％）、⑧会派の必要性（一六・七％）の三つの割合が高い。この理由としては、上述したように、ここでは、事例の多くが議員提案政策条例を採り上げていることから、議員提案条例を策定するという議会改革の流れを受け、自治体議会をあげて全会一致の条例策定を目指す、つまり、政策立案をしようという姿勢が背景にあることが感じ取れる。ⅠとⅡのカテゴリーはどちらかといえば、監視という点では、日常の議会活動といえなくもない。他方、教育政策ということに限定した場合、議会や会派の勉強会などによる審議ないし政策形成能力の向上という視点もある。今回、筆者が採り上げた事例で、⑮があがったのは、それと無縁ではないだろう。

イ　目的別特性

自治体議会の役割の目的が教育政策に直接的か間接的かということでの特性を考えたい。概していえば、前者と後者を比較すると、前者が⑫市民意見集約・表出などいくつかの突出した特性を除くと平均的であるのに対し、後者は⑫以外にも、会派の関わる特性（⑦会派協調型と⑧会派の必要性）、⑮議会改革など特定の場所に集中している。前者は教育政策そのものであり、後者はそれ以外の政策という点では、議会の役割における教育政策の特殊性を垣間みることができるところである。これは、一般行政と教育行政の差異、さらには、教育委員会制度の存在が関係していることにも起因すると推測できる。

議会が教育に直接的な役割を果たす場合（Ⅰ・Ⅳ）、⑫市民意見集約・表出（二六・五％）は格別に多いが、⑨地域の実情（一五・三％）、⑦会派協調型（一二・二％）、⑰主権者教育（一一・二％）の順となっている。⑫と⑨などは際立っているが、それ以外は①〜⑱の特性にはそれほどの差はみられない。あえて、⑫と⑨という点でいえば、教育政策において、学校の統廃合にしても（監視）、地域の教育政策という観点からも（政策立案）、自治体議会・議員は地域の歴史・文化・伝統を踏まえた活動を行っていることがわかる。全体的にバランスがいいともいえるこのカテゴリーの背景には、教育委員会の存在があると考えられる（小松 二〇一五：三九）。また、彼らこそが地域の実情を感じ取り、ややもすれば、教育にみられる画一的な中央集権的な政策に対抗するバランスの良い防波堤となっている可能性もある。

その一方で、間接的な役割を果たす場合（Ⅱ・Ⅲ）の特性は、⑦会派協調型（三七・三％）、⑫市民意見集約・表出（三一・四％）、⑮議会改革（二七・五％）、⑧会派の必要性（二一・六％）、①連携（首長、行政）（一九・六％）という順である。Ⅱの事例が少なく、Ⅲの事例が多いため、Ⅲのカテゴリーにみられる特徴と近似してはいるが、直接的な目的の場合よりは、会派の重要性が際立っており、⑮議会改革、①首長らとの連携も目立つ。ことに、①と⑮の割合が目立つのは、ⅡとⅢのカテゴリーに共通している。その意味で、教育に間接的な議会の役割、すなわち一般行政における議会の役割としては、首長や行政とは対立なく連携し、監視や政策立案を行っていくものであるという特性が表れている。これは、日本の自治体がもつ首長と議会との関係、いわゆる首長制度（強首長制）に特有なものであるといえる。

ウ　全体としての特性

今回の事例の特性を全体としてみると、以下のようになる。全体の事例の特性として、圧倒的に高い数値を占めるのが⑫市民意見集約・表出（二八・二％）である。つぎに、⑦会派協調型（二〇・一％）、⑮議会改革（一四・一％）、⑨地域の実情（一二・八％）、①連携（首長、行政）（一二・一％）と続く。すでに述べたことであるが、全体としても、議会改革の流れで自治体議会が「開かれた議会」、「身

表7　全体の事例特性

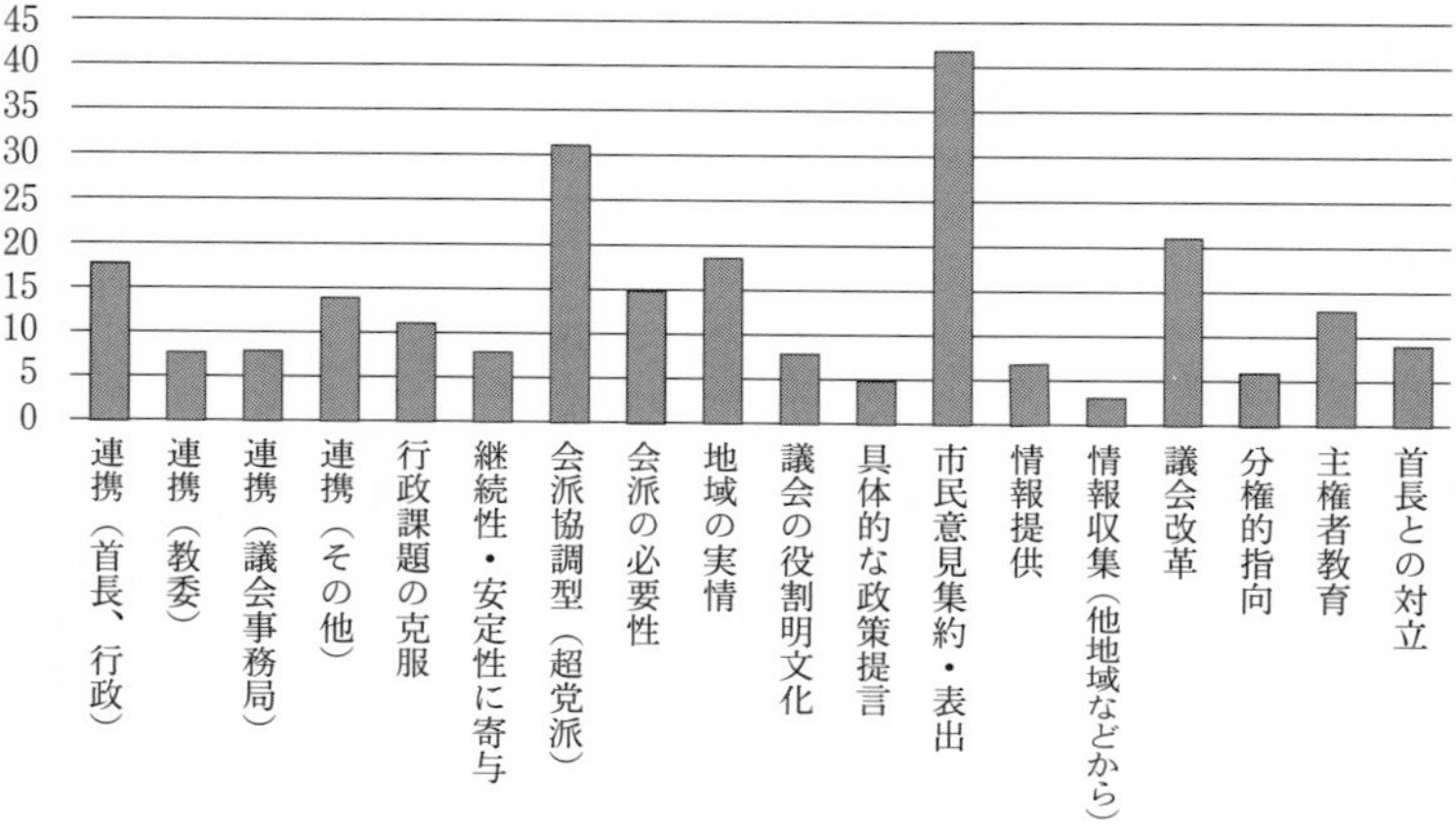

近な議会」に努めていることがうかがえる特性が上位を占める。また、自治体議会・議員としても、上記の特性の割合の高さは、議会改革の目指す方向が本来の議会活動のあり方であると彼らが認識しているということができる。

上述の観点から、近年、ヒアリング調査を行っている際に感じる自治体議会の傾向を付記しておきたい。それは、自治体議員の専門性である。ここでいう専門性とは、教育に関するものである。その専門性を確保するために、自治体における教育行政は教育委員会制度が採られ、教育の独立性が強調されてきた。教育委員会制度改革でも取り上げられた教育行政への首長の権限強化は、ひいては自治体議会の監視などの行政統制の強化にもつながる。それが、教育の専門性ないし独立性への侵害として憂慮されるような事例がいくつかある。たとえば、仙台市の学校では、二〇一七年四月末までの二年七カ月の間に三人もいじめによる自殺があった。その際、市議会は特別委員会を発足させ、宮城県議会と連携するなど、いじめ自殺の再発防止のために独自の行動を採る。

その一方で、市議会は、当時の市長に教育長の進退などを迫ったり、市政全般の総括者である市長に教育行政に対してリーダーシップをもつようにという指摘をしたりした。市長は前教育長でもあったので、教育の独立性を固持し、教育長にいじめ事件を含めた学校の案件については議会対応を含め一任していた。ヒアリングによれば、本市議会では、「いじめ問題について、教師が悪く、それを議会が正すという論調にある」とのことであった。この主張には民主的統制の観点から一理ある。しかし、議会からの教員らへの執拗な攻撃は、議会が教委・学校・教諭等を「いじめ」、そのことが教育の独立性を侵害し、教員の自信を奪い、さらに児童・生徒らへの充実した教育を阻害する悪循環につながるのではないかと懸念し、仙台市における教育の専門性の喪失を危惧する市議もいる。ほかにも、こうした事例をみることができるが[16]、教育の専門性という観点でいえば、自治体議会・議員は教育行政については一般的には専門的な知識を有さず、専門家ではない。その専門家でない自治体議員が教育政策にどの程度まで監視、すなわち統制を行うことができるかは難しく、そのため、従来、議会は自制的な態度をとってきたのである。これも、今後、教育政策における自治体議会の役割に関する課題となろう。私見でいえば、教育の専門性に対する自治体議会・議員の介入の程度は、彼らを選んだ民意による。二〇〇〇年の地方分権一括法の施行により、自治体のおおよその事務は自治体議会の監視の及ぶ範囲にある。そのため、議員たちを選んだ住民の意思が自治体における教育政策を左右する。このような議会制民主主義の意義を理解し、選挙に臨むような住民自治の視点を住民自身が身に着けることが重要なのである。

なお、上述のようないじめ問題などの対応について、自治体議員の方々にヒアリングさせていただいた際に、以下のような意見も多数みられた。それは、「学校行政は一般的に問題を隠したがる。保護者や児童・生徒らからの声を聞いて、当該の問題を見抜いて、市長や教委に知らせることも議員の務めである」というものである。まさに、⑫市民意見集約・表出は、課題発見の機能をも含み、教育政策において大きな役割を果たしていることがわかる。

おわりに

本稿では、教育政策における自治体議会の役割とは、要約すれば、保護者や子どもをはじめとした市民の声を踏まえ、それを議会全体としてバランスよく、政策形成過程の俎上にのせ、教育環境を適切に整備していくということである。独任制の首長とは異なり、合議制の議会に求められるのは、多種多様な民意の反映ということになる。市民意見の集約・表出は自治体議会にとっては重要な役割の一つである。

二〇一四年六月、地方教育行政の組織及び運営に関する法律の一部を改正する法律（改正地方教育行政法）案が第一八六回国会で可決、成立した。二〇一一年の大津市で起こった中学生いじめ自殺事件に端を発した地方教育行政改革、具体的には教育委員会制度改革は一区切りがついた[17]。二〇一五年四月、この改正法が施行され、首長は教育大綱の策定と総合教育会議の設置・主催の権限を手にした（地教行法一条の三、一条の四）。従来、首長は教育行政に直接的に関与できなかったが、今後は、その範囲内においては、首長も教育行政に介入できることになったのである。また、これまで、教育委員の中から教育委員長と教育長が互選されていたが、改正法施行により、旧教育委員長と旧教育長を合わせた権限を新「教育長」がもつこととなり、その任命は、首長が議会の同意を得て、直接行うことができることになった（同法四条一項）。首長の教育行政における上述のような権限の拡大については懸念がなされ、改正法を可決した参議院でも、新教育長の「任命同意に際し、新教育長の資質・能力をチェックする議会の責任も重くなることを踏まえ、議会においては、所信聴取等、丁寧な対応を行うこと」という附帯決議がなされた[18]。首長の権限強化が指摘される一方で、自治体議会の教育行政に対する統制も今後の課題となる。

以上のように、自治体議会の役割は大きくなり、その責任はより重くなる。その際に、市民ないし住民の意思を反映させ、いかに彼らに応えるかが問われることになろう。

謝辞

今回、列挙した『日本教育新聞』の筆者のコラムにおける事例の調査の際には、自治体議員、自治体職員などの自治体関係者に大変お世話になった。貴重な時間を割いてご協力いただいた皆様に、この場を借りて、お礼申し上げたい。

注

（1）このような慣行は自治体議会ごとに異なるが、一般質問や予算編成などの際のものや、「与党会派（議員）は議員提案しない」（坂野 二〇一五：一二三）、「（首長の）人事案件については反対しない」などが挙げられる。また、かつては、議員が政策条例を提案すること自体を否定する風潮もあったようである(同：一〇七)。

（2）この経緯については、村上（二〇一四）参照。また、旧来から、首長は教育委員任命権、教育財政権などで教委に対して影響力を行使することができた。ただし、「実際のところ『政治による教育への干渉』が問題視されることはほとんどなかった」だけであった（小松 二〇一五：三九）。

（3）西尾・岩崎（一九九三）、大森（二〇〇二）、江藤（二〇〇五）、同（二〇一一）、馬渡（二〇一〇）、中郁（二〇一六）など枚挙にいとまがない。憲法・行政法では、駒林（二〇〇六）などがある。なお、行政学から教育行政を扱ったものとして、新藤（二〇一三）がある。

（4）首長または議会と教育長とを扱った教育研究は、加治佐・堀（一九九四）、河野（一九九九）、村上（二〇〇三）、同（二〇〇五）、同（二〇一一）などがある。ただし、全体として、議会ないし議員を対象とした研究は、白石（一九八五）、村上（二〇〇一）、同（二〇〇二）などであり、数としてはかなり少ない（村上 二〇〇一：一五〇―一五一）。

（5）「強い首長」ないしは「強首長」については、大森（二〇〇〇：五〇）などで一般的な用語として使われている。ことに、日本の強首長制は、制度としても、海外の自治体のそれと比べるといっそう明らかにされる（中邨 二〇〇三）。

（6）これらの中で、「自治体議員への期待」「議会が教育を変える」をもとに編集したものが、拙書（坂野 二〇一五）である。

（7）二〇一二年一二月に議員提案で成立した「釧路市の子どもたちに基礎学力の習得を保障するための教育の推進に関する条例」（釧路市基礎学力保障条例）などが該当しよう。これは、釧路市の学力低下は、教育のみでなく、労働者や経営者の質を下げ、地域経済の衰退に拍車をかけていると懸念した地元経済界、教育、塾経営者、市幹部らの「市民の声」により、自治体議会が動いた事例である。ただし、超党派で議連ができたが、議決時には条例の内容で賛否が割れ、賛成多数により、条例が成立している。

（8）政策の定義は識者によってさまざまである。たとえば、松下（一九九一）は、政策を「問題解決の手法」とし、西尾（二〇〇一）では「政府が、その環境諸条件またはその対象集団の行動に何らかの変更を加えようとする意図のもとに、これに向けて働きかける活動の案」とする。また、真山（二〇〇一：五〇）は「自治体の取り組みによって解決すべき問題は何か、自治体が解決（達成）しなければならない課題は何かを明確に示すことによって、具体的な行動プランである事業の方向性や狙いを表明したもの」とする。

（9）実際、同年九月議会では、高校統合の九件の議案のうち、六件が不同意とされた（坂野 二〇一五：七四―

七五）。

（10）一四九事例のうち、三つの自治体議会はそれぞれ別の事例を扱っているため、本稿で扱っている自治体議会の数は一四六ということになる。

（11）それ以前には、二〇〇五年、二〇〇六年、二〇〇七年、教育委員の任命同意案がいずれも議会に否決され、市長と市議会の対立ということで話題になった。箕面市では、二〇〇七年一〇月、任期満了した教育長である教育委員の後任を議会に提案できず、市長退任の間まで教育長は空席となっていた。

（12）前掲の大分市の事例など参照。

（13）二〇〇六年三月議会において全会一致で成立した議員提案政策条例である名張市子ども条例は超党派で約三年を費やし、彼らが条例案をまとめている。また、同市二つ目の議員提案政策条例「名張市ばりばり食育条例」（二〇一三年九月）は約二年の歳月をかけ、超党派で推進した（坂野 二〇一五：八〇―八一）。

（14）大阪府八尾市、新潟市、香川県議会など自治体議会が主権者教育の担い手となるべく活躍している事例はこれからも増えるだろう。主権者教育における議会の役割が伸長している。

（15）くわえて、山形県議会では、二〇一四年四月の同県議会選挙の投票率が五六・一一％という低い数値であったこともあり、同年七月、議会運営委員会の小委員会として『『身近な県議会』検討委員会」を設置した。検討委員会は、選挙権が拡大された高校生・大学生などに議会を身近に感じてもらえるようにするために、彼らにアンケートを実施し、意見交換会、若者向けの広報紙の発行などを行った。二〇一七年九月からは、県内の小中高や大学などに通う児童・生徒・学生の工作・絵画・彫刻・書・写真などを県議会に展示する「県議会ギャラリー」を実施し、彼らに県議会に足を運んでもらい、興味をもってもらうことに努めている。

（16）二〇一二年から始まる『はだしのゲン』閲覧制限の問題、既述の熊本県の家庭教育支援条例での議会での質問など、さまざまなところで、教育をめぐる人権の問題が議論されている。

（17）村上（二〇一四）参照。

（18）第一八六回国会「（参議院）文教科学委員会附帯決議」（http://www.sangiin.go.jp/japanese/gianjoho/ketsugi/186/f068_061201.pdf（30 Oct. 2017））。

引用・参考文献

阿内春生（二〇一四）「市町村教育政策形成における議会の影響力—茨城県旧総和町を事例として」『日本教育行政学会年報』四〇巻、pp. 三八—五四。

阿内春生（二〇一五）「市町村議会における教育政策の修正とエビデンスの不在—箕面市における生徒指導選任教員配置政策を事例として」『教育学研究』八二巻二号、pp. 六七—八二。

青木栄一（二〇一三）『地方分権と教育行政—少人数学級編制の政策過程』勁草書房。

江藤俊昭（二〇〇五）『協働型議会の構想—ローカル・ガバナンス構築のための一手法』信山社。

江藤俊昭（二〇一一）『地方議会改革—自治を進化させる新たな動き』学陽書房。

今川晃・牛山久仁彦・村上順編（二〇〇七）『分権時代の地方自治』三省堂。

磯崎初仁（二〇一七）『自治体議員の政策づくり入門』イマジン出版。

伊藤祐一郎（一九八七）『自治行政講座二：地方議会』第一法規。

加藤幸雄（二〇〇五）『新しい地方議会』学陽書房。

小松茂久（二〇一五）「首長と教育委員会—米国との比較から」『日本教育政策学会年報』二二号、pp. 一八—四一。

駒林良則（二〇〇六）『地方議会の法構造』成文堂。

馬渡剛（二〇一〇）『戦後日本の地方議会』ミネルヴァ書房。

村松岐夫・伊藤光利（一九八六）『地方議員の研究—日本的政治風土の主役たち』日本経済新聞社。

村松岐夫（一九九八）『地方自治』東京大学出版会。

中邨章（二〇〇三）『自治体主権のシナリオ ガバナンス・NPM・市民社会』芦書房。

中邨章監修（二〇一二）『自治体議会の課題と争点―議会改革・分権・参加』芦書房。

中邨章（二〇一六）『地方議会人の挑戦―議会改革の実績と課題』ぎょうせい。

西村弘一（一九八七）『地方議会―会議の理論と実際：全訂版』学陽書房。

西尾勝・岩橋忠夫編（一九九三）『地方政治と議会』ぎょうせい。

西尾勝（二〇〇一）『行政学（新版）』有斐閣。

真山達志（二〇〇一）『政策形成の本質』成文堂。

村上祐介（二〇〇一）「都市自治体の教育政策における議会（議員）の影響力」『日本教育行政学会年報』二七巻、pp. 一三九―一五三。

村上祐介（二〇〇二）「教育政策の類型化による地方議員の影響力分析―都市自治体を対象として」『東京大学大学院教育学研究科教育行政学研究室紀要』二一号、pp. 五七―七一。

村上祐介（二〇〇三）「教育委員会制度はなぜ『安定』したのか：新制度論アプローチによる首長・議会の合理的選択仮説」『東京大学大学院教育学研究科教育行政学研究室紀要』二二号、pp. 六九―一〇八。

村上祐介（二〇〇五）「教育委員会制度改革に対する自治体首長の意識と評価：全国首長アンケート調査報告」『東京大学大学院教育学研究科教育行政学研究室紀要』二四号、pp. 四九―七五。

村上祐介（二〇一一）『教育行政の政治学―教育委員会制度の改革と実態に関する実証的研究―』木鐸社。

村上祐介（二〇一四）「教育委員会改革からみた地方自治制度の課題」『自治総研』通巻四三〇号 二〇一四年八月号、pp. 七五―九一。

大森彌（二〇〇二）『新版 分権改革と地方議会』ぎょうせい。

坂野喜隆（二〇一五）『議会が教育を変える』日本教育新聞社。

坂田期雄編（一九八九）『明日の首長・議員・公務員』ぎょうせい。

佐々木信夫（二〇一六）『地方議員の逆襲』講談社現代新書。

新藤宗幸（一九九七）「教育委員会は必要なのか」岩波書店編集部編『教育をどうする』岩波書店、pp. 二五八—二五九。

新藤宗幸（二〇〇二）「教育行政と地方分権化」東京市政調査会編『分権改革の新展開に向けて』日本評論社、pp. 二七一—二九〇。

新藤宗幸（二〇〇五）「教育行政に問われる『タテ系列』の解体」『都市問題』九六巻四号、pp. 四八—五六。

新藤宗幸（二〇〇六）「タテの行政系列をどのように認識するのか」『日本教育行政学会年報』三二巻、pp. 八〇—八九。

新藤宗幸（二〇一三）『教育委員会—何が問題か』岩波新書。

白石裕編（一九九五）『地方政府における教育政策形成・実施過程の総合的研究』多賀出版。


（さかの　よしたか・行政学）

Ⅲ　公募論文

1　「住民本位の予算書」のわかりやすさの規定要因の探索
――札幌市民を対象とした量的調査をもとに――

佐藤　徹
（高崎経済大学）

一　研究の背景と目的

本研究の目的は、近年全国の市町村で普及しつつある「住民本位の予算書」を対象として、当該住民にとってのわかりやすさがどのような要因によって決定されるかについて、その規定要因を計量的な分析手法によって明らかにすることである。

さて、多くの国民にとって、歳入・租税は他人事、歳出は自分たちの権利と考えられ、負担と受益が切り離されているのは、その間を結ぶべき予算書や予算策定のプロセスがその役割を果たしていないからである。確かに財務省や各省庁のホームページには、予算についての詳しい記述はあるが、それらの大部分は新たな増分に関わる説明であり、より多くの予算を費消している既定経費に関する説明が不足している。国会の審議も新規施策の増分だけでなく、予算全体を俎上に載せなければならない。予算書がそのために必要な役割を果たしているかといえば、残念ながらノーである（稲葉二〇一一）。

翻って、自治体の予算書はどうであろうか。自治体の長は毎会計年度予算を調製し、年度開始前に、議会の議決を経なければならないが、予算を議会に提出するときは、政令で定める予算に関する説明書をあわせて提出しなければならない（地方自治法第二一一条）。その内容としては歳入歳出予算、継続費、繰越明許費、債務負担行為、地方債、一時借入金、歳出予算の各項の経費の金額の流用の七項目がある（同法第二一五条）。同法第二一一条第二項の「政令で定める予算に関する説明書」については地方自治法施行令第一四四条にその内容が記されており、さらに同施行規則第一五条の二に様式が規定されている。しかし、これら法定の予算書は財政用語と数字の羅列といった旧態然としたものであり、住民にとってお世辞にもわかりやすいとは言い難い。

こうした法定の予算書とは別に、北海道ニセコ町では全国の自治体に先駆けて平成七（一九九五）年度に予算説明資料『もっと知りたいことしの仕事』を作成した。「基金」を「貯金」に、「起債」を「借金」に言い換えるなど財政用語を極力使用しないようにしたり、グラフや写真を交えながら予算や個別事業の内容を説明したり、他の自治体の統計データと比較できるようにしたりするなど、住民の目線に立った予算資料となっている[1]。近年、こうしたニセコ町と同様の取り組みが、全国各地の自治体にも見られようになっている。例えば、自治体独自のキャラクターが対話形式で目的別歳出予算の内訳を説明したり、予算に関して住民誰もが抱きそうな疑問点をQ&A形式で解説したり、自治体予算を家計簿に置き換えたりするなどの工夫をこらしている。

こうした住民向けの予算資料の名称は『わかりやすい予算書』『もっと知りたいみんなの予算』『私たちのまちの予算』『ことしの仕事』などが多いが、『予算の概要』や『予算説明書』などのお堅い名称であっても内容的には『わかりやすい予算書』などと大差ないものも少なくない。この点につき、佐藤（二〇一五）は法定の予算書とは別に、住民向けに作成された予算資料を総称して「住民本位の予算書」と定義づけており、本稿でもこの定義を念頭に置くものとした[2]。

それでは、はたして「住民本位の予算書」は当該住民にとって本当にわかりやすいのだろうか。わかりにくい部分があるとしたら、それらはどのような点なのだろうか。また、当該住民にとってのわかりやすさに影響を与える諸要因はいったいどのようなものだろうか。

以上の問題関心から、本研究では自治体の住民を対象としたアンケート調査で得られたデータを分析することにより、これらの問いへの解を探ってみたい。以下では、まず先行研究の概説と本研究の位置づけについて述べる。つぎに先行研究の知見等を踏まえ、仮説の設定を行う。さらに仮説の検証を行うため、調査データを用いて統計的手法による実証分析を試みる。最後に分析結果を踏まえ、本研究の結論と今後の課題について述べる。

二　先行研究の検討

まず、国の予算書がなぜわかりづらいのか、その要因について論考したものとして、稲葉（二〇一一）がある[3]。稲葉（二〇一一）は、概念や用語になじみがないこと、膨大で複雑なことがわかりづらい要因として挙げられるとしている。そして、予算書の内容は一般国民の理解を必要とするのに、そういう目的に沿って整理されておらず、煩瑣な情報と説明不足が共存していることを指摘している。さらに、もう一つの問題点として、虚構性を挙げている。予算は取りやすい、すなわち財政当局や政治家、世論等にアッピールしやすい形で要求され、獲得されるが、実際には使い勝手の良い、すなわち各省庁の運営がやりやすい形で組み替えられる。虚構の予算書ではなく、実行予算についても組織的、系統的に明らかにしておく必要があると述べている。

つぎに、自治体の予算書に関する論考として、菅原（二〇一一）がある。自治体の議会に出てくる予算書がわかりにくいのは、第一に現金主義で編成され、単年度主義が採用されており、その原理がシンプルなだけに、会計年度をまたぐ支出、会計年度を超えて継続する支出についての特別な取り決めと議決を必要とすることや、税であろうと借金であろうと収入であろうと資金の性格を区別することはできない点を指摘する。そして第二に予算書で使われている用語が難解であること、第三に予算書は分厚く分量が多くて読みづらいことを挙げている。多かれ少なかれ、ほとんどの自治体で、わかりやすい説明への努力と旧態依然たる正式の予算書のギャップが存在するとし、「わかりやすい予算」のためには「わかりやすい予算書」改革に向けた行動をとる必要があると主張している。また、今井（二〇一一）は市町村が作るべき「予算に関するわかりやすい資料」の考え方を整理した上で、①冊子を作って全戸に配布する、②一つずつ事業内容を説明する、③事業箇所も説明する、④財源内容も説明する、⑤公会計の考え方を活かして施設別の運営コストを説明する、⑥国や都道府県が自分の町内で行う事業も一緒に説明する、⑦第三セクターや土地開発公社の経営内容も一緒に説明する、⑧細かい補助金・負担金の支出先も一覧で明らかにする、⑨税金や上下水道等の公共料金の水準を他都市と比べる、⑩借金と貯金の状況を明らかにする（健全化判断比率をうまく使う）、といった一〇のポイントを提案している。

以上のように、自治体の予算書への批判的検討や改善提案がなされている。これに対して、佐藤（二〇一五）は全国各地に多数存在していながら、これまで総体として学術的に取り上げられることがなかった「住民本位の予算書」に着目し、全国自治体への質問紙調査によって、作成・公表状況、作成目的、作成の発案者、読者層、作成後の住民からの意見や要望数の変化、議会の受け止め方、作成後の課題など、その全容実態を解き明かそうとした。

しかしながら依然として、これらの研究には未解明な点がある。第一に、「住民本位の予算書」に対して当該住民がわかりやすいと思うかどうかが、どのような要因によって説明されるのか明らかでない。第二に、「住民本位の予算書」がわかりやすい内容であるかいなかを判断するのは当該住民であり、実務家や研究者ではない。わかりやすい予算書とするためには、住民の視点に立った検討が不可欠である。こうした観点に立脚した実証的研究が見当たらない。第三に、佐藤（二〇一五）の研究を除き、ほとんどが法定の予算書の観察に基づく論考である。近年増えつつある「住民本位の予算書」が行政の自己満足とならないようにするためにも、住民がわかりやすいと思う諸要因を実証的に分析し、それを明らかにすることは学術的にも実務的にも意義がある。

そこで本研究ではこれらの点を踏まえ、量的データに基づいた精密な分析を行うことによって、本研究の課題を明らかにしていきたい。

三　本研究の仮説

前述のとおり、「住民本位の予算書」のわかりやすさに着目した実証的な既往研究は、管見の限り、見当たらない。

翻って、「住民本位の予算書」と同様に市町村が作成・配布する資料として、ハザードマップがある。ハザードマップは防災マップや危険予測地図など名称は様々であるが、住民が事前準備を行うにあたり、手助けとなる災害情報の取得方法の一つとして、危険箇所や避難場所、避難時の注意などが記された地図である（竹内二〇〇四）。ハザードマップのわかりやすさに焦点を当てた実証的研究には、中村・廣井（二〇〇三）、廣木・佐々木・水草（二〇〇四）、藤本・能登・橋本（二〇一〇）、野崎（二〇一一）、田中・加藤（二〇一一）など一定の蓄積が存在するため、本研究の仮説を生成するにあたり参照することとした。

第一のリサーチクエスチョンは、回答者の属性が全体のわかりやすさに影響する要因となり得るかである。中村・廣井（二〇〇三）は、内閣府作成のハザードマップの試作版を見せながら、訪問面接法による住民アンケート調査を行っている。ハザードマップのわかりやすさに影響する要因を統計的に分析し、年齢・性別によってわかりやすさに有意な差はなかったとしている。中村・廣井（二〇〇三）の研究では、属性として年齢・性別しか調査しておらず、職業や最終学歴などとの関係について言及していない。だが、「住民本位の予算書」の内容をどの程度理解できるかについては、学歴が一定の影響を及ぼし得るのではないかと考え、次の仮説を設定した。

仮説1　最終学歴が高い市民ほど、「住民本位の予算書」に対して全体的にわかりやすいと思っている。

第二のリサーチクエスチョンは、行政やまちづくりへの意識や態度が「住民本位の予算書」の全体のわかりやすさに影響する要因となり得るかである。この点につき、行政やまちづくりに市民として関わろうとする意識が高く、その態度が積極的であれば、日常的に行政やまちづくりに関する種々の情報を収集したりするものと想像できる。そこで、次の仮説を設定する。

仮説2　行政やまちづくりへの意識や態度が積極的である市民ほど、「住民本位の予算書」が全体的にわかりやすいと思っている。

第三のリサーチクエスチョンは、専門用語に対する認知度が全体のわかりやすさに影響する要因となり得るかである。稲葉（二〇一一）や菅原（二〇一一）が指摘するように、用語になじみがなかったり、難解であったりすると、わかりづらいものとなることは想像に難くない。洪水ハザードマップに記載されている情報内容に対する住民の認識度を調査分析した廣木・佐々木・水草（二〇〇四）によれば、「わかりやすい」ハザードマップという意味には、「流速」や「浸水深」などに代表される「物理的意味のわかりやすさ」と、ハザードマップとして公表する際にそこに掲載する色使いや構成等の「配布物としてのわかりやすさ」の二通りの概念が存在することを指摘している。こうした点から、次の仮説を設定した。

仮説3　財政用語の意味を知っている市民ほど、「住民本位の予算書」に対して全体的にわかりやすいと思っている。

第四のリサーチクエスチョンは、図表の理解が全体のわかりやすさに影響する要因となり得るかである。藤本・能登・橋本（二〇一〇）は、地震ハザードマップに関する住民アンケート調査を実施し、一般利用者・災害時要援護者（高齢者、障碍者、外国人）への配慮・工夫について得られた回答を踏まえ、地震ハザードマップのわかりやすさは、「印刷物のわかりやすさ」「地図のわかりやすさ」「危険度・防災情報のわかりやすさ」の三つの項目に大別している。また田中・加藤（二〇一一）は、認知心理学の観点から、記載項目の表現方法をわかりやすくするためには、情報過多の防止、情報の関連性（住民が記載項目の関連性を容易に把握できるように補助すること）、イラストの利用が必要であると指摘している。いずれもの研究も図やイラストの利用がわかりやすさにつながるものとしており、次の仮説を設定した。

仮説4　図表の意味が理解できたと思う市民ほど、「住民本位の予算書」は全体的にわかりやすいと思っている。

四　研究の方法

1　分析データ

住民本位の予算書は、はたして住民にとってわかりやすいものなのかどうか、またそのわかりやすさに影響を与える要因は何だろうか。前述の仮説を検証するためには、単に予算書の内容に対する理解度を問うだけでなく、行政やまちづくりに対する住民の意識や態度、行政や地域への参加経験など、詳細な情報を幅広く収集する必要がある。

そこで、本研究では調査対象として北海道札幌市を取り上げ、同市に在住する住民（二〇歳から七九歳まで）を対象に質問紙調査を実施した。札幌市を選定したのは、第一に「住民本位の予算書」を作成し、インターネットでも一般に公表していること、第二に政令指定都市であるがゆえに人口規模が大きく、調査に必要な多数のサンプルを収集しやすいこと、第三に「住民本位の予算書」を作成している政令指定都市のうち、その作成時期がニセコ町と同時期と最も早かったため、近年作成された予算書よりも住民の目に触れる機会が多く、相互参照による他自治体への影響も少なくないことが理由である。

質問紙調査は、楽天リサーチ株式会社の登録モニターを通じたインターネットによる調査を活用した。調査手順としては、まずスクリーニング調査を実施し、札幌市在住の二〇〇〇人のモニターに対して同市発行の「住民本位の予算書」である『予算の概要』の認知度を調査した。『予算の概要』は住民向けにわかりやすく説明するために作成されたものであり、インターネットで公表されているが、「知っている」と回答した者は二〇・九％であった。そこで本調査では『予算の概要』を知っている三〇〇人と知らない三〇〇人を回収目標とし（性別、年代は均等回収）、計六〇〇サンプルを得ることができた。回答者の社会的属性は表一のとおりである。属性以外の調査項目は、①行政や地域活動への参加経験、②行政やまちづくりに対する意識や態度、③財政用語の認知度、④図表の意味理解、⑤内容のわかりやすさ等とした[4]。調査期間は二〇一四年一二月一一日から同年一二月一四日であった。なお、質問紙調査において取り上げた「住民本位の予算書」は、札幌市が二〇一七年一月三一日に発行した『平成二六年度予算の概要』であり、全九一ページである。大きく六つの項目で構成されているが、このうち本調査では主要な項目である「予算のポイント」「予算の姿」「主な事業について」「今後四年間の財政見通し」について、回答者がそれらページの画像を適宜見ながら質問に応答していく方式を採用した[5]。

表１　回答者の社会的属性

属性	カテゴリ	N	%
年齢	全体	600	
	平均値	44.95	
	最小値	20.00	
	最大値	76.00	
職業	全体	600	100.0
	勤めている（常勤）	270	45.0
	勤めている（パートタイマー）	79	13.2
	自営業（農林水産業、商工業等）	25	4.2
	専業主婦・主夫	112	18.7
	学生	17	2.8
	無職	91	15.2
	その他	6	1.0
最終学歴	全体	600	100.0
	中学校・旧制小学校	9	1.5
	高校・旧制中学校	176	29.3
	短大・専門学校・高専・旧制高校	166	27.7
	大学・大学院	249	41.5

2　分析方法

分析にあたっては質問紙調査で得られたデータをもとに、回答者の「年齢」については量的データからカテゴリカルデータへの変換を、また「職業」に関してはデータのリコードを行い、六〇〇サンプルからなるデータセットを作成した。

本研究では、「住民本位の予算書」に対する住民にとってのわかりやすさがどのような因子によって説明されるかを明らかにすることがねらいであるので、『予算の概要』の全体的なわかりやすさを被説明変数（目的変数）とした。つぎに、説明変数であるが、『予算の概要』の全体的なわかりやすさは、前述の仮説に関連した項目をはじめとして、多数の変数によって規定されることが考えられる。それら説明変数の一覧を取りまとめたものが表2である。

分析にあたっては、ＡＩＣ統計量（Akaike's Information Criterion；赤池情報量規準）を用いた。ＡＩＣは世論調査などにもよく用いられている手法であり、次式により計算される。

AIC＝（－2）Log（最大尤度）＋2（パラメータ数）

ＡＩＣ統計量を用いる最大のメリットは、第一に極めて広範なデータの中から、質的な目的変数に対して最も多くの情報を持つ説明変数を自動的に探索するためのプログラムであるCATDAP（CATegorical Data Analysis Program）（Katsura and Sakamoto 1980）を利用できる点にある。第二にCATDAPは調査データをコンピュータのディスクファイルから入力して目的変数と全説明変数との間のあらゆるクロス表を作ってＡＩＣの値を計算し、有効度の大きい順に説明変数をリスト化したり、説明変数の最適な組合せを検出したりすることができるためである。[6] 第三に、このプログラムは、目的変数が質的な

表 2　説明変数一覧

	説明変数	修正後 カテゴリー数
A	社会的属性	
A1	性別	2
A2	年代	3
A3	職業	5
A4	最終学歴	4
B	行政や地域活動への参加経験	
B1	市への意見提出や市政への参加	2
B2	地域での活動やボランティア活動	2
C	行政やまちづくりに対する意識や態度	
C1	市民が参加することで市政が良くなると思う	4
C2	市の広報誌『広報さっぽろ』を読む頻度	4
C3	市政は市（行政）にまかせておけばよい	4
C4	まちづくりは市民と市（行政）の協働が重要である	4
C5	市はもっと市政に市民の意見を反映させるべきである	4
C6	自分たちのまちのことは自分たち市民で決めたい	4
C7	市政やまちづくりは熱心な人たちだけが参加すればよい	4
D	財政用語の認知度	
D1	「一般会計」「特別会計」「企業会計」の認知度	4
D2	「市債」「公債費」の認知度	4
D3	「当初予算」「補正予算」の認知度	4
D4	「債務負担行為」の認知度	4
D5	「財政調整基金」の認知度	4
E	図表の意味理解	
E1	「予算のポイント」に含まれる図表の意味理解	4
E2	「予算の姿」に含まれる図表の意味理解	4
E3	「主要事業」に含まれる図表の意味理解	4
E4	「今後4年間の財政見通し」に含まれる図表の意味理解	4
F	内容のわかりやすさ	
F1	「予算のポイント」の内容のわかりやすさ	4
F2	「予算の姿」の内容のわかりやすさ	4
F3	「主要事業」の内容のわかりやすさ	4
F4	「今後4年間の財政見通し」の内容のわかりやすさ	4
G	その他	
G1	『予算の概要』の認知	2
G2	市（行政）は市民の立場に立って施策を進めている	4
G3	私は自分の住んでいるまちを誇りに思う	4
G4	今後も札幌市に住み続けたい	4

変数であること以外に、適用上の制限条件はなく、説明変数の数、種類、サンプルサイズの如何によらず適用できることも、ＡＩＣを用いた主な理由である（坂元二〇一〇）。

五　分析と考察

1　調査結果

まず、回答者の行政や地域活動への参加経験、行政やまちづくりに対する意識や態度に加えて、『予算の概要』に含まれる財政用語の認知度、図表の意味理解、内容のわかりやすさ等の調査結果を示す。これらをもとに、「住民本位の予算書」が当該住民にとって本当にわかりやすいものであったのか、またわかりにくい部分があるとしたら、それらはどのような点であったかについて探ってみよう。

（一）行政や地域活動への参加経験

これまでに市（行政）に対して意見を述べたり、市政に参加したりしたこと（市が主催する審議会や市民会議などに委員として参加したこと）があるかについて尋ねてみた。「ある」と回答した者の割合は一〇・二％と約一割にとどまった。また、地域の町内会・自治会の活動に参加したり、ボランティア活動に参加したりしたことがあるか、についても問うたところ、三二・二％と三割強が「ある」と回答した。

（二）行政やまちづくりに対する意識や態度

行政やまちづくりに対して、市民はどのような意識や態度を有しているのだろうか。この点を明らかにするため、表3に示した六項目について、「そう思う」「どちらかといえばそう思う」「どちらかといえばそう思わない」「そう思わない」の四件法で尋ねることにした。

表3　行政やまちづくりに対する意識や態度

	そう思う	どちらかといえばそう思う	どちらかといえばそう思わない	そう思わない	計
1．市民が参加することで市政が良くなると思う	145	371	75	9	600
	24.2	61.8	12.5	1.5	100.0
2．市政は市（行政）にまかせておけばよい	11	115	344	130	600
	1.8	19.2	57.3	21.7	100.0
3．まちづくりは市民と市（行政）の協働が重要である	195	364	36	5	600
	32.5	60.7	6.0	0.8	100.0
4．市はもっと市政に市民の意見を反映させるべき	155	390	49	6	600
	25.8	65.0	8.2	1.0	100.0
5．自分たちのまちのことは自分たち市民で決めたい	113	404	78	5	600
	18.8	67.3	13.0	0.8	100.0
6．市政やまちづくりは熱心な人たちだけが参加すればよい	19	165	309	107	600
	3.2	27.5	51.5	17.8	100.0

上段：人数　　下段：％

その結果、「そう思う」「どちらかといえばそう思う」を合わせた回答比率の上位一位は、「まちづくりは市民と市（行政）の協働が重要である」で九三・二％と最も多い。第二位は「市はもっと市政に市民の意見を反映させるべき」（九〇・八％）であった。

一方、「そう思わない」「どちらかといえばそう思わない」を合わせた回答比率の上位一位は、「市政は市（行政）にまかせておけばよい」で七九・〇％と約八割を占めた。第二位は「市政やまちづくりは熱心な人たちだけが参加すればよい」（六九・三％）であった。

このほか、「自分たちのまちのことは自分たち市民で決めたい」「市民が参加することで市政がよくなると思う」については、「そう思う」「どちらかといえばそう思う」を合わせた回答比率がそれぞれ八六・一％、八六・〇％で、肯定的な意見が大半を占めた。

なお、市の広報誌『広報さっぽろ』（毎月一日発行）をどれくらいの頻度で読んでいるかについても尋ねたところ、最も多かったのが「毎回読んでいる」で六四・三％であった。ついで、「三か月に一度くらい

表4　財政用語の認知度

	知っている	だいたい知っている	少しは知っている	知らない	計
1.「一般会計」「特別会計」「企業会計」	53	158	197	192	600
	8.8	26.3	32.8	32.0	100.0
2.「市債」「公債費」	49	167	187	197	600
	8.2	27.8	31.2	32.8	100.0
3.「当初予算」「補正予算」	59	184	178	179	600
	9.8	30.7	29.7	29.8	100.0
4.「債務負担行為」	36	86	171	307	600
	6.0	14.3	28.5	51.2	100.0
5.「財政調整基金」	31	83	166	320	600
	5.2	13.8	27.7	53.3	100.0

上段：人数　　下段：％

読んでいる」と「ほとんど読まない」で、ともに一三・二％であった。また、「半年に一度くらい読んでいる」は四・五％であった。

(三)　財政用語の認知度

『予算の概要』には、表4に掲げた五種類の財政用語が含まれている。そこで、これらの用語の意味をどの程度知っているかを把握するため、「知っている」「だいたい知っている」「少しは知っている」「知らない」の四件法で尋ねることにした。

「知っている」「だいたい知っている」を合わせた回答比率が最も高かったのは、「当初予算」「補正予算」であり、「知っている」が九・八％、「だいたい知っている」が三〇・七％であった。ついで、「市債」「公債費」で「知っている」が八・二％、「だいたい知っている」が二七・八％であり、「一般会計」「特別会計」「企業会計」についても、「知っている」が八・八％、「だいたい知っている」が二六・三％で、ほぼ同様の認知度であった。

一方、「債務負担行為」については「知らない」が五一・二％を占め、「財政調整基金」についても「知らない」が五三・三％と、半数以上が「知らない」という現状であった。

（四）図表の意味理解

『予算の概要』にある「予算のポイント」「予算の姿」「主要事業」「今後四年間の財政見通し」の各項目に含まれる図表の意味を、市民はどの程度理解できたのだろうか。この点を明らかにするため、「よく理解できた」「だいたい理解できた」「あまり理解できなかった」「ほとんど理解できなかった」の四件法で尋ねてみた。表5に示したとおり、「よく理解できた」「だいたい理解できた」を合わせた回答比率は、「予算のポイント」「予算の姿」「主な事業」がいずれも約六割であった。だが、「今後四年間の財政見通し」に含まれる図表については、「よく理解できた」「だいたい理解できた」が合わせて五五・六％と六割を大きく下回り、他の項目と比較して、理解できなかったという市民が多かった。

（五）内容のわかりやすさ

「予算のポイント」「予算の姿」「主要事業」「今後四年間の財政見通し」の各項目につき、その内容がどの程度わかりやすいかについて、「とてもわかりやすい」「まあわかりやすい」「ややわかりにくい」「とてもわかりにくい」の四件法で問うてみた。その結果は表5に示したとおり、「とてもわかりやすい」「まあわかりやすい」の回答比率の高いものから順に並べると、「主要事業」が五四・八％と最も高く、つづいて、「予算のポイント」（五三・七％）、「予算の姿」（五三・〇％）、「今後四年間の財政見通し」（四九・五％）という順であった。最後に、『予算の概要』の全体的なわかりやすさについて尋ねた結果、「とてもわかりやすい」が二・〇％、「まあわかりやすい」が四七・五％、「ややわかりにくい」が三九・〇％、「とてもわかりにくい」が一一・五％であった。

表5　『予算の概要』の主要項目に含まれる図表の意味理解と内容のわかりやすさ

	図表の意味				各項目の内容			
	よく理解できた	だいたい理解できた	あまり理解できなかった	ほとんど理解できなかった	とてもわかりやすい	まあわかりやすい	ややわかりにくい	とてもわかりにくい
1．予算のポイント	30	326	186	58	24	298	218	60
	5.0	54.3	31.0	9.7	4.0	49.7	36.3	10.0
2．予算の姿	27	325	189	59	19	299	218	64
	4.5	54.2	31.5	9.8	3.2	49.8	36.3	10.7
3．主要事業	33	324	184	59	30	299	207	64
	5.5	54.0	30.7	9.8	5.0	49.8	34.5	10.7
4．今後4年間の財政見通し	23	311	206	60	18	279	239	64
	3.8	51.8	34.3	10.0	3.0	46.5	39.8	10.7

n=600　上段：人数　下段：％

(六)　その他

市政への評価、まちへの誇り、定住意向についても、「そう思う」「どちらかといえばそう思う」「どちらかといえばそう思わない」「そう思わない」の四件法で尋ねてみた。その結果、「そう思う」「どちらかといえばそう思う」を合わせた回答比率は、「今後も札幌市に住み続けたい」が九〇・二％、「私は自分の住んでいるまちを誇りに思う」が八一・七％を占めたが、「市（行政）は市民の立場に立って施策を進めている」に関しては五二・〇％と、評価が二極化していた。

2　『予算の概要』の全体的なわかりやすさを規定する要因

つぎに、当該住民にとっての『予算の概要』のわかりやすさに影響を与える諸要因はいったいどのようなものであろうか。この点につき、前述の方法で全サンプル六〇〇人を対象に統計分析を行った結果をみてみよう。

まず、『予算の概要』に対する全体的なわかりやすさ」を規定する要因を示したのが表6である。これは三〇の説明変数（表2）を、「全体のわかりやすさ」（目的変数）の説明力の大きい順に示したリストである。ＡＩＣの値が小さいほど目的変数に対する説明変数の情報量が大きいと見なされ、当該変数が説明要因としての意味がある。ＡＩＣがマイナスの値をとっている説明変数については、目的変数との間の関係が独立ではなく、統計的に有意であると解釈できる[7]。

　さて、説明力が最も大きい変数（第一位）は「「今後四年間の財政見通し」の内容のわかりやすさ」（Ｆ４）であった。ＡＩＣが－六六八・一八と非常に小さい。「「今後四年間の財政見通し」の内容のわかりやすさ」（Ｆ４）が『予算の概要』に対する全体的なわかりやすさを最も大きく規定している。「『予算の概要』に対する全体的なわかりやすさ」と「「今後四年間の財政見通し」の内容のわかりやすさ」（Ｆ４）とのクロス表（表７）から明らかなように、『予算の概要』に対して全体的にわかりやすいと評価した市民の九四・五％が「今後四年間の財政見通し」の内容は「とてもわかりやすい」と捉えていることがわかる。

　第二位から第四位までは、第一位と同様に『予算の概要』を構成する各項目の内容のわかりやすさに関する変数群であった。第二位が「「主要事業」の内容のわかりやすさ」（Ｆ３）、第三位が「「予算の姿」の内容のわかりやすさ」（Ｆ２）、第四位が「「予算のポイント」の内容のわかりやすさ」（Ｆ１）であった。この結果は当然の帰結とも言えるが、『予算の概要』を構成する各項目のわかりやすさが、全体的なわかりやすさに影響を与えている。

　第五位から第八位までは、いずれも図表の意味理解に関する変数群であった。これらのうち、全体のわかりやすさを最も大きく規定していた変数は「「今後四年間の財政見通し」に含まれる図表の意味理解」（Ｅ４）であった。つづいて、「「予算の姿」に含まれる図表の意味理解」（Ｅ２）、「「主要事業」に含まれる図表の意味理解」（Ｅ３）、「「予算のポイント」に含まれる図表の意味理解」（Ｅ１）という順に説明力が高い。これらの結果は、「図表の意味が理解できたと思う市民ほど、「住民本位の予算書」が全体的にわかりやすいと思っている」という仮説4と一致している。

第九位から第一三位までは、いずれも財政用語の認知度に関する変数群であった。これらのうち、全体のわかりやすさを最も大きく規定していた変数は「「市債」「公債費」の認知度」（D2）であった。つづいて、「「当初予算」「補正予算」の認知度」（D3）、「「一般会計」「特別会計」「企業会計」の認知度」（D1）、「「財政調整基金」の認知度」（D5）、「「債務負担行為」の認知度」（D4）という順に説明力が高い。これらは、財政用語の意味を知っている市民ほど、「住民本位の予算書」に対して全体的にわかりやすいと思っている、という仮説3を裏付ける結果である。なお、『予算の概要』では、「用語説明」として最終頁の左下に小さく設けられているが、「要求額」「財政局査定額」「最終査定額」「査定の考え方」「一般財源」の五つしか説明文が付されていない。こうした点も影響した可能性がある。

第一四位は、「『予算の概要』の認知」（G1）である。つまり、『予算の概要』を事前に知っていたかどうかが、その全体のわかりやすさの程度を説明する要因であるということになる。この点につき、今回の調査以前に『予算の概要』を既に知っていた市民はその内容に目を通していた可能性が高く、それゆえに初見であった市民よりも、わかりやすく感じたのではないかと推察される。

第一五位は、「市（行政）は市民の立場に立って施策を進めている」（G2）である。これについては、前述の通り、評価が二極化していたが、「市（行政）は市民の立場に立って施策を進めている」と肯定的な評価を下した市民ほど、『予算の概要』を全体にわかりやすいと評価している。行政に対する寛容な態度が影響したのではないかと考えられる。

第一六位から第二一位までは、行政やまちづくりに対する意識や態度に関する変数群となっている。

第一六位は、「市の広報誌『広報さっぽろ』を読む頻度」（C２）である。普段から、市の広報誌をよく読んでいる市民ほど、行政の活動内容に精通しているものと考えられる。この点が結果として、「住民本位の予算書」の全体的なわかりやすさに影響しているのではないかと考えられる。

第一七位と第二一位は、行政や地域活動への参加経験に関する変数である。「住民本位の予算書」が全体的にわかりやすいと評価した市民は、「地域での活動やボランティア活動」（B２）に参加したり、「市への意見提出や市政への参加」（B１）を行ったりした経験を有する人々である。

そして、第一八位には「市政やまちづくりは熱心な人たちだけが参加すればよい」（C７）が、第一九位には「市はもっと市政に市民の意見を反映させるべきである」（C５）が、第二三位には「市政は市（行政）にまかせておけばよい」（C３）が析出された。すなわち、「市政やまちづくりは熱心な人たちだけが参加すればよい」や「市政は市（行政）にまかせておけばよい」とは思わない人ほど、また「市はもっと市政に市民の意見を反映させるべき」と考えている人ほど、『予算の概要』を全体にわかりやすいと評価している。このほか、第二〇位の「私は自分の住んでいるまちを誇りに思う」（G３）も、『予算の概要』の全体のわかりやすさを説明する因子として析出された。

一方、第二五位以降の「最終学歴」（A４）、「今後も札幌市に住み続けたい」（G４）、「まちづくりは市民と市（行政）の協働が重要である」（C４）、「自分たちのまちのことは自分たち市民で決めたい」（C６）、「市民が参加することで市政が良くなると思う」（C１）の各因子はいずれもＡＩＣがプラスの値をとり、『予算の概要』の全体のわかりやすさとは関連性が認められなかった。

以上から、行政やまちづくりへの意識や態度が積極的である市民ほど、「住民本位の予算書」に対して全体的にわかりやすいと思っているという仮説２は概ね支持された。

表6 『予算の概要』の全体的なわかりやすさを規定する要因

順位	説明変数	AIC 統計量	AIC 値の差
1	「今後4年間の財政見通し」の内容のわかりやすさ（F4）	−668.18	
2	「主要事業」の内容のわかりやすさ（F3）	−643.00	25.18
3	「予算の姿」の内容のわかりやすさ（F2）	−637.91	5.09
4	「予算のポイント」の内容のわかりやすさ（F1）	−605.34	32.57
5	今後4年間の財政見通し」に含まれる図表の意味理解（E4）	−387.09	218.25
6	「予算の姿」に含まれる図表の意味理解（E2）	−380.85	6.24
7	「主要事業」に含まれる図表の意味理解（E3）	−371.28	9.57
8	「予算のポイント」に含まれる図表の意味理解（E1）	−322.57	48.71
9	「市債」「公債費」の認知度（D2）	−106.55	216.02
10	「当初予算」「補正予算」の認知度（D3）	−96.34	10.22
11	「一般会計」「特別会計」「企業会計」の認知度（D1）	−82.23	14.11
12	「財政調整基金」の認知度（D5）	−77.65	4.58
13	「債務負担行為」の認知度（D4）	−75.46	2.19
14	『予算の概要』の認知（G1）	−34.17	41.29
15	市（行政）は市民の立場に立って施策を進めている（G2）	−30.25	3.92
16	市の広報誌『広報さっぽろ』を読む頻度（C2）	−14.39	15.86
17	地域での活動やボランティア活動（B2）	−10.89	3.50
18	市政やまちづくりは熱心な人たちだけが参加すればよい（C7）	−9.37	1.52
19	市はもっと市政に市民の意見を反映させるべき（C5）	−6.72	2.64
20	私は自分の住んでいるまちを誇りに思う（G3）	−6.45	0.27
21	市への意見提出や市政への参加（B1）	−2.35	4.10
22	職業（A3）	−1.89	0.47
23	市政は市（行政）にまかせておけばよい（C3）	−1.30	0.58
24	性別（A1）	−1.20	0.10
25	最終学歴（A4）	0.80	2.00
26	今後も札幌市に住み続けたい（G4）	3.14	2.34
27	まちづくりは市民と市（行政）の協働が重要である（C4）	3.73	0.59
28	年代（A2）	4.99	1.27
29	自分たちのまちのことは自分たち市民で決めたい（C6）	10.19	5.20
30	市民が参加することで市政が良くなると思う（C1）	12.40	2.21

表7 『予算の概要』の全体のわかりやすさと今後4年間の財政見通しのわかりやすさ

『予算の概要』の全体のわかりやすさ ＼ 「今後4年間の財政見通し」の内容のわかりやすさ	とてもわかりやすい	まあわかりやすい	ややわかりにくい	とてもわかりにくい	合計
とてもわかりやすい	10	7	1	0	18
	55.6	38.9	5.6	0.0	100.0
まあわかりやすい	2	241	36	0	279
	0.7	86.4	12.9	0.0	100.0
ややわかりにくい	0	37	195	7	239
	0.0	15.5	81.6	2.9	100.0
とてもわかりにくい	0	0	2	62	64
	0.0	0.0	3.1	96.9	100.0
合　計	12	285	234	69	600

上段：人数　下段：％

最後に、回答者の社会的属性との関係であるが、第二三位の「職業」（A３）と第二四位の「性別」（A１）については、AIC値がマイナスであることから統計的には有意であるが、説明力は極めて小さい。さらに、第二五位の「最終学歴」（A４）と第二八位の「年代」（A２）についてはAIC値がプラスとなり、説明力が確認されなかった。このことから、最終学歴が高い市民ほど、「住民本位の予算書」に対して全体的にわかりやすいと思っている、という仮説１は支持されなかった。

3 「今後四年間の財政見通し」の内容のわかりやすさを規定する要因

「今後四年間の財政見通し」には、歳入・歳出の見通しについて一定の仮定のもとに試算した結果が示されており、表が一点、折れ線グラフが四点添えられている。表は、平成二六年度から平成二九年度にわたる歳入（市税、地方交付税などの一般財源（臨時財政対策債を含む）、国・道支出金、市債（臨時財政対策債を除く）、その他）と歳出（人件費、扶助費、公債費、普通建設事業費、他会計繰出金、その他）の各金額が示されている。また折れ線グラフは、所要一般財源の大きな増減が見込まれるもの（「歳出－歳出」の一般財源ベース）として、①人件費、②公債費、③扶助費、④国民健康保険・介護保険・後期高齢者医療会計繰出金の各費目について、平成二六年度の値をゼロとし、平成二九年度までの各年度の増減額を示したものとなっている。

それでは、説明力の最も高かった「「今後四年間の財政見通し」の内容のわかりやすさ」（F４）は、どのような要因によって説明できるのだろうか。この点につき、「今後四年間の財政見通し」の内容のわかりやすさを目的変数として、AICの値を計算した。表8はAICが負の値となった説明変数を小さい順に整序したリストである。

表8　「今後4年間の財政見通し」の内容のわかりやすさを規定する要因

順位	説明変数	AIC統計量	AICの差
1	「主要事業」の内容のわかりやすさ（F3）	−679.12	
2	「予算ポイント」の内容のわかりやすさ（F1）	−640.10	39.01
3	「予算の姿」の内容のわかりやすさ（F2）	−606.86	33.25
4	「今後4年間の財政見通し」に含まれる図表の意味理解（E4）	−428.62	178.24
5	「主要事業」に含まれる図表の意味理解（E3）	−363.31	65.30
6	「予算の姿」に含まれる図表の意味理解（E2）	−342.99	20.33
7	「予算のポイント」に含まれる図表の意味理解（E1）	−331.13	11.86
8	「市債」「公債費」の認知度（D2）	−103.15	227.98
9	「債務負担行為」の認知度（D4）	−85.50	17.66
10	「財政調整基金」の認知度（D5）	−82.43	3.07
11	「一般会計」「特別会計」「企業会計」の認知度（D1）	−82.18	0.25
12	「当初予算」「補正予算」の認知度（D3）	−79.48	2.70
13	『予算の概要』の認知（G1）	−32.65	46.83
14	市（行政）は市民の立場に立って施策を進めている（G2）	−30.83	1.81
15	市の広報誌『広報さっぽろ』を読む頻度（C2）	−23.91	6.92
16	市への意見提出や市政への参加（B1）	−15.47	8.44
17	地域での活動やボランティア活動（B2）	−12.94	2.52
18	市はもっと市政に市民の意見を反映させるべきである（C5）	−7.41	5.53
19	私は自分の住んでいるまちを誇りに思う（G3）	−6.44	0.97

第一位から第三位までは各項目の内容のわかりやすさに関する変数群である。「今後四年間の財政見通し」の内容のわかりやすさは、他の項目の内容のわかりやすさとも大きく関係している。つまり、「主要事業」「予算のポイント」「予算の姿」の内容をわかりやすいと評価した住民ほど、「今後四年間の財政見通し」の内容についてもわかりやすいと評価したと言える。「今後四年間の財政見通し」は最終章として位置づけられており、前掲の「予算のポイント」「予算の姿」「主要事業」の内容理解を前提とした項目であったことも影響しているのではないかと推察される。

第四位から第七位までは各項目に含まれる図表の内容理解に関する変数群である。なかでも、「今後四年間の財政見通し」に含まれる図表の意味を理解できた住民ほど、その内容はわかりやすいと評価したことがうかがえる。

このほか、財政用語の意味をどの程度知っているか（第八位から第一二位まで）、『予算の概要』の存在を知っていたかどうか（第一三位）といった変数が続いている。また、説明力としては高い変数ではないものの、広報誌を読む頻度や行政及び地域活動への参加経験の有無も影響していることが示唆された。なお、最終学歴をはじめとする社会的属性に関しては単独でそれ自体に説明力は見られなかった。

六　結論

本研究では、近年全国の市町村で普及しつつある「住民本位の予算書」が住民にどのように評価されているのか、また住民にとってのわかりやすさがどのような要因によって決定されるかについて解明するため、内容のわかりやすさや図表の意味理解に加え、社会的属性、行政や地域活動への参加経験、政治意識、「市民参加」に関する考え方、財政用語の認知度等について、札幌市民を対象とした調査を行い分析したものである。その結果、得られた知見を整理すると、つぎのとおりである。

第一は、札幌市が作成した『予算の概要』が市民にとって本当にわかりやすいものであったかという点である。この点につき、「とてもわかりやすい」が二・〇%、「まあわかりやすい」が四七・五%であったのに対して、「ややわかりにくい」が三九・〇%、「とてもわかりにくい」が一一・五%と、市民の評価は相半ばしていた。本事例に限って言えば、住民にとって、一概にわかりやすい予算書であるとは言えないものであった。

第二は、札幌市民にとって、『予算の概要』のどのような点がわかりにくかったのかという点である。この点については、同市の『予算の概要』を構成する「予算のポイント」「予算の姿」「主要事業」「今後四年間の財政見通し」のうち、その内容がわかりにくいと評価した市民の割合が最も高かったのは「今後四年間の財政見通し」であり、半数以上の市民がわかりにくいと評価していた。ＡＩＣを用いた統計分析でも、この項目の内容のわかりやすさが、全体的なわかりやすさに最も大きく影響していた。「今後四年間の財政見通し」については、たとえば今後四年間の一般財源総額を同額とする一方で、公債費については、「昨今の臨時財政対策債の発行増により、全体としては増加する傾向が見込まれます」としており、整合性にやや問題がある。また、四つの折れ線グラフのスケールも揃っていない。こうした点についても今後改善する必要があるだろう。

第三は、「住民本位の予算書」の全体的なわかりやすさは、それを構成する各項目の内容のわかりやすさはさる事ながら、それらに含まれる図表の意味を住民が理解できるかどうかによっても規定される点である（仮説4）。「住民本位の予算書」では、法定の予算書と比較して、住民にわかりやすくするための工夫として図表が用いられるが、単に図表を用いればよいということではない。言うまでもなく、図表そのものがわかりにくければ効果的ではない。

第四は、「住民本位の予算書」の全体的なわかりやすさは、そこに用いられた財政用語の意味を住民が知っているかどうかによっても規定されることである（仮説3）。かねてより、法定の予算書がわかりにくい理由の一つとして、用語が難解であることが指摘されていた。「住民本位の予算書」においても、この点が調査データによって実証されたことになる。したがって、耳慣れない財政用語については、平易な日常用語に置き換えたり、難解な財政用語には注釈をつけたりするなどの創意工夫が必要である。

第五は、行政やまちづくりへの意識や態度が積極的である市民ほど、「住民本位の予算書」が全体的にわかりやすいと評価したかという点である（仮説2）。この点については、広報誌を読む頻度が高い市民ほど、わかりやすいと評価していた。また、地域での活動やボランティア活動へ参加したり、市への意見提出や市政への参加を行ったりした経験を有する市民ほど、わかりやすいと評価していた。さらに、「住民本位の予算書」がわかりやすいと評価した市民は、「もっと市政に市民の意見を反映させるべきである」と考える人々であった。したがって、行政やまちづくりへの意識や態度は、「住民本位の予算書」の全体的なわかりやすさの規定要因となり得る。

第六は、最終学歴が高い市民ほど、「住民本位の予算書」に対して全体的にわかりやすいと評価したかである（仮説1）。この点については、最終学歴がわかりやすさの規定要因とは認められなかった。つまり、『予算の概要』はそれを目にする住民が中学卒か高校卒か大学・大学院卒かにかかわらず、誰が読んでもわかるレベルで記述されていたものと推察される。むしろ、卒業後の社会生活において、行政やまちづくりに関心を持ったり、地域活動や行政に参加したりすることが、「住民本位の予算書」の内容を理解しやすくなることが示唆された。

以上の諸点が、実証研究により得られたエビデンスである。ただし、言うまでもないが、上記の分析結果は、あくまで今回調査対象とした、札幌市作成の『予算の概要』及び札幌市民における量的データによるものであって、ただちに一般化することは適切ではない。札幌市の『予算の概要』の特徴としては、各事業における予算要求額や査定額、査定の考え方が整理されている点が挙げられる。だが、「今後四年間の財政見通し」については文章や図表が詰め込まれており、他のページと比較しても少々バランスが悪く、わかりにくい。こうした同市固有の事情や特殊性が全体のわかりやすさに影響を与えた可能性も否定できない。しかしながら本研究は、今後「住民本位の予算書」の作成公表や改訂等に取り組もうとする自治体に対して、有用な知見を提供し得たのではないかと思われる。

なお、「住民本位の予算書」が真に住民にとってわかりやすいものとするためには、その作成過程において、やはり住民が参加することが必要である。しかし現状では、ほんの一部の自治体を除き、住民参加は行われていない状況にある[8]。Institute for Local Government（2010）によれば、予算に関する教育やアウトリーチ（Budget Education and Outreach）が自治体予算への市民参加の第一ステップだとしている。なぜならば、予算内容や予算編成プロセスに関する諸情報を共有化することは、①住民がそれらをより理解することにつながること、②住民が意思決定者との間で予算上の重要事項について豊富な知識をもって議論できること、③住民が資源配分に影響を及ぼす種々の制約について理解すること、④限られた財源をどのように配分すべきかに関する詳細な見解に住民が触れることができるからである。そこで、こうした観点から「住民本位の予算書」の作成過程やその後の利活用のありかたを検討することが今後の研究課題である。

また、本事例の『予算の概要』には見られなかったが、自治体独自のキャラクターが対話形式で説明したり、住民誰もが抱きそうな疑問点をQ＆A方式で解説したりしているものもある。こうした手法がどの程度わかりやすさの向上に有効であるかについても、今後の研究課題としたい。

謝辞

アンケート調査にご協力いただいた札幌市民の皆様に記して感謝申し上げたい。また、匿名の査読者の方々からは、丁寧かつ大変有意義なコメントを頂きました。心から感謝申し上げます。

注

（1）ニセコ町は平成一三（二〇〇一）年一二月にわが国で初めて自治基本条例（まちづくり基本条例）を制定し

たことでも知られている。同条例の第七条では「町は、情報共有を進めるため、次に掲げる制度を基幹に、これらの制度が総合的な体系をなすように努めるものとする」とし、（1）町の仕事に関する町の情報を分かりやすく提供する制度、（2）町の仕事に関する町の会議を公開する制度、（3）町が保有する文書その他の記録を請求に基づき公開する制度、（4）町民の意見、提言等がまちづくりに反映される制度が規定されている。『もっと知りたいことしの仕事』は同条第一号を具現化したものといえる。

（2）ただし、自治体発行の広報誌では当初予算の概要などが数ページ程度で掲載されることもあるが、これについては「住民本位の予算書」の範疇にはないものとした。この点は佐藤（二〇一五）に従うこととした。

（3）稲葉清毅氏は行政管理庁に入庁後、二〇世紀後半の三〇年近くを霞が関で過ごし、かつその大部分を行政の管理、改善、改革に取り組んできた。

（4）質問紙調査では、「住民本位の予算書」に関する多様多彩な情報を収集するために、『予算の概要』の分量（九一頁）が妥当であるかどうかや、『予算の概要』がどのような点で役に立つと思うかについても尋ねているが、本研究の課題は「住民本位の予算書」の内容的わかりやすさの規定要因の解明にあるので、本研究の分析対象とはしていない。

（5）『予算の概要』は最初に「目次」があり、順に「Ⅰ．予算のポイント」（一から三頁）、「Ⅱ．予算の姿」（四から七頁）、「Ⅲ．主な事業について」（八から六六頁）、「Ⅳ．行財政改革プランの進捗状況と財源不足の解消」（六七から六九頁）、「Ⅴ．今後四年間の財政見通し（中期財政見通し）」（七〇頁）、「Ⅵ．資料」（七一頁から八六頁）が掲載されている。なお、「住民本位の予算書」は、ニセコ町の『もっと知りたいことしの仕事』に代表されるように、住民にわかりやすいように工夫された予算説明資料であり、他自治体の「住民本位の予算書」を見ても、行財政改革プランの進捗状況等が記載されることは異例であるため、本分析では「Ⅳ．行財政改革プランの進捗状況と財源不足の解消」を質問紙調査の対象から外すことにした。また、質問紙調査に用いた主要項目のうち、「Ⅲ．主な事業について」は五〇の主要事業が掲載され分量が多いため、最初に掲載されていた「五歳児健康相談事業」の頁をパソコン画面上で閲覧し、設問に回答してもらうこととした。

（6）二つの項目や変数の間の独立性の検定を行うχ^2検定の場合、説明変数のカテゴリーの数が一定でないので、そのままの形ではどの説明変数が目的変数に対する有効度が大きいのかがわかりにくい。また、同じくカテゴリー的データや名義尺度データの解析に適した数量化Ⅱ類では、該当するサンプルが少なすぎるカテゴリーがあると、分析結果の信頼性が弱くなるという弱点があるが、CATDAPにはそのような弱点がない（小野二〇〇八）。

（7）相関係数の場合は－1から＋1までの実数値をとり、＋1に近い値ほど、強い正の相関があると解釈されるが、AICの値は負で小さい値ほど目的変数に対する説明変数の情報量が大きいと見なされ、当該変数の説明力が高いものと解釈される。

（8）たとえば、愛知県高浜市では『わかりやすい予算書』（現・『当初予算・決算の概要』）の作成に際して、市の財務グループと市民会議が共同で作成したり、市民対象に「わかりやすい予算書に関するアンケート」を実施し、掲載内容についての要望を募集したりしている。

引用参考文献

稲葉清毅（二〇一一）「負担増を求めるなら、分かりやすい予算を―国民が理解できる予算書と策定過程の見直し―」『時評』第五三巻第二号、一六八―一六九

今井太志（二〇一一）「予算に関する分かりやすい「資料」とは？―作成に当たってのポイント」『地方財務』ぎょうせい（六八〇）、一二一―一二二

小野能文（二〇〇八）「社会調査のデータ分析について―カテゴリー的データを中心として」『現代社会学』（9）、一八一―一九六

兼村高文・洪萬杓（二〇一二）「住民参加型予算の現状と今後―日韓の事例を中心に―」『自治総研』第四〇五

号、一―二五
坂元慶行（二〇一〇）、「統計的日本人研究雑感―ある国民性調査係の三六年の思い出―」『統計数理』五八（1）、六一―八二
佐藤徹（二〇一五）「「住民本位の予算書」とは何か―わかりやすい予算書をめざして」『産業研究』第五〇巻第二号、一―一四
菅原敏夫（二〇一一）「税の使途説明は自治体の使命―「分かりやすい予算書」改革への一歩」『地方財務』ぎょうせい（六八〇）、二―一一
竹内裕希子（二〇〇四）「防災イベント参加者のハザードマップに関する認知と要望」『自然災害科学』二三（3）、三四九―三六一
田中孝治・加藤隆（二〇一一）「洪水ハザードマップのデザインに関する認知心理学的検討」『ファジィシステムシンポジウム講演論文集』二七、一四五―一四五
中村功・廣井脩（二〇〇三）『ハザードマップを解剖する』（東京大学社会情報研究所報告書）
野崎洋之（二〇一一）「わかりやすいハザードマップのあり方に関する調査・研究―（社）日本損害保険協会の取り組み―」『予防時報』（二四六）、二四―二九
廣木謙三・佐々木淑充・水草浩一（二〇〇四）「住民に分かりやすいハザードマップ作成手法に関する研究」『国土技術政策総合研究所年報』、三六九―三七〇
藤本一雄・能登貴仁・橋本賢吾（二〇一〇）「全国の市町村が作成した地震ハザードマップに関するアンケート調査―地震ハザードマップのわかりやすさに関する基礎的検討―」『地域安全学会梗概集』No27、七五―七八
Institute for Local Government (2010). *A Local Official's Guide to Public Engagement in Budgeting*., From the Collaborative Governance Initiative, Sacramento, CA, 2010.
Katsura, K.and Sakamoto,Y. (1980), CATDAP,A categorical data analysis program, *Computer Science*

Monographs, No.14, The Institute of Statistical Mathematics, Tokyo.

（さとう　とおる・行政学）

Ⅳ　書評

《書評》

礒崎初仁著『知事と権力　神奈川から拓く自治体政権の可能性』

堀内　匠
（地方自治総合研究所）

本書の中核となるテーマは二つある。一つは、①神奈川県松沢成文県政の「知事ブレーン」であった著者を中心とした時間軸に沿った通史的叙述、いわば松沢県政譚。これを著者は、ある種の「参与観察法」と位置づける。もう一つは、その分析編として②地方政府を運営する権力を「自治体政権」として捉え、これをローカル・マニフェストなどの政策ツールを利用しながら展開する自治体政権論である。

著者は神奈川県庁出身の研究者である。組織風土や県内の事情に精通しており、経験と観察によって、本書ではとりわけ①に関して議会や利益団体、またときには部下である県職員との丁々発止のやりとりが鏤められる等、生きた政治、政策が活写されており、当事者ならずとも面白く読み進めることができるだろう。一方で本書の研究書としての特徴はむしろ②「自治体政権」論を軸に展開する分析アプローチの実践例にある[1]。これらの特徴ごとに本書を読み解いてみたい。

一　自治体政権論の書

本書のいう「自治体政権」とは、政府を動かす政治権力であり、首長を中心としてその方針のもとで自治体の政策展開や組織運営を指揮・推進する集団またはその機能であると定義される。本書のタイトルにあわせて「権力」とあることは、本書が神奈川県政の「政権」について論じるなかで首長のもつ包括的執行権、条例案や予算案提出権、人事・指揮監督権、世論形成力等諸権限の動態を描こうとしていることを意味する。

著者によれば、既存の地方政府実証研究は、地方政府の中央政府との関係、地域社会との関係、内部過程に着目する等があるが、自治体政権論はこのうち地方政府の内部構造に着目し特定の首長を取り上げる研究である。だが既存の研究には首長の個性・リーダーシップや議会との関係などの現象に着目したことに留まる研究が多いとする。

「自治体政権」として捉える視点のオリジナリティは、首長を中心としながらも政権中枢を対象とした集団行動を動態的に把握する点であろう。もちろん、大森（二〇一六）[2]、田村（二〇〇六）[3]など、必ずしも政権中枢などの構造や塊などではないまでも、首長に焦点を当てながら副市町村長や外部助言者等まで幅広く論ずる研究は存在する。とりわけ大森（二〇一六）は土屋埼玉県政のアドバイザーを務めた自身の経験についての講演を含み、冒頭挙げた本書のテーマのうち参与の視点からの松沢県政論とアプローチ方法が近い。そんな中において、本書は地方政府研究の実証研究として、自治体政権という切り口を掲げることで自治体運営の現実を踏まえ、首長の個性やリーダーシップに着目した構造的な分析や議論を行うとともに自治体の「政治」の部分に焦点を当てる。

図1　自治体政権のイメージ

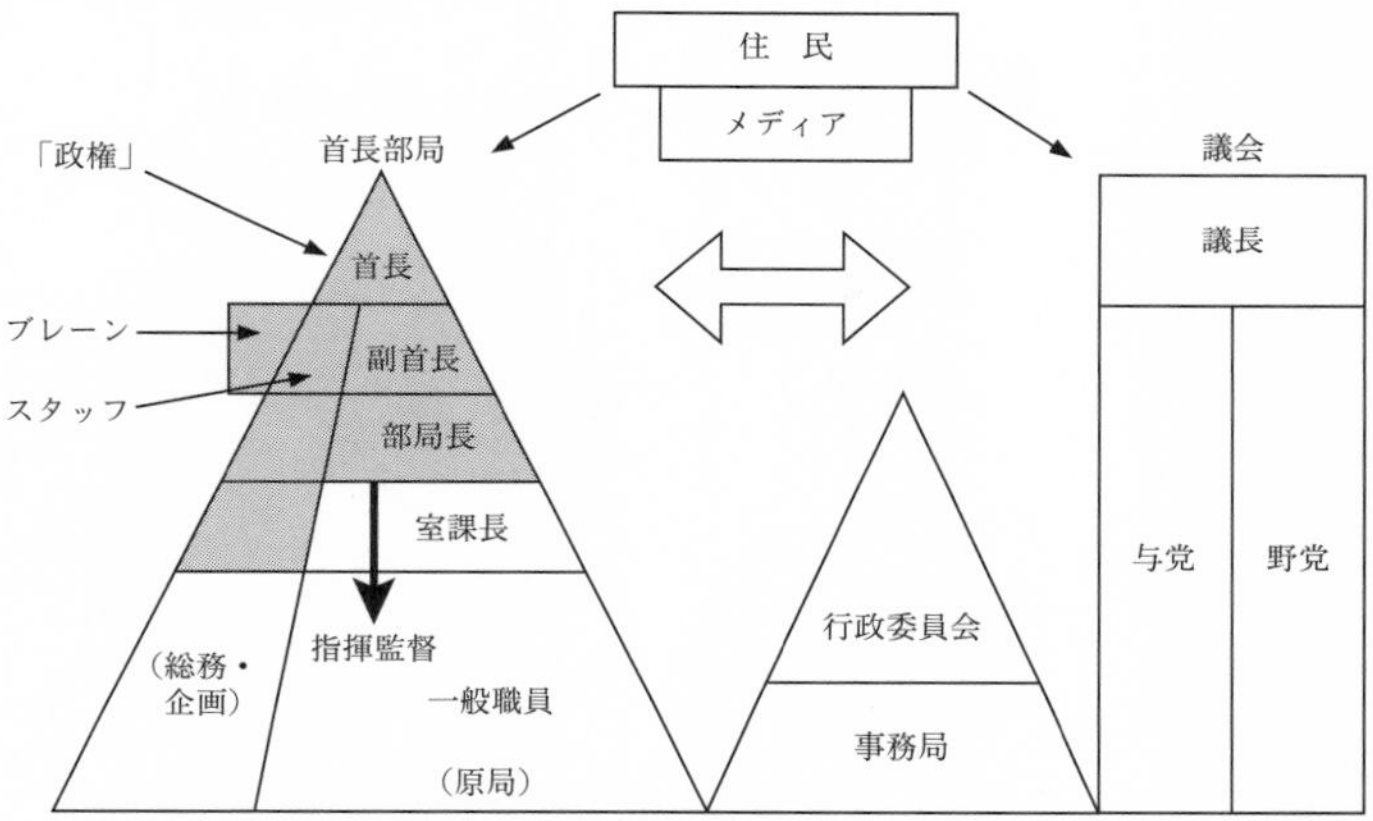

序章より

図1に示したように、集団としての自治体政権を構成するのは、「中枢」部（議院内閣制におけるコア・エグゼクティブに比せられる首長、副首長、首長補佐官、総務・企画等の部局長）、さらに機能としての自治体政権を補佐し、支える存在（首長ブレーン、部局長、総務・企画等の中枢的課長）までをその対象として捉える。

国内政治についてみた場合、国政レベルの「政権」に比べ、自治体では同一人物が一〇年以上にわたって首長をつとめる「長期政権」が常である。自治体を政権と捉えることは、首長が四年に一度直接選挙を受けることも相俟って、国政レベルの政権にはない独自の色彩を与える。

二　マニフェスト研究の書

1　マニフェスト論の進化への寄与

一連の政権構想を貫く基軸としてマニフェストを用いる点が本書の「政権論」としての醍醐味である。直接公選首長をいただく自治体政権を語る本書では、あらゆる場所でマニフェストの位置づけが語られる。

マニフェストの利用は、①選挙の段階で「政策中心の選挙」が可能になり、②当選後は「リーダーシップと緊張感のある政治」が実現し、③任期満了の段階で「結果に責任をもつ政治」になるという効果を期待して導入されるとする。これは四年の任期を通じたマニフェストのライフサイクルである。本書はこのようなマニフェストを軸に展開し、「地方自治を変える」ものとさえ位置づけている。

一方で日本におけるマニフェストは、二〇〇三年の公選法改正以降、自治体選挙でも一般化されていったものの、この間、いくつかの批判がなされている。たとえばマニフェストの持つ数値目標、財源、期限（いわゆる「三点セット」）の過度な強調、政策が目指すべき基本理念・価値観の捨象、さらにはマニフェスト原理主義への批判などはその代表的なものである。ところが、すでに民主党政権によるマニフェスト実現の失敗以降は周知の通り流行が下火となっていたことから、これらの批判がマニフェストそのものの持つ宿命的な欠点として的を射たものなのか、単に誤解によるものなのか、実践による解明が進まないため判然としない側面があったことは否定できない。

そのようなかで、本書がマニフェスト・サイクルの実践を通じて、誤解を解き、あるいは批判に応えるかたちで、あらためて自治体政権におけるマニフェストのあるべき方向を模索するものとなっている点は評価されるべき点であろう。神奈川県政における自治体政権という切り口が、こうした前進を生んだものといえる。

2　マニフェスト実践事例

では本書におけるマニフェスト活用モデルを見てみたい。自治体政権論に序章と第一〇章（終章）

を、マニフェスト論に第九章を充てているが、残る第二章から第八章の松沢県政論はこれら自治体政権論とマニフェスト論の実践編である。具体の政策展開については、一期目ではマニフェストを行政計画に盛り込むことからはじめ、首都圏連合における道州制推進提案、神奈川県水源環境税の導入、警察定員増と検挙率引き上げ、産業振興施策としての「インベスト神奈川」等の取り組みが紹介・検証されているほか、二期目では知事多選禁止条例、自治基本条例、受動喫煙防止条例等一一本の先進条例の制定を盛り込み、それぞれ実現にこぎ着けていく。

先に述べたように松沢政権においては、マニフェストは選挙の際の「勝つためのツール」としての利用と、当選後にそれによって持ち込んだ政策の総合計画へのとけこみなど内部化の過程を経て県庁組織内部に対する「外部」から政権をコントロールするツールとしての利用がなされている。マニフェストは、そのサイクルを通じて人よりも文章に正当性を調達しようとするものである。これを基軸に展開される政権論は、既存の首長のリーダーシップをベースとした地方政府研究の記述の仕方から一歩踏み出したものとなる。

また、外部有識者を巻き込んだマニフェスト進捗評価委員会方式を手順に組み込んだことは、二期目のマニフェストづくりにおいて一期目マニフェストの評価を反映させるにあたって、より説得力を持たせることになる。二期目マニフェストは、一期目がインパクト重視だったのに対して実績誇示型のマニフェストになる。マニフェストと共に、政権も進化してゆく。

ただし、マニフェストを中心に据えた自治体政権運営を構想したことに伴い、その弊害も当然現れている。松沢は、都知事選挙への出馬のために三期目の神奈川県知事選挙に出馬しなかったので、マニフェスト・サイクルを用いた政策展開については、構想の最終段階まで辿りついていない。したがって、政権が生まれてからの道筋を描く本書の主要パートは、唐突にその死に接することになる。

3　二層目のサイクル

このように、松沢県政のマニフェスト・サイクルの実践例を描く本書からは、四年を単位とする政策パッケージによる「小さなサイクル」と共に、次期へ向けたスパイラルを描き上昇していくもう一つの「大きなサイクル」ともいうべきものを描こうとしていることが発見できるだろう。このときマニフェストの総合計画への投影、議決を通して、「政権」の意思を行政組織及び議会に浸透させていく過程が大きな意味を持つ。この大きなマニフェスト・サイクルによって、一期目ではマニフェスト私文書説により冷淡だった職員機構も、二期目には部局長マニフェストづくり等を通じて積極的にマニフェストを使いこなす動きが見られるようになる。本書では政権によるマニフェスト活用は大きな功績を残したと評価している。

ただ先に見た通り、松沢政権には三期目以降がなかったため、本来の「大きなサイクル」について明確なモデルを提示することができなかった。もちろん、著者に松沢知事退場の責があるわけではない。だが、三期目があったならば、職員機構改革を含めたマニフェストの組織文化化が行われることになっただろうし、次の政権移行へむけた地ならし効果をも持つはずであろうが、これについては実践による裏づけを欠く。「大きなサイクル」がいかなる円環を描くことになるのか気にしながら読むと、それが腰砕けになってしまったことの無念さが、本書には漂う。

三　県政史の書

1　長洲県政からの導線

本書評冒頭で述べたように、作品には、神奈川県庁職員出身者としての自身の経験が投影されている。著者は長洲一二知事の「地方の時代」の提唱に共感して神奈川県庁に入庁し、一八年間にわたる県庁職員生活を経た後、岡崎知事の時代に大学教員へ転じた経歴を持つ。大学に転じた後も神奈川県庁の職員等との人的ネットワークは著者の研究にとっての基軸であり続け、かながわ政策法務研究会等の政策法務活動等で中心的な役割を担ってきたことが知られている。

そうした県政「内側」からの視線は本書でも発揮された構成となっているが、著者本人が参与をつとめながらその政権について語る本書の性質上、その距離感・中立性について心を砕いている。その点への配慮として、職員達と共にもたれてきた「かながわ県政史研究会」による討論が章ごとの末尾にQ&Aとして盛り込む工夫がなされている。本書は基本的に実践者側からの視点で描かれているが、そのうち本文が用いる政権中枢からの視点に対して、Q&Aは日々の業務を担う現場側の視点で補完する。両者はときには緊張関係すら持ち、このおかげで読者には現場の肌感覚が伝わる。

2　長洲県政への追慕

このように長く神奈川県政と関わりを持ってきた著者が、とりわけ長洲一二県政の研究及び検証活動に継続的に取り組んできたことは本書を特徴づける特筆すべき点である。本書は松沢県政を「政権」としての切り口で確立し、展開させていく様子を活写するが、「政権交代」以降に職員機構を掌握してい

図2　自治体政権の政治構造に関する４類型

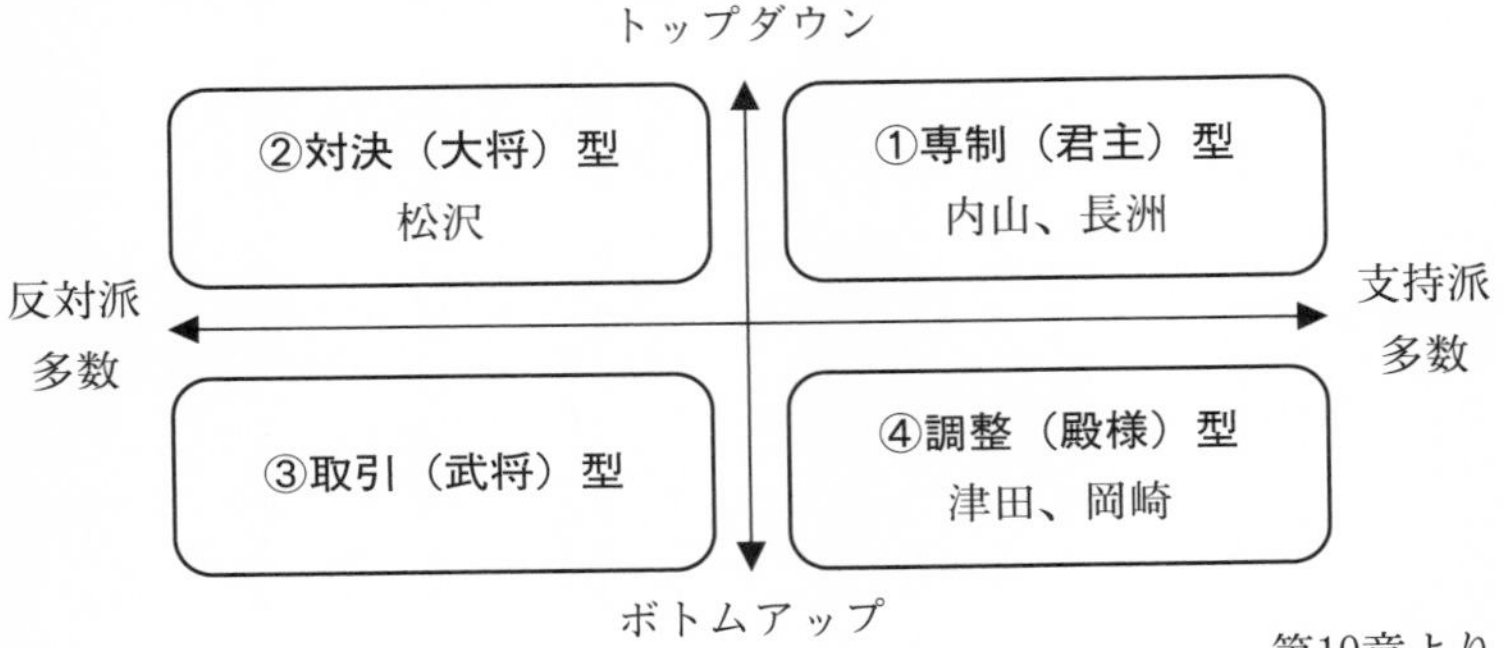

第10章より

く際の知事を取り巻くブレーンやスタッフ体制に着目した「ミニ・ホワイトハウス」構築、また県民人気に支えられ、先進的な政策による県政からの発信を行っていくなど様々な場面で「政権」としての長洲県政を意識していたことが繰り返し述べられる。長洲県政については著者のこれまでの研究論文でもたびたび触れており、長洲県政で「知事補佐官」を務めた久保孝雄の『知事と補佐官』（二〇〇六年、敬文堂）では解題を修める等、特に研究上の貢献が大きい。

著者は前述久保孝雄著『知事と補佐官』の解題で長洲県政の積み残した宿題として次の点を挙げた。①長洲県政の「政権」としての構造とその変化の究明、②長洲県政に関する本書の分析をふまえて地方政府の「政権論」を築くこと、③「補佐官論」をさらに検討し、進化させること。④地方自治のあり方を政治的な思想や運動との関係において再検討すること。著者が松沢県政及び本書で取り組もうとしたことはこの宿題に出発点があったようである。

3　松沢成文という素材

ただ、革新自治体として「地方の時代」を提唱するなど時代の寵児であった長洲一二に対して、松沢成文はどのような時代をつくりあげた知事であったのか。その研究素材としての違いが、やはり検討すべき課題として残される。

人物評にあたって、副知事や知事スタッフ、ブレーン集団等政権中枢の主体別のあり方についても、本書ではいくつかの型に整理した上で要素毎、部門毎に松沢政権を当てはめている。

著者の松沢政権評は、次の通りである。松沢知事は政治家としての資質を持ち、政策リーダー型として卓越したリーダーシップを発揮した。ただ、副知事については外部からの登用が実現せず生え抜き・実務家の副知事のみとなったこと、情報収集・発信には長けているものの助言提案については消極的な知事スタッフ、専門的助言は行うが直言機能については不十分だった知事ブレーン、不十分な「知事与党」であったことと合わせ主流会派から個人的な反発を受けていた議会との関係、総務・企画系と原局の温度差等、「政権」として見た場合、リーダーシップに優れたもののフォロワーシップについては必ずしも政権に対して十分な機能をしなかったという評価もしている。その結果松沢県政の政治構造は「対決（大将）型」であったと総評する。

自治体政権の政治構造に関する類型は、議会内の支持派・反対派の多寡およびトップダウン、ボトムアップの軸によって松沢の対決（大将）型の他に専制（君主）型、取引（武将）型、調整（殿様）型などに分類されるという（図2）。これ以外にも本書はパターン分類を多用する。例えば政策姿勢に関する四類型、首長と議会の関係に関する四類型、首長ブレーン（首長補佐官）のタイプ、自治体職員の志向性に関する四類型、等である。本書が示す類型は、簡易な枠組みで整理されており、図のような同じ県内の過去の政権との比較のほか、他県を政権として検討する場合にも使え、ある程度分析の基軸になる。

ただし、長洲が革新首長といわれたのに対して新自由主義を標榜する松沢は小さな政府を目指し大胆な職員削減を掲げるなど、イデオロギー的異質感があるのは言うまでもない。そのために松沢を長洲の政策的な後継者として位置づけることはできず、また職員や労働組合との良好な関係を構築するのに苦慮している。

分析対象となる政権としても、「不毛の選択」と言われた五期目まで含めて長期にわたった長洲に対し、松沢は二期で知事を辞した。もちろん「不毛」なほど長く務める必要はないし、知事を二期務めただけでも十分な業績をあげることは可能であろう。近年でも片山善博、北川正恭、細川護熙等はいずれも二期である。だが施行されなかったとはいえ多選自粛条例を提案し、三期を超えたものを多選と定義していた松沢県政にとって、三期目はマニフェスト・サイクル上いわば当然視されたものであった。「想定外」「意外」「途中退場」と言われながら都知事選への出馬を目的として二期目で退場するにつけても、繰り返しになるが、書評子には松沢本人を高く評価することはできない。

4　積み残された宿題

政権を歴史の中に位置づけようと考える場合、先代から改めたものの他に先代から引き継いだもの、また後世へと託したものについての大局的視点が求められる。松沢政権が多くの成果を達成したのは先述の通りである。では長洲県政、松沢県政と引き継がれた政権の課題のうち、依然として課題として残されたのは何か。著者によれば、それは県庁マネジメント改革である。これは著者の長洲県政に関する評価のなかで、その取り組みの限界として指摘されていたことでもあって、松沢県政はそれを意識して人事システムの改革など県庁マネジメント改革に挑んだものだった。

筆者の評価によれば、神奈川県庁組織については、成果主義発想の欠如、内向き体質、事務処理型発想、集団主義といった問題点がある。こうした組織体質から脱皮することが県庁マネジメント改革の柱として掲げられることになる。ただ、これについては著者を含む参与側と知事との間で必ずしも方向性が一致していなかったようで、管理職登用試験の導入やチャレンジ早期枠など採用・昇進に係る改革や、残業ゼロ革命等で一定の効果を上げたものの、本庁再編や自総研の改廃問題などでは、参与、知事、人事当局との間で対立し、改革が不十分なものとなるか、または頓挫していく姿が見られる。結果的に、本来改革が求められながら見直しができなかったものとして人事評価や給与制度改革などが課題として残されている。

組織文化改革などは有権者に対する訴求力が弱いこともあり、先に述べた通り、マニフェスト・サイクルにおいては優先順位が下位におかれがちであることも手伝って、ついに十分な県庁マネジメント改革に至ることができなかった。マニフェストのある種の限界をあらわしたものであろうか、それとも神奈川県庁組織の岩盤の強固さ故だったのだろうか。いずれにせよ、組織文化は課題そのままに後の政権へと引き継がれることとなったことになる。

四　歴史の中の松沢政権

松沢県政が神奈川県政史のなかにどのように位置づけられたのかという点については、おそらく著者自身が最も意識した点なのであろう。本書の執筆にあたっては、既に述べてきたように研究者、実務家らによる「かながわ県政史研究会」を立ち上げ、そこでの報告・質疑応答を基礎としているが、研究会名称にはその意図が顕著に表れている。
松沢県政がいかなる時代として位置づけられるのか、今後の神奈川県政からはどのような評価を下されることになるかは、もちろんまだ定まらない。したがって、本書の最大の価値は、歴史的検証に耐え得る政権研究論を打ち立てたことにある。松沢県政自体の歴史的位置づけを巡る評価は、本書によってその第一歩を踏み出した。そして後の政権を評価するにあたっても、本書は強力なツールを残したことになる。

注

(1) この分析手法が評価され、本書は二〇一八年自治体学会研究論文賞を受賞している。ただし、本書の帯は「知事ブレーンがみた神奈川・松沢県政8年のすべて！東京都知事にも読ませたい。」とあり、出版側の意図は①にあるようである。

(2) 大森彌『自治体の長とそれを支える人びと』二〇一六年、第一法規

(3) 田村秀『自治体ナンバー2の役割—日米英の比較から』二〇〇六年、第一法規

〈本書は、東信堂、二〇一七年刊
定価（本体三八〇〇円＋税）〉

《書評》

白藤博行著『地方自治法への招待』

和泉田保一
（山形大学）

一　はじめに

書評という業務上、順序通り読み始めてみる。すると、本書の序文においては、基本的人権の「破砕」、沖縄での普天間基地移設の議論の端緒となった事件への「満腔の怒り」などインパクトのある単語が並ぶ。そのような表現は、冷静に論理を展開するべき法律書においては異例といっていいものなのかもしれないし、そこからは、結論が先行し事実や論理が従となってしまっていないかと懸念する読者もあるかもしれない。しかし、読み進めてわかってくるのは、その序文の終盤にあるとおり、「できる限り個別具体的なトピックスを拾い上げ、できるだけわかりやすく解説する工夫」が凝らされており、その意味で、「回りくどく複雑になってしまって」いるような箇所もあるほどで、本書全体において、むしろ、現実問題を糸口にして、読者が、論理的筋道に沿って法学や地方自治法についての知識を身につけるための、周到な配慮がなされていることである。評者は、著者とは一度しかお話しさせていただいたことはないが、このような著者の、読者（初学者が多いと想定される。）にみせる周到で細やかな配慮の方が、著者にいだく印象と一致する。とはいえ、基本的人権の破砕に対する怒りと、学徒への慈愛に満ちた姿勢は、同じ事物の両面にしか過ぎないのかもしれない。

それはともかく、各章にほぼ共通してみられる特徴としては、まず、冒頭に提示された具体例等により読者の興味や問題意識が喚起され、各章において取り上げられる事項、学修すべき内容は、その興味や問題について理解・解決するための知識として解説されている。更に読み進んでゆくと、各章のまとめ部分では、問題に対する著者による方向付けが述べられており、そこで著者の私見に触れることができる。それにより、読者には「自分は、それに賛成なのか、反対なのか」あるいは「自分はどう考えるのか」と、主体的に考えることが求められる。また、紙幅の制限等により触れられない事項については、参考文献等が示されており、あるいは、各章末において、残された問題が提起され、読者（すなわち、主権者たる住民）がその問題解決の方策を探ってゆくべき当事者でもあるのだと結ぶ。これにより、読者には、本書を離れても、更に学修を進め、深める動機と機会、そしてそのためのヒントが与えられることになる。

以降、そのような本書における各章に共通する基本的特徴について、本書に倣い、もう少し具体的に辿ってゆき（二）、その後に、章立てや順序立てを中心にして、その他の特筆すべき点を分析的にみてゆくこととしたい（三）。

二　各章に共通する特徴：タイトルの妙

各章の構成に共通する基本的特徴として、そこで扱う事項に関する具体的トピックによる導入、各事項についての説明、まとめ、発展という一連の流れについて上に述べたが、まず特筆されるのが、各章のタイトルの妙がそのような流れを効果的にしていることである。タイトル（あるいは小見出し）をキャッチーなフレーズとすることによって、各章で扱われる事項のイメージ、学修し理解するための要領が直感的に把握できる。例えば、「住民」の定義を取り扱う第三章では、地方自治法（以下、「自治法」という。）上の定義では足りない。ここで、読者は、自治法の教科書だったはずではないかと、軽く抵抗感をおぼえるかもしれない。しかし、このような問題を扱う本章のタイトルは、「**住民とはだれか**」である。そして、具体例として、本書の読者層であろう学生が地方から東京に出てきて住む場合が挙げられる。読者は、上記の抵抗感にもかかわらず、まさに自らの問題として、「住民とはだれか」（「**あなたの住所どこですか**」なんていう小見出しもある。）という疑問を抱きつつ本章を読み進み、その過程で、自治法だけでは問題は解決せず、民法、会社法、住民基本台帳法と進み、事例や判例の積み重ねに当たる必要性が示唆される。そして、読者は、そのミステリーに巻き込まれ、共感あるいは反感等も抱きつつ、読み進めてゆくであろう。その過程において、別の法律や事例を参照せざるをえないやこしさなど、ほとんど感じることがないのではないだろうか。それだけではなく、日本人と同じようにそこに住み税金を支払っている外国人について直接請求権を排除する自治法のあり方が示され、それが現実に適合しているのか否かとの問いが突きつけられる。さらに、原子力災害等によって長期の避難を強いられる住民について思いを致すとき、「**住民とはだれか**」という小さくて単純そうな問いは、大きな課題・未解明の問題に関連していること、そして、それは解決しなければならない喫緊の課題でもあることに気づかされる。もしかして、わかっていることなど僅かでしかないのではないか。そこで、著者は率直に、「「住民とはだれか」に応えるのは至難の業です。」と吐露するのである！。しかし、そこで立ち止まることなく、住民の諸相は描写できるが、住民を定義すること、法律上「住民であること」、実際の暮らしの上で「住民になること」が困難であるのだと分析し、また、「住民」論における課題点として、「健常者住民と障害者住民」「都市住民と地方住民」、あるいは「住み続ける権利」論VS「居住・移転の自由」・「職業選択の自由」・「営業の自由」論などを提示する。読者には、この複雑な問題について考察する上でのヒントが与えられた。これを受けて、後は、自ら深めてゆくことができる。

思えば、自治法が規定するのは、社会に生きる者にとって身近な事項・事象に関してであると同時に、地方公共団体の財務・会計だとか、国等による地方公共団体への関与だとか、かなり些末な事項にも及んでおり、大学での授業であれば、それらも対象として扱わなければならない。つまり、相当に多くの事項を取り扱わなければならないため、詳細でありながら散漫になりがちである。初学者にとっては、脱落の第一候補であるかもしれない。このような問題に対処して初学者の興味を惹きつけ続けるのは、容易なことではない。本書の上述のような基本的特徴は、著者による、一つの処方の提案となっている。

さて、このように**第三章**では、**「住民とはだれか」**という導入、本論、更なる問題提起ときたわけであるが、それらを受けて、「住民が、主権者自治を徹底して、自らの基本的人権の保障を一層確かなものにするために、いかに知恵を絞って行動できるかがポイント」であると結ぶ。このような、主権者たる住民（読者）が、当事者として、その問題解決の方策を探ってゆくべきある、と結ぶスタイルも、本書全般に当てはまる。

以上のようなスタイルは、読者を各々の興味に沿った独習へ誘うのみならず、そのような考察をするに当たっては、地方自治の仕組みに基底する住民自治の原則や基本的人権の尊重との連続性を保つべきであるという要請を説くものであり、この点において、本書を一般の「教科書」との一線を画すものといえる。いわば、地方自治の主体となるための教科書というべきなのかもしれない。

このような、タイトルをはじめとした章ごとの構成の妙が特に注目される章として、この他に**第九章**が挙げられる。ここで扱う公の施設については、その管理運営の民間委託がこのところの大きな問題となっており、「**「公の施設」はだれのもの**」と題されている。旧来の管理委託制度が改められて指定管理者制度となり、何が変わったのか、そのメリット、あるいは、それが図書館等に適用された場合に顕在化したデメリット、そして、水道事業にまで拡大される経緯を追う過程で、読者は、幾分無味乾燥な公物管理法について学修しているという感覚をおそらく持つことなく、それらはいったい「だれのもの」なのか、どのような管理手法が最適であるのか、といった問いを発し続けるであろう。章の結びも、「主権者たる住民のあり方……制度について知恵を出し考えよう」、としており、タイトルの問いかけが章末まで効いている。

また、**第四章**は「**議会はいらないか**」と、かなりショッキングである。本章が対象とする自治法第一編第六章「議会」は、議会の組織、権限、運営、委員会等を規定している。読者は、やはり、それは重要なのだろうと当然思うが、どこか人ごとのように感じられるかもしれない。そこで、著者は、二元代表制において議会との対をなす長との関係、続いて、具体的なその権限（こちらについては、その内容が三点に分類され、把握するのに便利である。）について言及してゆくのであるが、それらを巡る問題点が顕著となった、国立市の高層マンション建設問題に関連する、内容が矛盾する二つの議決の問題が提示される。読者は、この興味深い問題を解くために、前提として、人ごとのようにみえる議会の組織、権限等のあり方について、その概要を頭に入れておく必要があるのである。

その議会との対をなす長について、**第五章**「**首長の権力**」では、執行機関としての長の公選制や地位、権限（これも、四点に整理され、把握に便利である。）を扱うのであるが、舛添元東京都知事の不正公金支出疑惑や沖縄県の故翁長知事を事例として、権限を濫用する首長と基本的人権の尊重の観点から奔走する首長とを対比する。そして、読者は、**第四、五章**を通じて、首長、議会（あるいは議員）は、その活動において強大な権限を有するが、それが合理的、自律的に行使されない場合には、住民にとって害悪となりかねず、そのような首長、議会（議員）に存在意義があるのか、といった考察に考え至るであろう。そこでも、二つのタイトルが効いている。そして、そのような強大な権限は、その行使の仕方により、民主主義の暴走につながりうる。そのような仕組みにおいて、まっとうな民主主義の実現のためにまっとうな首長や議員を選ぶのは住民なのである。

三　各章の構成と順序立ての特徴：構成および取捨選択の妙

次に、本書の構成等について分析的にみてゆく。

まず、本書各章の章立てと自治法の構成との対応関係をみてみると、**第一章「地方自治法と憲法」**と**第一二章「地方自治を護るために」**は、特定の章とは対応していない。いわば、憲法上保障される地方自治のすがたと憲法上要請される地方自治の保護について、憲法あるいは憲法原理の観点から述べられている。

第二章「地方自治体とは何か」は自治法の総則（第一編）に、**第三章「住民とはだれか」**は第二編第二章「住民」に、**第四章「議会はいらないか」**は同第六章「議会」に、**第五章「首長の権力」**は同第七章執行機関のうちの第二節「地方公共団体の長」に、**第六章「自治体職員の働き方」**は同第七章第二節のうちの第一七二条（第三款「補助機関」）に、**第七章「住民が直接投票で決めるしくみ」**は同第五章

「直接請求」に、**第八章「「直訴」する住民」**は同第九章財務のうちの第一〇節「住民による監査請求及び訴訟」に、**第九章「「公の施設」はだれのもの」**は同第一〇章「公の施設」に、**第一〇章「条例は地方・地域の大事なルール」**は同第三章「条例及び規則」に、**第一一章「自治体と国との関係」**は同第一一章「国と普通地方公共団体との関係及び普通地方公共団体相互間の関係」に、それぞれ、ほぼ対応している。

このような本書の章立てについて、まず目を惹くのは**第六章「自治体職員の働き方」**であろう。自治法は、職員については、第一七二条くらいしか規定がなく、その詳細については、地方公務員法あるいは条例によることとなっている。つまり、地方自治法の教科書であるならば、本章のような内容にはほとんど触れないのが通例であろうところ、本書は敢えて一つの章として扱っている。その理由は、本書では触れられていない。それを、評者なりに推察すると、自治法を執行し地方自治を実現させる地方公務員への期待の大きさを挙げることができるのではないか。各章末にほぼ共通する記述として、住民一人一人が地方自治のあり方について考えて知恵を出してゆくべきであるという方向付けがなされているが、職員もその一員として知恵を出してゆくことは、地方自治を護り増進させてゆくことに大いに寄与する。また、同章の結びにおいて、端的に、「自治体職員が変われば、自治体は変わる／住民が変われば、自治体職員も変わる」としている点に、著者がそこに込める含意を読み取ることができよう。また、この**第六章**の冒頭、「政治活動」について公的補助金の不支給の事例を、職員の憲法遵守義務の問題として挙げているのもその表れであろうし、後半で、公権力行使等公務員に言及した最大判H17.1.26に触れつつ、非正規公務員の増加という状況に警告を発していることも、著者における、自治体職員の位置付けの高さを示していると考えられる。

同様に、住民に対する期待の大きさも本書の章立てや構成に表れており、住民が、いわば、主人公となっている章が、**第三章**、**第七章**、**第八章**と幾分多くなっている。序文において、憲法と地方自治法の基本的人権の尊重の点が強調されているところ、人権の主体である住民や職員を重視するのは、当然のことであろう。

一方、自治法の構成要素でありながら本書では省かれている項目として、第二編第一章「通則」、同第四章「選挙」、同第八章「給与その他の給与」、同第九章「財務」のうちの第一〇節以外、同第一二章「大都市に関する特例」、同第一三章「外部監査契約に基づく監査」、同第一四章「補則」、第三編「特別地方公共団体」、第四編「補則」が挙げられる。地方自治法への「招待」と銘打っていることからは、概ね肯ける省略であるといえよう。

但し、比較的重要と考えられる自治法の第九章「財務」について大幅に省かれている点は特徴的である。これに対して、同章第一〇節を扱う**第八章「直訴する住民」**においては、わずか二ヶ条について一つの章を費やしている。つまり、「財務」規定について省く代わりに、住民監査請求と住民訴訟についての記述を充実させている。このことは、地方公共団体の内部的な財務会計処理の問題よりも、それに先行し支払いの原因となる「非財務会計行為」の違法性を対象とすることが可能である住民訴訟等の機能に注目する著者の姿勢を表わすものとみられる。そして、本書は、住民訴訟について、それが民主主義的機能と法治主義的機能とのいずれも有していること、熟議民主主義と熟議法治主義を具体化する制度として位置付けられること、四号訴訟についての「違法性承継アプローチ」と「財務会計法規上の義務違反アプローチ」、更に、請求権放棄議決問題についてまで、かなり突っ込んだ論及を行っている。

そして、住民訴訟制度は立法者が作曲した旋律であるが、そのなかにどのように〝自律〟を謳いあげるのかは、自治と分権の番人としての住民の役割であると結ぶ。

本書各章の順序立てについての特徴として、**第七章「住民が直接投票で決めるしくみ」**が、自治法の構成（対応する「直接請求」は第五章の規定である。）と比較してやや後半に置かれている。これは、一通り自治法上の規定を理解した後に、いよいよ、具体的に住民が参画してゆく手段として、上述**第八章**とあわせて後半に置かれているとみるべきか。また、**第七章**については、法定外住民投票の意義を、直接民主制の臨時的採用、あるいは後述の直訴する住民と事項別の「一〇〇％の投票民主主義」、熟議住民投票等に言及しつつ、かなり念入りに強調し、それについての「そもそも論」、あるいは関係する諸説についてまで、コンパクトな全体構成に比して、かなり丁寧に紹介している点が、本章の特徴として指摘できる。

自治法第三章に規定される条例制定権もまた本書では**第一〇章**という後半に置かれている。法学者として力が入るはずの条例制定権や法律との競合の問題を後半にずらした意図はどこにあるのだろうか。その理由は明記されていないが、本章が、法律と条例という、幾分複雑な問題を取り扱うことに起因していると思われる。すなわち、旧来の法律先占論やその克服、地方分権改革や地域主権改革等の経緯などを扱うには、ある程度読み進み、読者が地方自治（法）について一通り理解し、現行制度への批判的見方あるいはその創造的な活用についての知識と心構え、姿勢がある程度身についた後としたいという心理は当然である。また、本章の直後に、**第一一章「自治体と国との関係」**を配置しようという意図も理解しやすい。条例制定権、法律と条例の競合の問題は、国による地方公共団体への関与の問題（及び、その間の係争処理）、と連続する。問題のある条例（非実在青少年規定、情報開示請求権の濫用禁止規定など。）があることは否定できないが、かつて国の法律が公害対策に無力であった時に、条例による規制が期待され、一部それが実現した（大気汚染防止法等における上書き条例の法制化）という経緯、地域の実情に応じた別段の規制の必要性、条例が「住民の命や健康、あるいは環境を守るため、国と闘う法的論理でもあり手段でもある」という一連の事項や記述は、**「自治体と国との関係」**に関わる近年の大問題とも連続する。そして、**第一一章**では、一九五二年改正において監督から相互の関係へ、一九九九年改正において「関与」法定主義、一般原則、関与の適正手続の導入へと、国と地方自治体との関係が変遷してきたことを解説し、現行法における「関与」の具体例として、辺野古訴訟に関わる一連の実例を示している。これまでの学修の仕上げとして、読者は、辺野古訴訟に関わる国の沖縄県に対する関与、沖縄県による対抗手段等の実例の意味するところを問うこととなる。また、ここで著者は、国による関与のアナロジーとして、市民・住民的関与の組み込みの必要性を指摘し、その上で、**最終（第一二）章「地方自治を護るために」**と続く。

四　おわりに：本書をどのように活用するか

以上みてきたように、本書においては、各章毎の構成についても、全体的な章立て、その順序立てについても、著者の周到な配慮をみて取ることができる。

最後に、学修者としての読者の観点、そして、教科書として使用する教員の観点から、本書の特徴をまとめてみよう。

まず、学修者たる読者の観点からは、耳目を集めた、あるいは、身近な具体的トピックが挙げられており、簡明な表現、構成と相俟って、読者にはとっつきやすい。さりながら、重要な論点については、かなり突っ込んで紹介されていたり、あるいは、文献とのリンクが示されており、読者は興味を惹かれたどの部分から深めていったとしても、確かな根拠・出典、その議論の世界にアクセスすることができるようになっている。

本書の読者には、大学等で地方自治法を担当する教員もいることであろう。そのような者の観点からは、地方自治法の規定内容詳細ありながら散漫であり、授業を行うに当たっては、どのように受講者の興味を惹きつけるか頭を悩ますのであるが、本書を主旋律として活用しながら、教員が、もっと身近な具体的トピックを挙げたり、必要に応じて詳細を埋めていくといった手法を採ること、いわば、アレンジすることにより、本書の成果を効果的に活用することができるだろう。

また、本書は、初学者に対して、ある概念についてどのような順序や構成で提示すれば、より確実に容易に理解してもらえるのかという方法論について、優れた一例を示している。このことから、本書は、教科書等として本書を活用しようとする教員にとっても、受講者の興味をどのように惹きつけるか頭を悩ましてきた「地方自治法への招待状」という意義を持つといえよう。

このような著者の作業を、学修者として、あるいは、教員として追体験することで、地方自治や基本的人権の尊重について先人が作り上げて守ってきた営為に対する、政府の無理解、毀損、あるいは、先進的地方自治体の挑戦的ともいえる試みについて、より深く理解することが可能となり、序文において掲げられた著者の強い思いは、より実感を伴って共感されることとなるだろう。

〔本書は、自治体研究社、二〇一七年刊
定価（本体一五〇〇円＋税）〕

V　学会記事

◇日本地方自治学会　学会記事

一　二〇一七年度日本地方自治学会の研究会・総会は、一一月一八日（土）・一九日（日）、専修大学・神田校舎で開催されました。報告テーマおよび報告者は以下のとおりです。

(一)　日韓交流セッション（一一月一八日）

テーマ「日韓地方自治の特質」

「分権と直接民主主義の効用性」　林　承彬（Lim Suhng Bin・明知大学）

「地方自治とソーシャル・イノベーション」　今里　滋（同志社大学）

司会　川瀬憲子（静岡大学）

(二)　研究会（共通論題①　一一月一八日）

テーマ「日本地方自治学会創立三〇周年記念

憲法・地方自治法七〇年と地方自治研究」

「第一次地方分権改革と日本自治学会の一七年」

「自治体学会三〇余年と地方自治研究」　新藤宗幸（千葉大学名誉教授・日本自治学会会長）

金井利之（東京大学・自治体学会副理事長）

「日本国憲法施行七〇年のもとでの自治と分権

—地方分権が永遠の微調整ならば、地方自治は永遠の微抵抗か」

白藤博行（専修大学・日本地方自治学会理事長）

コメンテーター　宮本憲一（大阪市立大学名誉教授）

司会　榊原秀訓（南山大学）

㈢　分科会（一一月一九日）

分科会①

テーマ「行政と民間の関係—公営ギャンブル、自治体周辺法人、公営企業」

「官と民が担う合法ギャンブルの変遷

—明治の競馬から公営ギャンブル、そしてＩＲへ」　萩野寛雄（東北福祉大学）

「自治体周辺法人の法的考察」　板垣勝彦（横浜国立大学）

「先進国の公営企業と公会計」　木村佳弘（桃山学院大学）

コメンテーター　森　裕之（立命館大学）

司会　長内祐樹（金沢大学）

分科会②

テーマ「教育政策と地方自治」

「教科書採択」　権　奇法（愛媛大学）

「教育政策における議会の役割」　坂野喜隆（流通経済大学）
「教育政策と行政組織」　外川伸一（山梨学院大学）
コメンテーター・司会　村上祐介（東京大学）

分科会③
テーマ「公募セッション（自由論題）」
「地方公共サービスの民営化・再公営化の評価
—ベルリン市上下水道事業を事例として」　宇野二朗（札幌大学）
「広域連携政策の実証分析—消防事務を対象に」　祐野　恵（京都大学大学院）
「協議会型地域組織による地域再編の論理」　栗本裕見
（大阪市立大学特別研究員）
「ポートランド市の近隣アソシエーションと市民的関与」　宗野隆俊（滋賀大学）
コメンテーター　佐藤克廣（北海学園大学）
原田晃樹（立教大学）
司会　榊原秀訓（南山大学）

㈣　研究会（共通論題②　一一月一九日）
テーマ「東京都政と地方自治」
「都政の歴史と構造」　進藤　兵（都留文科大学）

「議会改革と都議会」　廣瀬克哉（法政大学）
「都財政」　町田俊彦（専修大学名誉教授）
コメンテーター　人見　剛（早稲田大学）
司会　礒崎初仁（中央大学）

二　総会

二〇一七年度日本地方自治学会総会は、二〇一七年一一月一八日（土）、専修大学・神田校舎で開催され、決算、会計監査、予算などについて報告され、いずれも原案通り承認された。

◇日本地方自治学会　年報「論文」・「ノート」公募要領

日本地方自治学会年報編集委員会
二〇〇六年一一月一一日総会にて承認

日本地方自治学会では、学会創立二〇周年を記念して、年報・地方自治叢書第二〇号（二〇〇七年一〇月刊）から、『年報』という発表の場を広く会員に開放することと致しました。

叢書の総頁数の関係で、「論文」「ノート」は最大三本までの掲載に限られますが、このことにより、学際的な本学会の特徴をより明確にし、年報の充実により、多角的な視点による地方自治研究の水準をさらに引き上げていきたいと考えます。

つきましては、以下の要領にて「論文」「ノート」を公募しますので、積極的にご応募ください。

一　応募資格

毎年一一月末日現在での全ての個人会員（一度掲載された方は、その後二年間応募をご遠慮いただくこととします）。

二　テーマ・内容

地方自治をテーマにしていれば、内容は応募者の自由としますが、日本語で書かれた未発表のもの

（他の雑誌等に現在投稿中のものは応募できません）とし、「論文」または「ノート」のいずれか一点に限ります。

「論文」は、知見の新しさなどを求める学術論文を対象とし、「ノート」は、研究の中間段階でありながら一定のまとまりを持つものや学術的関心に支えられた行政実務についての論述など、地方自治研究を刺激することが期待されるものを対象とします。

三　原稿枚数

「論文」については、二四、〇〇〇字（四〇〇字詰原稿用紙六〇枚）以内、「ノート」については、一二、〇〇〇字以上一六、〇〇〇字未満（四〇〇字詰原稿用紙三〇枚以上四〇枚）とします。字数には、表題・図表・注・文献リストを含みます。

四　応募から掲載までの手続き

①　意思表示

応募者は、毎年一二月末までに、原稿のプロポーザル（A四、一頁、一、二〇〇字程度）を、「封書」で、表に「日本地方自治学会論文・ノート応募」と明記の上、下記日本地方自治学会年報編集委員会委員長宛にお送りください。

プロポーザルには、何をいかなるアプローチで明らかにしようとするのか、内容のおおよその構成とその素材について説明してください。「論文」と「ノート」のどちらでの掲載を希望しているのかについても明記してください。

プロポーザルと実際の応募原稿の内容が大幅に異なる場合には、原稿を受理致しません。応募の意思表示をされた方には、プロポーザル受理の通知とともに、応募件数の状況、執筆要領をお送りします。

・プロポーザル送付先

〒七六〇―八五二三　香川県高松市幸町二番一号　香川大学法学部五〇一号室

三野　靖

② 応募原稿の締め切り期日

翌年の三月中旬必着とします。上記日本地方自治学会年報編集委員会委員長宛に、執筆要領に従った完全原稿とそのコピー一部、計二部を、郵便か宅配便でお送りください。それ以外の方法では受け取りません。

③ 応募者の匿名性確保のための作業

三月下旬に、年報編集委員会が、査読に当って応募者を判らないようにするため、応募「論文」「ノート」の一部について、必要最小限のマスキング（黒塗り）を施すことがあります。応募にあたっては、このマスキングがなされても、論旨を損わないよう、引用・注等に配慮した執筆をお願いします。

④ 審査方法

四月に入ると、年報編集委員会が、応募のあった「論文」「ノート」各一編につき、匿名で、三名のレフェリー（査読者）を委嘱し、およそ、一ヶ月間、審査をお願いし、その審査結果をもとに、掲載の可否を決定します。

三名のレフェリーのうち、二名以上が掲載可と判定した場合は、掲載できるとの原則で運用します。

しかし、年報への掲載可能本数は「論文」「ノート」あわせて、最大三本と見込まれるため、場合によっては、次年度号への掲載となる場合があります。

⑤　審査基準

「論文」については、主題の明晰さ、命題・事実・方法などにおける知見の新しさなどを基準とし、地方自治学会年報に掲載する学術論文としての適切さを審査します。査読結果によって、掲載可となる場合でも、「論文」ではなく、「ノート」として掲載可となることもあります。また、掲載の条件として修正が求められた場合には、再査読が行われます。

「ノート」については、論述が整理されていること、調査研究を刺激する可能性のあることなどを基準とし、提出された時点での完成度について、地方自治学会年報に掲載する「ノート」としての適切さを審査します。

但し、年報への掲載可能本数が「論文」「ノート」あわせて、最大三本であるため、掲載にあたっては「論文」を優先し、「掲載可」とされた「ノート」であっても、年報編集委員会がレフェリーによる相対評価に基づいて優先順位をつけ、順位の低い「ノート」の掲載を次年度号に送る判断をすることがあります。

また、掲載の条件として修正が求められた場合には、再査読が行われます。

⑥　掲載可となった原稿の提出

早ければ六月初旬、再査読が必要になった場合でも、七月初旬には、年報編集委員会から応募者に対して、掲載の可否についての最終の連絡をします。

掲載否の場合は、レフェリーの判断を年報編集委員会にて取りまとめたうえ、応募者に文書にて通知します。

掲載可の場合は、年報編集委員会からの通知を受けて、七月末日までに、日本地方自治学会年報編集委員会委員長宛に、完全原稿一部とその電子情報をフロッピーディスクもしくは添付ファイルにて提出してください。

⑦　校正等

年報は、一〇月下旬までの刊行を目指しますが、その間に、著者校正を二回程度お願いします。

五　その他

公募論文の年報への掲載に際しては、年報編集委員会による簡単な応募状況などの報告のみを付します。

以　上

編集後記

日本地方自治学会が設立されてから三〇年目を迎える中で開催された二〇一七年度総会・研究会の記録等をまとめた地方自治叢書第31号を刊行いたしました。本来であれば、二〇一八年度の総会・研究会までに刊行されるべきものでしたが、一年遅れての刊行となりましたことをお詫びいたします。

31号のタイトルは、三〇周年を記念して「地方自治研究の三〇年」とさせていただきました。二〇一七年の総会・研究会で行われたシンポジウムの記録に加え、学会の創設から関わってこられた宮本憲一先生には、新たに学会の歴史を振り返っていただき、巻頭論文を書き下ろしていただきました。これらの論考から、この学会が創設され、今日まで議論を重ねてきた意義を確認していただければ幸いです。

また、同じく二〇一七年度総会・研究会で開催された複数の分科会での研究報告についても第二部に論文として掲載し、地方自治の現場で起こっているさまざまな課題の中から、公民関係や自治体議会等をテーマにした論考を寄せていただきました。さらに、今回、公募論文も掲載することができたことは学会誌としての意義を高めるものであり、応募いただいた佐藤徹会員、また、審査にあたって査読をしていただいた先生方に深く感謝したいと思います。

31号の刊行、そして並行して作業が進んでいる32号の刊行をもって、通常の発行時期が回復されます。刊行の遅れにもかかわらず、粘り強くわれわれの作業を見守り、学会誌の刊行にご尽力いただいた敬文堂の竹内基雄社長に、ご迷惑をおかけしたことを重ねてお詫び申しあげるとともに、心から感謝申しあげたいと思います。

（牛山久仁彦）

地方自治研究の30年 〈地方自治叢書31〉

2019年12月１日　初版発行

定価はカバーに表示してあります

編　者　日本地方自治学会
発行者　竹内基雄
発行所　㈱敬文堂

東京都新宿区早稲田鶴巻町538
電話　(03) 3203-6161（代）
FAX　(03) 3204-0161
振替　00130-0-23737
http://www.keibundo.com

印刷／信毎書籍印刷株式会社　製本／有限会社高地製本所

ISBN978-4-7670-0236-1　C 3331

〈日本地方自治学会年報〉既刊本

地方自治叢書〈1〉
転換期の地方自治

本体二四〇〇円

日本地方自治学会の設立に当たり柴田徳衛／地方自治論の課題と展望兼子仁／現代社会と地方自治史研究の成果と課題大石嘉一郎／行政学の立場から寄本勝美／社会学の立場から似田貝香門／転換期のアメリカ政府間関係新藤宗幸／転換期の地方自治戒能通厚／西ドイツにおける地方自治伊東弘文／町づくりにおける住民参加の歴史的経過をたどって片方信也／転換期の意味と主体の問題矢澤修次郎／イギリス地方税改革と地方自治の再編北村裕明／アメリカの市民参加寄本勝美／公共性の現代的展開似田貝香門／「東京の行政と政治」研究ノート佐々木信夫／書評

地方自治叢書〈2〉
日本地方自治の回顧と展望

本体三〇〇〇円

戦後地方自治雑考阿利莫二／私と地方自治杉村敏正／明治地方自治の国際的性格山田公平／都市自治一〇〇年における関一芝村篤樹／昭和期における府県制度改革天川晃／地方自治の継受と公益事業制策について今井清一／日本の地方自治の「独自性」宮本憲一／戦後日本政治分析における多元主義理論と中央地方関係佐藤俊一／八〇年代の不動産資本・土地市場の動向と都市の変貌宮野雄一／岐路にたつ都市社会運動吉原直樹／イタリアの都市自治と住民参加宗田好史／台湾の地方財政川瀬光義／韓国における住民参加制度について鄭相干／タイの地方自治と住民参加橋本卓／書評

地方自治叢書〈3〉
広域行政と府県

本体二六二二円

地方自治と私足立忠夫／「行革」・広域行政と府県都丸泰助／府県と自治体連合の可能性鳴海正泰／農山村地域と広域行政保母武彦／都市計画の立場からみた都道府県と広域行政石田頼房／自治的広域行政機構の条件岩崎美紀子／福祉行政事務の地方移譲の法的問題点芝池義一／イギリス地方税制改革の基本的枠組星野泉／フランスにおける地方債の自由化青木宗明／ニュージーランドにおける政府間関係の動向藤井浩司／都市ポランタリズムとコミュニティ渡戸一郎／書評

地方自治叢書〈4〉
世界都市と地方自治

本体二九一三円

私と地方自治柴田徳衛／世界都市の挑戦K・タブ（横田茂訳）／英国地方税制の改革と地方団体の反発竹下譲／「世界都市・TOKYO」の特質とその構造的矛盾寺西俊一／都市の産業構造からみた世界都市論青木圭介／世界都市の理論化と問題点中邨章／新しい中央地方関係論へ笠京子／補助金と地方自治鶴田廣巳／地方自治と住民参加鵜飼照喜／タイにおける過疎農村地域開発と地方政府の役割M・サングスカル（小池治訳）／人口過疎地域における地方自治体の役割と機能E・パディラ（中村・小池・中邨訳）

地方自治叢書〈5〉
条例と地方自治

本体二七一八円

学会誌第五号の発行にあたって佐藤竺／私と地方自治加藤一明／研究会「条例と地方自治」のまとめ兼子仁／地方自治の展開と条例の諸傾向吉田善明／まちづくりと条例三橋良士明／都市憲章条例への期待富野暉一郎／自治体条例論をめぐる枠組みの再検討五十嵐敬喜／自治体における選択基準の実際江口清三郎／自治体財政における公会計システムについて兼村高文／選挙区割における地方性重視の可能性小林幸夫／真鶴町まちづくり条例論五十嵐敬喜／韓国の民主化と地方自治盧隆熙／日・韓地方自治比較の問題点山田公平／書評

地方自治叢書〈6〉
地域開発と地方自治
本体二七一八円

全国総合開発計画三〇年を検討する宮本憲一／自治の思考の転換河中二講／「持続する発展」をもとめて宮本憲一／リゾート開発と地方自治今里滋／地域開発と地方自治渡名喜庸安／地域環境時代の地域開発と地方自治中村剛治郎／グローバル・リストラと地域開発佐々木雅幸／孫文の建国構想における地方自治と台湾の地方行財政川瀬光義／三新法体制における参加と統制の制度構造小原隆治／住民自治の歴史的展開玉野和志／都市再開発とネイバーフッド・リバイタリゼイション白石克孝／書評

地方自治叢書〈7〉
都市計画と地方自治
本体二七一八円

第七巻発刊にあたって宮本憲一／私と地方自治横山桂次／わが国都市計画の新次元への挑戦三村浩史／改正都市計画法―行政手続法―開発指導鈴木庸夫／都市計画のマスタープランとまちづくりの課題片方信也／合衆国の都市改造の経験とその教訓遠州尋美／一九九二年都市計画法、建築基準法改正に寄せて北原鉄也／都市環境形成の課題安木典夫／まちづくりにおける自治会・企業・支所の役割今川晃／わが国の都市計画行政と市町村マスタープランの創設丸山康人／発展途上国における地方分権化山崎圭一／ポスト福祉国家と新都市社会学の展開西山八重子／書評

地方自治叢書〈8〉
現代の分権化
本体二七一八円

学会誌第八巻の発刊に当たって室井力／私と地方自治佐藤竺／現代地方分権論の文脈加茂利男／立法学からみた地方分権推進法五十嵐敬喜／地方分権と税財政制度改革遠藤宏一／地方分権―五つの関心水口憲人／討論「社会福祉分野からのコメント」武田宏／戦時・占領期における集権体制の変容市川喜崇／伊勢湾沿岸域開発と地方自治鈴木誠／地方政府再編に関する一考察牛山久仁彦／フランス州財政の諸問題中西一／外国人居住者と日本の地域社会田嶋淳子／都心居住にみる自治体の施策と課題市川宏雄／書評

地方自治叢書〈9〉
行政手続法と地方自治
本体二七〇〇円

私と地方自治吉岡健次／行政手続法と地方自治本多滝夫／行政手続法と地方自治今村都南雄／行政手続法と地方自治塩崎賢明／報告に対するコメント見上崇洋／水資源開発と地方自治小森治夫／韓国における工業団地開発と都市財政鄭徳秀／書評

地方自治叢書〈10〉
機関委任事務と地方自治
本体二八〇〇円

私と地方自治宮本憲一／「機関委任事務」法論と地方自治白藤博行／機関委任事務廃止の意味辻山幸宣／機関委任事務と財政改革坂本忠次／社会セクター台頭の意味と可能性白石克孝／地方分権と地方財源星野泉／英国労働党政権の新地方自治政策横田光雄／書評

地方自治叢書〈11〉

戦後地方自治の歩みと課題

本体二九〇〇円

地方自治と私**室井力**／地方自治改革の軌跡と課題**山田公平**／分権的税財源システムの課題**伊東弘文**／戦後地方自治と革新自治体論**鳴海正泰**／震災復興と自治体財政**高山新**／英国の地方財政制度**稲沢克祐**／サンフランシスコにおけるアフォーダブル住宅**五嶋陽子**／書評

地方自治叢書〈12〉

介護保険と地方自治

本体二八〇〇円

私と地方自治研究**大石嘉一郎**／介護保険と市町村の役割**池田省三**／介護保険と地方財政**横山純一**／鷹巣町の福祉**岩川徹**／コミュニティ・ソリューションと市民・NPO**日詰一幸**／都市と農山村の連携におけるNPOの役割**松井真理子**／福祉改革・地方分権改革の中の生活保護行政**木原佳奈子**／広域連合制度の特質とその活用方途**原田晃樹**／書評

地方自治叢書〈13〉

公共事業と地方自治

本体二八〇〇円

地方財政危機と公共事業**関野満夫**／公共事業と地方自治**晴山一穂**／公共事業の分権**武藤博己**／地方分権一括法以後の地方自治**辻山幸宣**／韓国の地方分権の推進状況と課題**崔昌浩**／パラダイムの転換**竹下譲**／書評

地方自治叢書〈14〉

分権改革と自治の空間

本体二九〇〇円

私と地方自治**石田頼房**／分権改革**水口憲人**／環境行政における中央・地方の役割分担と協力**寄本勝美**／地方分権改革と広域行政**岩崎美紀子**／地域社会の側から見た地方分権と広域行政**富野暉一郎**／高齢者保健福祉政策と市町村の公的責任**水谷利亮**／自治体財政とキャッシュ・フロー会計**兼村高文**／基地問題と沖縄の自治**島袋純**／韓国地方自治制度の歴史と現行制度に関する一考察**李憲模**／英国における「地方自治の現代化」**森邊成一**／書評

地方自治叢書〈15〉

どこまできたか地方自治改革

本体二八〇〇円

新世紀における三重のくにづくり**北川正恭**／地方分権改革と地方税制**星野泉**／分権時代の法環境**久保茂樹**／分権化の行政改革**向井正治**／議員提出条例から見た県議会改革**小林清人**／韓国における地方議会の現状と活性化策**呉在一・朴恵子**／英国の自治体経営改革の動向**稲沢克祐**／現代デモクラシーのなかの住民投票**上田道明**／書評

地方自治叢書〈16〉

自治制度の再編戦略

本体二八〇〇円

地方自治と私**兼子仁**／自治史のなかの平成合併**山田公平**／自治体再編と新たな自治制度**島田恵司**／基礎的自治体と広域的自治体再論**人見剛**／都市・農村共生型財政システムをめざして**重森曉**／「西尾私案」と地方自治**白藤博行**／市町村合併に伴う選挙区制度設置と自治体内自治組織論**今井照**／市町村合併の検討過程と住民自治**小林慶太郎**／地方公共事業とＰＦＩ**森裕之**／書評

地方自治叢書〈17〉

分権型社会の政治と自治

本体二八〇〇円

二元的代表制の再検討**駒林良則**／自治を担う議員の役割とその選出方法**江藤俊昭**／自治体の財政的自立と税源移譲**兼村高文**／「地域自治組織」と自治体の政治**今井照**／イングランドにおける広域自治体の再編**馬場健**／ＮＰＯと資金問題**松井真理子**／地方政治のニューウェイブ**今里佳奈子**／韓国の住民投票制度について**姜再鎬**／書評

地方自治叢書〈18〉

道州制と地方自治

本体二八〇〇円

地方自治と私**山田公平**／《対談》都道府県自治をめぐって**増田寛也・今村都南雄**／道州制と北海道開発予算の現状・課題**横山純一**／道州制の考え方**稲葉馨**／道州制・都道府県論の系譜**市川喜崇**／「地域自治区」の法的位相**妹尾克敏**／自治の本質と価値**黒木誉之**／書評

地方自治叢書〈19〉

自治体二層制と地方自治

本体二八〇〇円

地方自治制度改革のゆくえ**加茂利男**／風土の上にある自治**松本克夫**／新時代の基礎自治体**岩崎美紀子**／個別行政サービス改革としての三位一体改革**金井利之**／地方分権改革の検証**垣見隆禎**／都市計画関係法令と条例制定権**大田直史**／ブラジル参加型予算の意義と限界**山崎圭一**／カナダの州オンブズマン制度と地方自治体の関係**外山公美**／書評

地方自治叢書〈20〉

合意形成と地方自治

本体二八〇〇円

地方自治体の国政参加権再論**人見剛**／基地維持財政政策の変貌**川瀬光義**／スイスの住民参加と合意形成―住民投票の可能性と限界**岡本三彦**／住民投票の歴史的展開**鹿谷雄一**／コミュニティ政策の課題**玉野和志**／地域コミュニティの現在**家中茂**／書評

地方自治叢書〈21〉

格差是正と地方自治

本体二八〇〇円

自治体の格差と個性に関する一考察**山口道昭**／二〇〇〇年代「教育改革」と教育を受ける権利**竹内俊子**／「地域格差」と自治体の再生**岡田知弘**／福島県商業まちづくり推進条例と「まちづくり三法」**鈴木浩**／指導要綱の条例化と住民の意向の反映**内海麻利**／ドイツの市民参加の方法「プラーヌンクスツェレ」と日本での展開**篠藤明徳**／地方財政調整交付金制度創設に関する論議**中村稔彦**／書評

地方自治叢書〈22〉

変革の中の地方自治

本体二八〇〇円

地方自治と私**加茂利男**／道路論争**五十嵐敬喜**／自治体議会改革を考える**小林武**／国と普通地方公共団体との間の行政訴訟**寺洋平**／自治基本条例における住民自治の必要性**相澤直子**／アメリカの交通まちづくりと持続可能な都市交通経営**川勝健志**／市民によるマニフェスト評価**長野基**／書評

地方自治叢書〈23〉

第一次分権改革後一〇年の検証

本体二八〇〇円

地方分権の法改革**白藤博行**／自治体の再編と地域自治**今川晃**／三位一体改革の帰結と財源保障制度の将来像**武田公子**／農山漁村地域における自治体財政の実態と課題**桒田但馬**／韓国における分権化政策の評価と課題**呉在一**／書評

地方自治叢書〈24〉

「地域主権改革」と地方自治

本体二八〇〇円

あらためて問われる「地域主権」改革**今村都南雄**／「地域主権改革」と住民自治**人見剛**／創造都市と都市文化景観**佐々木雅幸**／イギリスにおける自治体外部監査の制度的特徴**長内祐樹**／分権改革と政府間関係**立岩信明**／イングランドにおけるリージョナリズムの変化**石見豊**／書評

地方自治叢書〈25〉

「新しい公共」とローカル・ガバナンス

本体二八〇〇円

新しい公共における政府・自治体とサード・セクターのパートナーシップ**原田晃樹**／イギリスのパートナーシップ型地域再生政策の評価—第三の道とビッグソサイエティ**金川幸司**／ローカル・ガバナンスにおける地方自治体の議会改革**新川達郎**／議会改革・議会内閣制・ボランティア議会と住民の役割**榊原秀訓**／東日本大震災復興の理念と現実**塩崎賢明**／「国保被排除層」の生活保護問題**藤井えりの**／書評

地方自治叢書〈26〉

参加・分権とガバナンス

本体三〇〇〇円

地方自治と私**中邨章**／住民参加から住民間協議へ**島田恵司**／都市内分権とコミュニティ**横田茂**／自治体改革と都市内分権・市民参加**槌田洋**／高齢者介護と地方自治体の課題**横山純一**／貧困・地域再生とローカル・ガバナンス**山本隆**／復興過程における住民自治のあり方をめぐって**吉野英岐**／沖縄県における跡地利用推進特措法の意義と課題**林公則**／書評

地方自治叢書〈27〉

基礎自治体と地方自治

本体二八〇〇円

基礎自治体における財源減少時期の予算制度改革**稲沢克祐**／基礎自治体の変容**江藤俊昭**／東日本大震災における木造応急仮設住宅供給の政策過程**西田奈保子**／アメリカのコミュニティ開発法人**宗野隆俊**／イギリスの「大きな社会」下におけるサード・セクター組織の多岐的対応**清水洋行**／基礎自治体における市民参加型「公開事業点検・評価」活動の研究**長野基・牧瀬稔・廣瀬克哉**／書評

地方自治叢書〈28〉

自治体行財政への参加と統制

本体二八〇〇円

協働と地方自治**荒木昭次郎**／住民監査請求の課題と到達点**小澤久仁男**／債権放棄議決と住民訴訟制度改革論**大田直史**／三号請求訴訟の新たな可能性**杉原丈史**／日本におけるコミュニティ予算制度の考察**鈴木潔**／ドイツにおける市民予算の特性**宇野二朗**／書評

地方自治叢書〈29〉

地方創生と自治体

本体二八〇〇円

「地方創生」と農村**坂本誠**／地方創生と自治体間連携**本多滝夫**／地方公務員の権利・義務の変容**山下竜一**／高齢者の生活保障施策の動向と行財政**田中きよむ**／書評

地方自治叢書〈30〉

憲法の中の自治、自治の中の憲法

本体二八〇〇円

私と地方自治（記念講演）**今村都南雄**／辺野古新基地建設をめぐる法的争訟**徳田博人**／沖縄をめぐる政治**佐藤学**／公共施設の利用制限をめぐる法的問題**首藤重幸**／一八歳選挙権と主権者教育**小玉重夫**／自治体行政と人権保障**東川浩二**／書評

（＊価格は税別です）